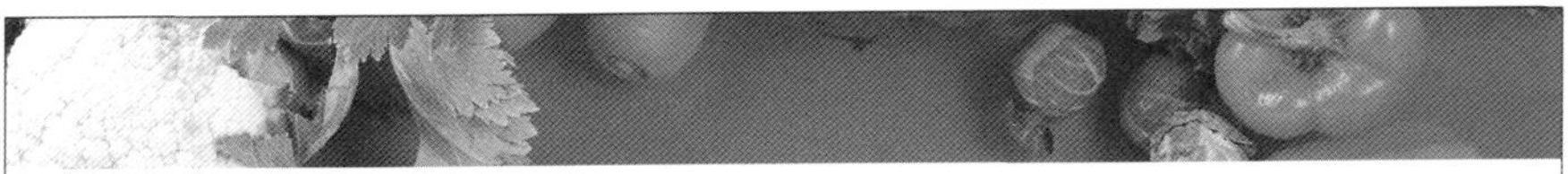

食の心理とウェルビーイング

●栄養・健康・食べること

La psychologie de l'alimentation et du bien-être

Nutrition, santé et alimentation

山中祥子 Sachiko Yamanaka

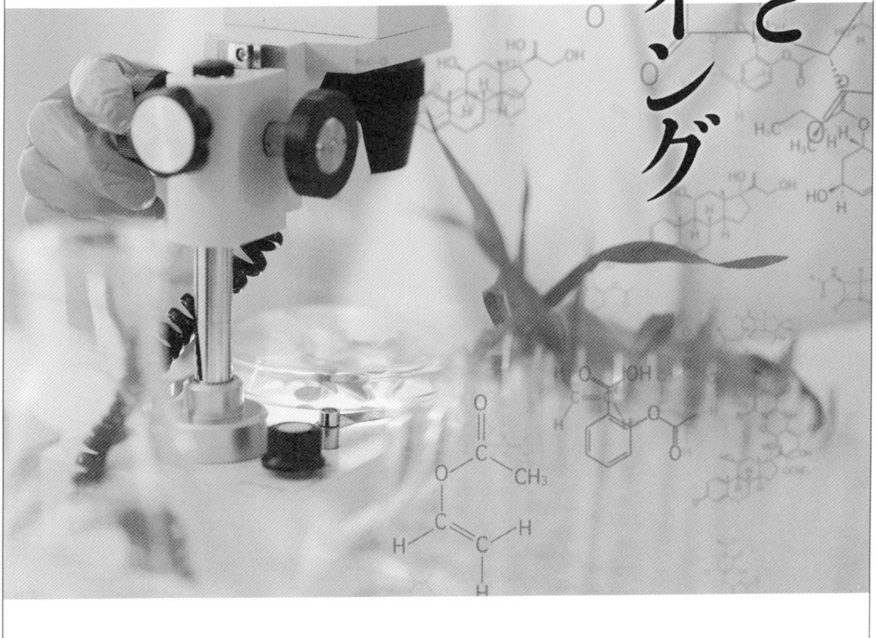

ナカニシヤ出版

まえがき

Well-beingにつながる食　よりよく食べる

この本は，食と健康について学ぶ学生のみなさんが，栄養素についての基礎的な知識から，実際に人の健康を左右する食行動の背景にある人の心理まで，栄養学と心理学という２つの側面から考えることができるよう作成しました。通常，栄養素のことは栄養学の本，人の行動に関することは心理学の本で学ぶことが多いかと思いますが，食べる行動において，食物の栄養やそれに関わる情報を正確に理解することは欠かせませんし，また食べる行動の主体は人であるので，人の行動を科学的に理解するための心理学の知識も重要です。しかし，少なくとも３年前には，この２つの内容が一冊でまとめて学べる本というのは，私の知る限り存在しませんでした。

巷には食品に関する様々な情報が多すぎて，どの情報が正しいのかを見極めることも難しい状況にあります。なぜなら，それぞれの立場によって「何が正しいか」という判断は異なることが珍しくないからです。さらに，これらの情報の「良し悪し」については，１つの視点から判断できるほど単純なことでもありません。そこで，本書ではできる限り，様々な視点からものごとを考えることができるよう，賛成派・反対派，メリット・デメリットなどいろいろな視点から見た情報を集めて紹介していますが，良し悪しについては言及しないように努めました。それらの情報を統合して最終的にどう考えるかは読み手である皆さん自分自身だと考えるからです。

本書では，第Ⅰ部では栄養情報に関する基礎知識として，それぞれの栄養素の特徴，さらに栄養素と生活習慣病などの疾病との関連，また食の安心や安全に対する理解を深めるためには欠かせない食品表示におけるルールや，食品添加物や食品表示，遺伝子組換え食品やゲノム編集食品などの新しい技術の食品への応用事例を，先に述べたように賛成派・反対派，メリット・デメリットの双方の立場から情報提供したつもりです。また望ましい食生活とはどのようなものなのか，また望ましい食生活へ行動を変えるためにはどうすればよいのか，実際の疫学データや調査結果を紹介し，客観的なデータから考える訓練ができるようにいたしました。

さらに第Ⅱ部では，食べる行動に関する基礎知識として，食行動の基本となる摂食の停止や開始に関する生理的な要因から環境の要因に加え，食行動が健康状態に影響する大きな問題として摂食量（どのくらい食べるか）と，食物選択（何を食べるか）がどのような要因から影響を受けるのか，さらには好き嫌いやおいしさは何によって決まるのかなど，心理学的な側面についてできるだけ最新の研究で得られた知見を盛り込んでご紹介したつもりです。

私たちが日々，何気なく摂っている食事が将来の健康を左右することは，よく知られていることですが，この本がみなさんの well-being な未来に向けて，どう食べればいいのかを考える一助になれば幸いです。

目　次

まえがき　i

第Ⅰ部　栄養情報に関する基礎知識 ―― 1

第1章　栄養についての基礎知識 …… 3

1　三大栄養素，五大栄養素　3
2　炭水化物　3
3　たんぱく質　4
4　脂　質　5
5　ビタミン　7
6　ミネラル（無機質）の働き　9
7　食品の分類　16

第2章　塩と健康 …… 20

1　塩の過剰摂取による問題　20
2　調味料に含まれる塩分と効能　22
3　見落とされがちな「加工食品」からの塩分摂取　23
4　ナトリウムとカリウムの関係　27
5　食塩と高血圧　27

第3章　三大栄養素と健康 …… 30

1　糖質と健康　30
2　脂質と健康　41
3　たんぱく質と健康　48
4　ファイトケミカルと健康　49

第4章　食品に関する情報の理解 …… 53

1　食品表示とは　53
2　栄養表示　54
3　栄養強調表示　55
4　保健機能食品　57
5　栄養機能食品　58
6　特定保健用食品　58
7　機能性表示食品　60

第 5 章　食品添加物 ………… 62

1　食品添加物とは　62
2　食品添加物の主な種類と役割　63
3　食品添加物の指定のための条件　64
4　安全性試験　65
5　１日摂取許容量（ADI）　65
6　国によって異なる基準　66
7　食品添加物表示に関するルール　67

第 6 章　食物への新しい技術の応用 ………… 68

1　遺伝子組み換え食品　68
2　ゲノム編集食品　71
3　代替食　72

第 7 章　食物の衛生と疾病 ………… 76

1　食中毒とは　76
2　それぞれの食中毒の主な特徴と注意点　77
3　食中毒の予防　80
4　感染の３要因　81

第 8 章　安心と安全の違いを理解する ………… 83

1　「安心」とは？「安全」とは？　83
2　化学物質に対する過度な嫌悪感　85
3　認知バイアス　87

第 9 章　フードファディズム ………… 91

1　様々なフードファディズム　91
2　宣伝広告にだまされる？　94
3　消費者の正しい理解の必要性　96

第 10 章　疫学研究について ………… 100

1　疫学とは　100
2　疫学研究の種類　101
3　因果関係と相関関係の違い　102
4　有名な疫学研究　103

第Ⅱ部　食べる行動に関する基礎知識 ―――― 109

第 11 章　摂食の開始と停止を決める要因 ………… 111

1　胃の収縮説　111

2　血糖値恒常説　112
3　中枢説　114
4　神経伝達物質の関与　115
5　外発的摂食　118

第 12 章　どれだけ食べるか，摂食量を決める要因 ……… 120

1　アリエステージアと感性満腹感　120
2　体重の安定値説・設定値説　123
3　食器の影響　125
4　他者の影響　129
5　食べたものの記憶　132
6　入手しやすさ　136
7　種類の豊富さ　138
8　拡張現実感による満腹感の操作　141

第 13 章　食物の好き嫌いを決定する要因 ……… 146

1　基本味に対する生得的好悪　146
2　基本味以外の味に対する好み　150
3　新奇性恐怖と新奇性嗜好　152
4　学習による食物の好き嫌い　154
5　出生以前の経験　155

第 14 章　おいしさに関する要因 ……… 158

1　口腔内過程（FOP）　158
2　嗅覚による影響　165
3　視覚（色）による影響　170
4　聴覚による影響　171
5　認知的な影響　172

第 15 章　食行動を変える要因 ……… 179

1　味覚による影響　179
2　嗅覚による影響　181
3　腸内細菌による影響　182
4　ナッジ　187
5　成長・年代に伴う変化　190
6　社会経済的立場（SES）　197

索　引　201

コラム目次

味噌玉の作り方　23
フランスでの新しい栄養表示　Nutri-score　56
食物と薬の違いは，即効性がないこと　61
未来の食　74

第 I 部

栄養情報に関する基礎知識

栄養についての基礎知識

第1章

1　三大栄養素，五大栄養素

人は食品を体内で消化，吸収，代謝，排泄という過程を経て利用します。この過程で食品から取り入れる物質が栄養素です。私たちの体は，体内で合成されるもの以外はほとんどすべてが，食事から取り込まれた栄養素が様々な反応を引き起こすことで構築されます。これらの反応経路は非常に複雑で，私たち人間が現に見知っているものはごく一部かもしれません。人間の代謝にはいくつものセイフティネットが準備されており，そのため未知の経路を通って反応が進むことも考えられるからです。

まずは基本となる栄養素の主な働きについて見ていきましょう。栄養素の主な働きはエネルギー産生，身体の構成，生体調節機能の3つです。三大栄養素とは，主にエネルギー産生の機能を担う炭水化物，たんぱく質，脂質のことです。またこれら三大栄養素に主に生体調節機能を担うビタミンとミネラルを加えたものを五大栄養素と言います。また近年では，もともと野菜や果物等の植物のもつ防御機能を担うファイトケミカル（phytochemical）にも注目が集まっています。ファイトケミカルとは，植物が昆虫や紫外線などから身を守るために作り出す，主に色素，香り等に関係する成分で，高い抗酸化力等をもつため，がんや生活習慣病，老化を予防するとして注目されています。

2　炭水化物

炭水化物は消化・吸収されてエネルギーとして利用される糖質と，消化・吸収されずにエネルギーとして利用できない食物繊維に大別されます。糖質から得られるエネルギー量は1gあたり4kcalで，摂取後すぐに利用されないエネルギーは，短期的には肝臓や筋肉でグリコーゲンとして，さらに長期的には中性脂肪へ変えられ皮下脂肪として貯蔵され，必要に応じて使用されます。例えば，果物は食物繊維やビタミンが豊富でヘルシーというイメージがあるため，ついつい食べ過ぎてしまうという場合もあるのですが，いくら果物でも食べ過ぎは禁物です。果物の甘みは果糖によるものなので，摂り過ぎると中性脂肪として貯蔵されることになってしまうからです。なお，食事バランスガイドで推奨される果物の摂取量は，1日200 g程度で，リンゴやナシなら1個，ミカンなら2個程度になります。

エネルギーとして利用されない食物繊維は，日本食品標準成分表2015年版（七訂）では「ヒトの消化酵素では消化されない食品中の難消化成分の総体」として定義されています。食物繊維は当初，栄養価がなく「不要なもの」や「食物のカス」などと考えられていましたが，1900年代に大腸疾患の研究が進んだことから，便秘改善効果が認められ，世界的に注目されるようになりました。さらに1900年代後半頃になると，食物繊維は，炭水化物，たんぱく質，脂質，ビタミンおよびミネラルの五大栄養素に加えて，第六の栄養素として考えられるようになってきています。また，近年では「便秘改善や腸内環境の改善」のほか，「糖の吸収を抑えて血糖値の上昇を緩やかにする」「食品のカロリーを抑える」などの効果を期待した難消化性デキストリン，ポリデキストロースなどの様々な食物繊維を使用した商品が注目されています。

食物繊維は，水に溶ける「水溶性食物繊維」と水に溶けない「不溶性食物繊維」に分類され，それぞれが異なった生理作用をもっていますが，水溶性，不溶性いずれの食物繊維も大腸でビフィズス菌などの善玉の腸内細菌の栄養源となり，腸内環境を整える効果があるという点では共通しています。

水溶性食物繊維は，文字どおり水に溶け，溶けるとゼリー状になるため，穏やかに胃から小腸へ移動します。小腸で糖が吸収される際には，ゼリー状になった水溶性食物繊維が吸収速度を抑え，血糖値の上昇が穏やかになります。またコレステロールの吸収を妨げ，体外に排出したり，さらにはナトリウムを排出したりする効果もあるため，糖尿病，脂質異常症，高血圧症の予防や症状改善効果が期待されています。

一方の不溶性食物繊維は，便の量《かさ》を増し，腸を刺激して腸のぜん動運動を活発にすることで，排便をスムーズにします。この時，便と一緒に有害物質を体外に排出するため，腸内環境が改善され，便秘のみならず，大腸がんなどの腸の病気の予防効果が期待されています。

3　たんぱく質

たんぱく質は20種類のアミノ酸が鎖状に多数結合した高分子化合物であり，エネルギー産生，身体構成の機能を担っています。糖質や脂質と異なり，炭素，水素，酸

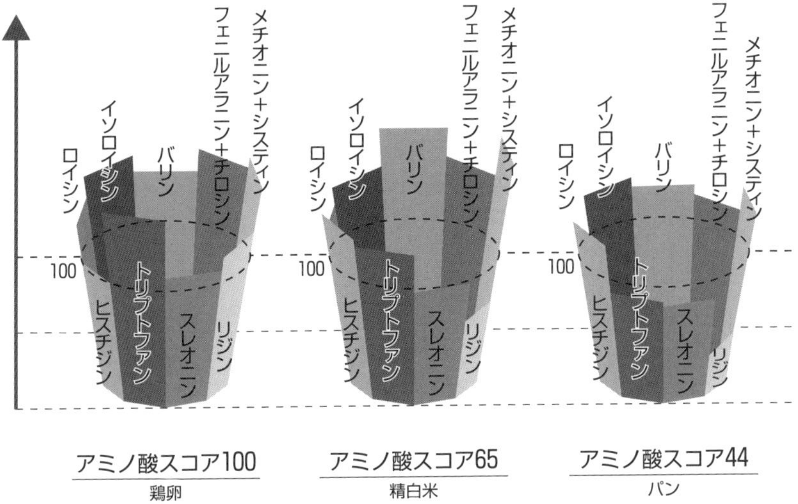

図 1-1　アミノ酸スコア（国立スポーツ科学センター資料）

素の他に窒素や硫黄を含んでいることが特徴です。爪や髪を燃やすと独特のくさいにおいがしますが，これは爪や髪が，硫黄を含むシスチンというアミノ酸を含むケラチンというたんぱく質でできているためです。

ヒトは 20 種のアミノ酸のうち，11 種については他のアミノ酸または中間代謝物から合成することができるのですが，残りの 9 種については体内で合成できないため，食事によって摂取する必要があります。この食事から摂取しなければならないアミノ酸を必須アミノ酸と言い，具体的にはメチオニン，フェニルアラニン，リジン（リシン），ヒスチジン，トリプトファン，イソロイシン，ロイシン，バリン，スレオニンのことを言います。これらのアミノ酸の含有バランス（アミノ酸スコアと言う）が良いものは，生体内での利用効率が良く，余分な老廃物となるものが少ないため「良質なたんぱく質」と呼ばれます。

4 脂　質

脂質のエネルギーは 1 g あたり 9 kcal と炭水化物・たんぱく質よりも高いことから，効率の良いエネルギー源だと言えます。現在では，この効率の良さゆえに必要以上に避けられる傾向が強いのですが，脂質は，細胞膜やホルモンの材料となったり，脂溶性ビタミンの吸収を助けたり，さらに皮下脂肪として体温維持や内臓を保護したりと

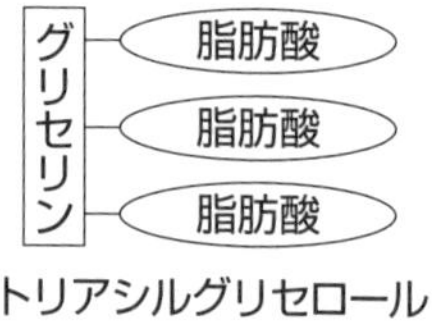

図1-2　中性脂肪の構造図
（農林水産省資料より）

多くの重要な働きを担っています。実際，私たちの脳は，約60%が脂質で構成されていることを考えると，脂質がヒトにとっていかに必要な栄養素かがわかります。

食品中の主な脂質の主成分で，エネルギーとして利用されるのは中性脂肪（トリアシルグリセロール）です。グリセリン1つに脂肪酸3つが結合した図1-2のような構造をしています。

ちなみに，中性脂肪は油脂によって得られるばかりではありません。食事によって得られた糖質やワインや日本酒，リキュール類などのアルコール飲料に含まれる糖質も，エネルギー源として使い切れなかった場合には中性脂肪に形を変えて蓄えられます。たんぱく質も同様です。たんぱく質の場合は，いったん，体内で糖質（グリコーゲン）に変えられてから，中性脂肪へと変換されます。したがって，中性脂肪は，単なる脂肪の摂り過ぎだけでなく，食べ過ぎ，飲みすぎ，運動不足によって増えるということになります。

脂肪酸は炭素と水素が結合し，1本の鎖状になったものの末端にカルボキシル基（−COOH）が結合しているのですが，炭化水素鎖の長さや，二重結合の有無により種類が異なります。また，どのような脂肪酸が含まれているのかによって，その脂質の性質も変わってきます。

例えば，二重結合がないものは飽和脂肪酸，二重結合があるものは不飽和脂肪酸というように分類されます。飽和脂肪酸は牛肉，豚肉などの肉類や乳製品に多く含まれ，体内では中性脂肪やコレステロールの原料となります。血液中の飽和脂肪酸が増えると，体内でのコレステロールの合成が進み，特に血中のLDL（いわゆる悪玉）コレステロールが増えたり，血液の粘度が高まったりします。

また，最近の研究により飽和脂肪酸の過剰摂取はインスリン抵抗性（インスリンに対する感受性が低下し，インスリンの作用が十分に発揮できない状態）や非アルコール性脂肪性肝疾患（NAFLD）をもたらすことが示されており，飽和脂肪酸の摂り過ぎには注意が必要です。

一方の不飽和脂肪酸は，ゴマ油やオリーブオイル，最近流行しているエゴマ油や亜麻仁油等の植物性の油や魚油に多く含まれています。また不飽和脂肪酸のうち，二重結合が1つしかないものを一価不飽和脂肪酸，2つ以上あるものを多価不飽和脂肪酸と言います。さらに多価不飽和脂肪酸は，二重結合の部分が炭化水素鎖のメチル基（$-CH_3$）末端から何番目にあるかによっても分類されます。二重結合が3番目にあるものをn-3系脂肪酸（オメガ3脂肪酸），6番目にあるものをn-6系脂肪酸（オメガ6脂肪酸）と言い，ヒトの体内では合成できないことから必須脂肪酸と呼ばれます。いずれも細胞膜の材料となる重要な脂肪酸で，特に青魚に多く含まれるEPAやDHAなどのn-3系脂肪酸の摂取による心疾患予防効果や関節リウマチの症状軽減効果などが注目されています。例えば，極寒の地に住むイヌイット族は脂肪の多いアザラシの肉を食べますが，心疾患のリスクが少ないことが知られています（Dyerberg et al., 1978）。ただし，これらの効果を十分に発揮するためにはオメガ3系と6系の脂肪酸の摂取バランスが重要で，望ましい摂取比率は1：4程度として食事摂取基準（2020年版）での目安量は，20代男性でオメガ3系脂肪酸2.0 g，オメガ6系脂肪酸11.0 gとされています。

また最近の研究により，先に述べた飽和脂肪酸の過剰摂取とは反対に，魚に多く含まれるDHAやEPAなどの多価不飽和脂肪酸の摂取は，心筋梗塞や脳卒中などの循環器系疾患の発症リスクを下げるだけでなく，インスリン分泌やインスリン抵抗性を改善することも示されています。また，DHAは脳の神経細胞を活性化し，情報の伝達をスムーズにする働きがあることから学習能力や記憶力の向上にも効果があるとされています。また近年増加しているアルツハイマー型認知症についても魚の摂取がリスクを低減する結果を示した研究もあります。しかし，アルツハイマー型認知症に関しては，まだ一貫した結果が得られておらず，現在もDHA，EPAの認知症の予防や進行抑制効果については研究が進められているところです。

5　ビタミン

ビタミンはvitamin＝生命vitaを与える物質という語に由来し，体内の代謝において重要な働きをする化合物で脂溶性（ビタミンA, D, E, K）と水溶性（B群およびC）に大別されます。脂溶性ビタミンは，文字どおり「あぶら」に溶ける性質であるため，体内吸収率を高めるためには，油脂と同時に摂取する方が望ましく，例えばニンジンのグラッセやホウレンソウのバター炒めなどは，ニンジンやホウレンソウに含まれるビタミンAが脂溶性であることを考えるとビタミンAの吸収を高めるためには非常に理に適った調理法だといえます。

脂溶性ビタミンは水には溶けません。したがって過剰に摂取した場合，尿などから自然に排出されず体内に蓄積されるため過剰症には注意が必要です。しかし，通常の

表1-1　主なビタミンの働きとその欠乏症および過剰症

		主な働き	欠乏症	過剰症
脂溶性ビタミン	ビタミンA	抗酸化ビタミン 目・皮膚・粘膜の健康を保つ	夜盲症　皮膚や粘膜が乾燥して弱くなり感染症に罹りやすくなる	頭痛　皮膚の剝離，妊娠初期の過剰では胎児の奇形率が高くなる
	ビタミンD	カルシウムの吸収をサポート 紫外線を浴びることで体内で合成可	骨粗鬆症　骨軟化症	血中カルシウム濃度上昇により全身倦怠感，食欲不振など
	ビタミンE	抗酸化ビタミン 血流を良くする 生殖機能を維持	溶血性貧血	脂溶性ビタミンの中では過剰症が起きにくい
	ビタミンK	血液凝固 骨の形成を助ける 腸内細菌により体内で合成可能	新生児の出血症 （新生児メレナ）	ワーファリン（血栓症予防薬）服用者は薬効を妨げないよう摂り過ぎに注意
水溶性ビタミン	ビタミンB_1	糖質の代謝に必要	脚気　ウェルニッケ脳症	—
	ビタミンB_2	脂質の代謝に必要 腸内細菌によって体内でも合成	肌荒れ　口角炎，舌炎	—
	ビタミンB_6	たんぱく質の代謝に必要 神経伝達物質の合成に関与	皮膚炎　神経障害	—
	ビタミンB_{12}	ヘモグロビンの合成に関与	悪性貧血　動脈硬化のリスク高める	—
	葉酸（ビタミンB_9）	細胞の新生をサポート 赤血球の生成に関与 ビタミンB_{12}と協力して働く	悪性貧血　妊娠初期の欠乏で胎児の神経管閉鎖障害　動脈硬化予防	—
	ビタミンC	抗酸化ビタミン コラーゲンの合成に関与 鉄の吸収をサポート メラニン色素の沈着を防ぐ	壊血病	—

食品，特に植物性食品の場合は過剰症が生じることは基本的にはありません。なぜなら，例えば先述のビタミンAの例でいえば，実際には，植物性食品であるニンジンにはビタミンAではなく，プロビタミンAのカロテンという物質が含まれています。プロビタミンAとは，体の中に入って初めてビタミンの働きをすることから，ビタミンAの前駆物質とも呼ばれます。このプロビタミンAのすごいところは，体内に十

分にビタミンAがある場合には，ビタミンAに変化せず，体外に排出されるという点です。このような理由で植物性の食品からの過剰症は心配する必要がないのです。しかし，動物性食品やサプリメントの場合は，過剰摂取の可能性がありますから，摂り過ぎには注意が必要です。

一方，水溶性ビタミンは，たとえ過剰に摂取したとしても余分なビタミンは尿から体外へ排出されるため，過剰症の心配はありません。しかし，一方では体内に蓄積できないという特徴をもつため，いわゆる「食べだめ」はできませんから毎日，適量を摂取する必要があります。

主なビタミンの働きと過剰症，欠乏症については表1-1に示すとおりです。

6　ミネラル（無機質）の働き

人体を構成する成分は，約95%が主要な4元素（酸素O，炭素C，水素H，窒素N）で，残り5%がミネラルです。人間の身体に必要とされる16種類のミネラルのことを必須ミネラルと言います。ビタミン同様，生体調節機能を担っているミネラルは，1日あたりの必要量によって多量ミネラル（macro-minerals）7種類と微量ミネラル（trace-minerals）9種類に分けられます。多量ミネラルに分類されるのは，ナトリウム（Na），カリウム（K），カルシウム（Ca），マグネシウム（Mg），リン（P）などで，これらは骨や歯の形成のほか，神経細胞や筋肉細胞に電気的な興奮を伝えるなど，情報伝達や筋肉運動を行う機能に深く関与しているため電解質ミネラルとも呼ばれます。微量ミネラルは，鉄（Fe），亜鉛（Zn），銅（Cu），ヨウ素（I）などです。

［1］主な多量ミネラル

①カルシウム（Ca）　カルシウムは，体重の1～2%（体重50kgの成人で約1kg）と，生体内に最も多く存在するミネラルです。骨や歯の構成成分であり，体内のカルシウムの99%は骨や歯に存在しています。残りの1%は筋肉や血液中に存在し，筋肉の収縮や，神経の興奮の抑制，血液凝固促進などの働きに関係しています。骨や歯の構成成分であることから，カルシウムが不足すると骨や歯が弱くなります。成長期の不足では，骨や歯の形成障害を起こし，さらに不足状態が長期間続くと，骨粗鬆症が起こりやすくなります。また，神経や筋肉の興奮が高まり，筋肉のけいれんなどが起こることもあります。

このように体の機能の維持や調節にも関わっているカルシウムの体内への吸収率は，実はあまり良くありません。吸収率が高いといわれている牛乳でも約40%程度（上西ら，1998）なのですが，シイタケやマイタケなどのキノコ類や鮭などに多く含まれるビタミンDと一緒に摂ることで，カルシウムの吸収率を上げることができます。さらにこのビタミンDについては，日光を浴びることでヒトは体内で合成することができます。したがって，カルシウムの吸収率を上げるためにも，地域にもよるのですが，だいたい一日，20分程度，日光を浴びることが推奨されています（Miyauchi et al., 2013）。最近は，美白ブームで日に焼けないよう，全身をガッチリ紫外線からガードしてしまっている人が多いのですが，過度に紫外線を浴びる機会を減らすことによるビタミンD欠乏が問題になっています。特に妊婦のビタミンD欠乏は妊婦・胎児の骨に深刻な影響を及ぼすだけでなく，早産や喘息などのリスクが高まることを指摘している研究（Gustafsson et al., 2018）もあり，過度な紫外線対策には，様々なリスクもあることを認識する必要があります。また骨を強くするためには運動も大事です。この場合の運動は，骨にかかる重みが大事になりますから，水泳など浮力によって骨に体重がかからない運動ではなく，ウォーキングやランニングなど自身の体重の負荷が骨にかかる運動を選ぶことが望ましいといえます。

②マグネシウム（Mg）　マグネシウムは体内に約20～30g程度存在し，その6割程度がカルシウムと同様，骨や歯に存在，残りは筋肉や脳・神経に存在しています。筋肉の収縮や神経情報の伝達，体温や血圧の調整にも関与し，不足すると「こむら返り」が起きやすくなります。カルシウムと合わせてバランス良く（カルシウム対マグネシウム＝2：1の割合）摂る必要があります。

マグネシウムはインスリンの働きを良くし，糖の代謝を改善することが示されています（蔵前，2015）。しかし日本においては，男性ではマグネシウムの摂取が多くなるほど糖尿病のリスクが若干低くなるものの，全体的には有意な低下は示されずⅡ型糖尿病のリスクとそれほど関係しない可能性を示唆する研究結果（Nanri et al., 2010）や，逆に調査開始時点で特に糖尿病や他の慢性疾患の既往歴のない40～65歳の男女約17,500人（男　約6,500人，女　約11,100人）を対象とし，5年間にわたり食事によるマグネシウム摂取量と糖尿病のリスクの関係について調べたの調査（Kirii et al., 2010）では，この5年間の調査の間に459人（男237人，女222人）の自己申告による糖尿病が見つかり，マグネシウムの食事摂取が男女ともに年齢およびボディマスインデックス（BMI）調整糖尿病発生率と逆相関していることが示されています。マグネシウムの摂取が糖尿病のリスクを有意に低下させるかどうかについてはまだ一貫した結果が得られていないという現状のようです。

マグネシウムが豊富に含まれる手軽に食べられる食材としてナッツなどの種実類やダイズなどの豆類，干しエビやシシャモなどの魚介類，ヒジキやワカメなどの海藻類，切り干しダイコンやホウレンソウなどの野菜類などがあります。ただ，大豆製品である豆腐の場合，商品によって少し含有量が異なってきます。というのは，豆腐の代表的な凝固剤である「にがり」の主成分は塩化マグネシウムです。にがりは海水から塩を作る際にできる副産物ですが，最近では豆腐を作る際，にがり以外にも化学的に合成された硫酸カルシウムやデンプンを原料として発酵法で作られたグルコノデルタラクトンなどが使われることもあり，どのような凝固剤を使っているかで，豆腐に含まれるマグネシウム量には多少の違いが出ることになるからです。

③ナトリウム（Na）　ナトリウムは，高血圧などの生活習慣病につながるとして過剰摂取が問題となりやすいミネラルですが，実は人の生命維持に不可欠な必須ミネラルであるため，成人では体内に約 100 g 存在しています。ナトリウムは細胞が活動するための水分のうち細胞の外の水分（細胞外液）に含まれ，一方の細胞の内側の水分（細胞内液）に多く含まれるカリウム（K）とともに細胞がきちんと機能するよう両者が適正な濃度を保つよう常に調節されています。

ちなみに食塩（NaCl）は，ナトリウム（Na）と塩素（Cl）の化合物です。一般に市販されている「食塩」は精製塩と言われるもので，塩化ナトリウム以外のミネラルがほとんど除去されており，塩化ナトリウムの純度が非常に高いのが特徴です。一方，海塩と言われるものは，塩化ナトリウムの純度が低く，カルシウム，マグネシウム，カリウムなどのミネラルが含まれていることが多いため，味がまろやかであるという特徴があります。

前述の高血圧などの生活習慣病の発症に影響するのは，このナトリウム量ですが，大半が食塩由来であるため食品表示ではこのような食品由来のナトリウム量について，食塩相当量としてナトリウム量（mg）に 2.54 を乗じて算出された値が表示されていることもあります。例えば，食塩以外から摂取するナトリウムには，旨味であるグルタミン酸ナトリウムなどがあります。

近年では，世界各国で減塩をすすめる取り組みがなされています。効果的な減塩対策の実施のためには，実際に私たちのナトリウムの摂取源を明らかにする必要があるとされ，調査がなされています。日本では朝倉ら（Asakura et al., 2016）が日本の 47 都道府県農地 23 地域で調査を実施し，自家調理品と加工食品の総ナトリウム量への寄与率および食品群別の総ナトリウム摂取量への寄与率について報告しています。ここでいう自家調理品とは自宅で調理した料理の摂取を，加工食品とは買ってきた加工食品・調理済み食品の自宅での摂取を，外食とは自宅以外での，自分で調理していない料理の摂取を意味します。

朝倉ら（Asakura et al., 2016）によると，総ナトリウム摂取量のうち，男性では 52.3%，女性では 57.1%が自家調理した食品からの摂取であり，さらに総ナトリウム摂取量に対し寄与率の高い食品群については，1 番目が調味料，2 番目が魚介類，3 番目は男性では麺類，女性ではパン類であることが明らかにされています。さらにこ

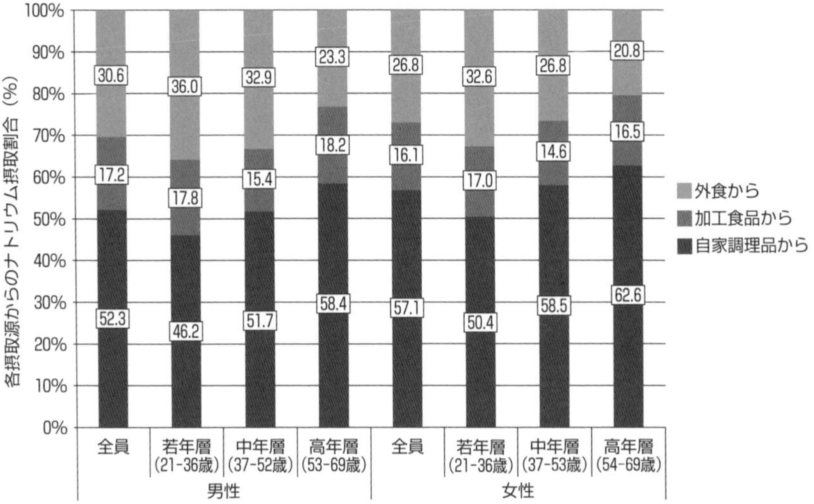

図 1-3　自家調理品・加工食品・外食からのナトリウム摂取割合（Asakura et al., 2016）

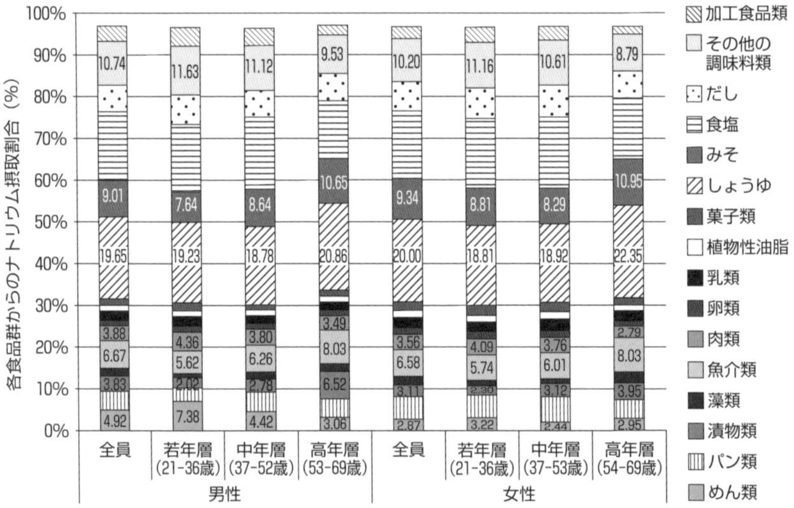

図 1-4　各食品群からのナトリウム摂取割合（Asakura et al., 2016）

れらの寄与率の高い食品は，年代による違いがあること，若年層では加工食品や外食の割合が高くなっているということ，さらにこれまで食塩摂取源として注目されることが多かった漬物類の寄与率は，思ったよりもその寄与率が低いことを示し，加工食品や外食で提供される料理の減塩をすすめる必要性について述べています。

［2］微量ミネラル

微量ミネラルは，鉄（Fe），亜鉛（Zn），銅（Cu），マンガン（Mn），クロム（Cr），ヨウ素（I）（ヨード），セレン（Se），モリブデン（Mo），コバルト（Co）で，コラーゲンの合成・炭水化物の代謝，体内の酸素の運搬などに関係しています。これらのミネラルの代表的な欠乏症とには，鉄，銅の欠乏による貧血，亜鉛の欠乏による味覚障害，ヨウ素の欠乏による甲状腺腫や精神遅滞などです。ミネラルは摂取量が不足している時だけでなく，過剰摂取によって過剰症や中毒を起こすものがあり，注意が必要です。次に代表的な微量ミネラルである鉄，亜鉛，ヨウ素について見てみましょう。

①鉄（Fe）　体内で「鉄分」といえば，血液を思い浮かべる方も多いと思います。実際に，人の体内の鉄は成人男性で 3.5 ～ 5.0 g といわれており，そのうち 2/3 が血液中の赤血球の成分であるヘモグロビンの中に存在しているのですが，赤血球以外に肝臓や脾臓，骨髄にも約 1 g の鉄が存在します。これらは鉄が不足した場合の貯蔵鉄として蓄えられています。

鉄は赤血球の成分であるヘモグロビンを構成しています。ヘモグロビンは，肺から取り込んだ酸素を全身の細胞に届ける働きがあるため，貧血になると，酸素が全身に行きわたらなくなり，疲れやすくなる，頭痛や動悸，息切れなどの症状が出てきます。鉄は少量ですが，皮膚や粘膜の組織，細胞の代謝に必要な物質の中にも含まれており，生命を維持するのに欠かせない栄養素の 1 つですが，残念ながら，吸収率が良くありません。

食品中に含まれる鉄分は，主に肉や魚などの動物性食品に含まれ，たんぱく質と結合しているヘム鉄と，主に植物性食品に多く含まれる非ヘム鉄に分けられます。ヘム鉄が多く含まれる食品は，レバーや赤身の肉，赤身の魚，貝類などで，一方の非ヘム鉄が多く含まれるのは，ホウレンソウやコマツナなどの緑黄色野菜，ヒジキなどの海藻類，大豆製品，卵黄などです。吸収率はヘム鉄の方が高いのですが，吸収率が低い非ヘム鉄も，たんぱく質やビタミン C と一緒に摂取することで吸収率を高めることができます。また鉄鍋を使うことで，鍋の鉄が料理に溶け出すことから，鉄鍋の利用も鉄の摂取には有効であるとされています。

②亜鉛（Zn）　亜鉛は成人の体内に約 2 g 存在し，血液，筋肉，骨のほか，皮膚や肝臓，膵臓に多く存在しています。また男性の場合は前立腺にも存在しています。

様々な酵素の構成成分として体内の重要な反応に関与しています。さらに，細胞分裂を正常に行って新しく細胞を作ることや，アミノ酸からのたんぱく質の再合成にも関与していることから体の成長には欠かせない重要な役割を果たしています。またインスリンを作る膵臓，精子を作っている睾丸など，新しい細胞が作られる組織や器官でも必須のミネラルです。上記以外にも，体の細胞にダメージを与える活性酸素を除去する酵素の構成成分であるほか，味覚を感じる味蕾細胞や免疫反応にも関与しています。そのため，不足すると細胞の生成やたんぱく質の合成が滞り，子どもの場合は成長障害が起こります。さらに生殖機能の低下，皮膚炎，免疫力の低下なども起こります。また，味蕾を構成している細胞の新陳代謝が悪くなることから，味を感じにくくなるなどの味覚障害が起こることもあります。

亜鉛は牡蠣《カキ》やウナギなどの魚介類，レバー，牛肉などの肉類に多く含まれています。そのため，日本では通常の食事で欠乏することはありません。しかし極端に食事の量を減らすようなダイエットでは欠乏する可能性があります。また，先述のようにどちらかといえば，動物性食品に多く含まれていますので，植物性の食品に偏った食生活の場合，穀類や豆類に含まれるフィチン酸や青菜類に多いシュウ酸が亜鉛と結合することで，亜鉛の吸収を妨げてしまうことから注意が必要です。また，加工食品の摂り過ぎも亜鉛の欠乏につながります。加工食品に含まれることが多いリン酸塩も，亜鉛の吸収を妨げてしまうからです。

一方，過剰症については。食物から摂取する場合には過剰症の心配はありませんが，サプリメントなどで多量の亜鉛を継続的に摂取すると銅の吸収を阻害し，貧血を起こす可能性があるため注意が必要です。

③ヨウ素　ヨウ素は，成人では体内に 10 ～ 20 mg 程度含まれるミネラルで，そのほとんどは甲状腺に存在しています。体内では，甲状腺ホルモンの構成成分として働いています。甲状腺ホルモンには，新陳代謝を促したり，子どもの場合では成長ホルモンとともに成長を促進する働きなどがあるため，欠かすことができないミネラルの1つだといえます。

ヨウ素が多く含まれる食品には，昆布やヒジキ，海苔などの海藻類，魚介類がありますが，中でも特に多いのが昆布です。日本人は海藻を好んで食べる食習慣から，世界でも群を抜いてヨウ素を摂取している国民といえます。実際，食事摂取基準 2015 年版によると，ヨウ素摂取の推奨量は 0.13 mg であるのに対し，日本人は1日1～3 mg を摂取していると推定されています。この理由については，上記のように，私たち日本人にとってヨウ素が多く含まれる食品が身近であることがあります。もちろん，佃煮や煮物，味噌汁の具などで直接食べる機会が多いだけでなく，昆布だしの状態でも多く含まれることから，昆布だしが使われた複合調味料，合わせ調味料，醤油，味噌，酢などを使うことでも，知らず知らずに摂取していることも多いのです。このような昆布エキスは，スポーツドリンクなどにも入っていることがあります。

したがって，日本では不足による欠乏症は見られませんが，世界的には不足しがちな栄養素であり，欠乏すると甲状腺肥大を発症する可能性がありますし，さらにこのような不足状態が継続して，甲状腺の機能が低下し，肥大したままになると甲状腺腫になってしまいます。

また成長促進に関わるホルモンであるため，成長期に不足すると身体的な成長発達異常だけでなく精神遅滞が見られることもあります。フランスでは　このようなヨウ素不足を補うため，塩にヨウ素を添加したものが使われています。しかし添加物の規制が厳しくなったり，BIO（日本で言うところのオーガニック製品）の要求の高まりによって，このヨウ素添加塩を使うことができなかったり，食塩の摂り過ぎを気にして，無塩のものを選ぶ人（特に女性）の間では，逆に減塩によってヨウ素不足が生じているという場合もあるようです。

日本では欠乏症は見られにくいのですが，実はヨウ素の摂り過ぎは不足した場合と同じように甲状腺肥大や甲状腺腫になる可能性があります。つまり，ヨウ素は少な過ぎても，逆に多過ぎても甲状腺ホルモンがうまく作れなくなってしまうため，注意が必要です。しかし，日本人は，古来より海産物を多く食べてきたためなのか，たとえ同じ摂取量であっても欧米人に比べて，過剰摂取による健康被害が出にくいこと（上西，2012）が示唆されていますので，必要以上に心配することはないかもしれません。

ちなみに，ヨウ素には殺菌作用があるため，食品以外にもうがい薬，のどの炎症や歯の治療などで消毒薬としても使われます。その他，殺菌・防カビ剤，レントゲン検査の時の造影剤，偏光フィルム，樹脂安定剤など幅広く使われており，栄養面のみならず，私たちの生活にも欠かせない元素であるといえます。

さらに，興味深いのは日本にとってヨウ素が貴重な天然資源であるという点です。ヨウ素は元素であり化学合成して製造することができないため，ヨウ素を含む資源から取り出すしか方法がありません。海宝（2017）によると，ヨウ素は 1811 年にフランス北西部で海藻灰から発見され，その後海藻を原料とするヨウ素産業はヨーロッパを中心に発展しました。その後，生産方式の変化に伴い，2013 年の統計では，チリ硝石の副産物として生産されるチリのヨウ素生産量は 20,000 t/年，天然ガスの生産の際に汲み上げられる地下かん水から生産される日本のヨウ素生産量は 9,500 t/年で，世界第 2 位の生産量を誇っており，この 2 ヶ国で世界の生産量の約 90%（チリ約 60%，日本約 28%）占めるといいます。また国内で生産されるヨウ素の約 75%割は千葉県で生産されています。

7　食品の分類

食物の特徴を知るための分類には色々な方法がありますが，おそらく，世界中で多く使わられているのは，栄養素を基に分類したピラミッド型をした栄養ガイドである食品ピラミッド（図1-5）でしょう。日本では①三色食品群（3つの食品群：栄養素の栄養素の働きから，3つの食品グループに分けたもの），四群点数表（1点を80 kcalとして計算し，第1群から第4群までを点数で食べる量を調節する）6つの基礎食品群（図1-6），そして先述の食品ピラミッドと同様に，健康的な食生活を実現するために摂取する食品の組み合わせや摂取量の目安をコマのイラストで示した食事バランスガイド（図1-7）などがあります。これらは，分類の数などがそれぞれ異なるものの，それぞれの栄養素の特徴から，バランスよく食べるためにはどうすればよいかを示したものであるという基本的な考え方は共通しています。

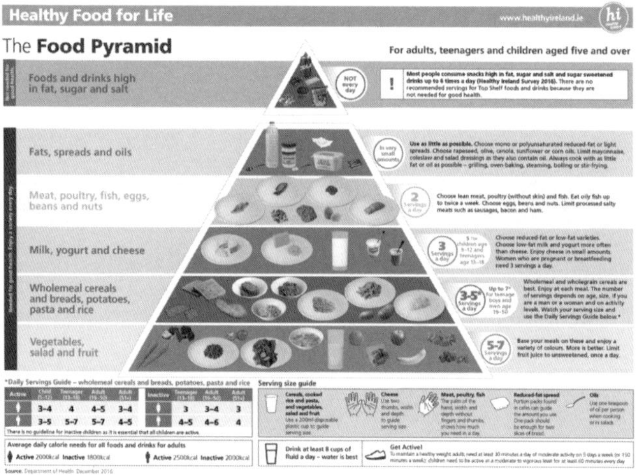

図1-5　フードピラミッド（*safe* food HPより）最も重要な食品が下に，最も重要でない食品が一番上に配置されている。一番下から順に野菜，果物などたっぷり（1日5～7皿）食べることが望ましい食品。次が全粒シリアル・パン，ジャガイモ，パスタ，米（1日3～5皿）。全粒シリアル・パンが望ましい。次が牛乳，ヨーグルト，チーズなどの乳製品（1日3皿）。低脂肪のものを選ぶ。次が肉，家禽，魚，卵，豆，ナッツ。赤身の肉，皮なしの家禽と魚を選ぶ。魚は週2回以上。次は油脂類。できるだけ少量で一価・多価不飽和脂肪酸を選ぶ。ピラミッドのてっぺんは高脂肪・砂糖や塩分も多い食品，いわゆるスナック（菓子）や清涼飲料水。毎日は食べないように！これらの食品の摂取は健康に必要でないため推奨されない。

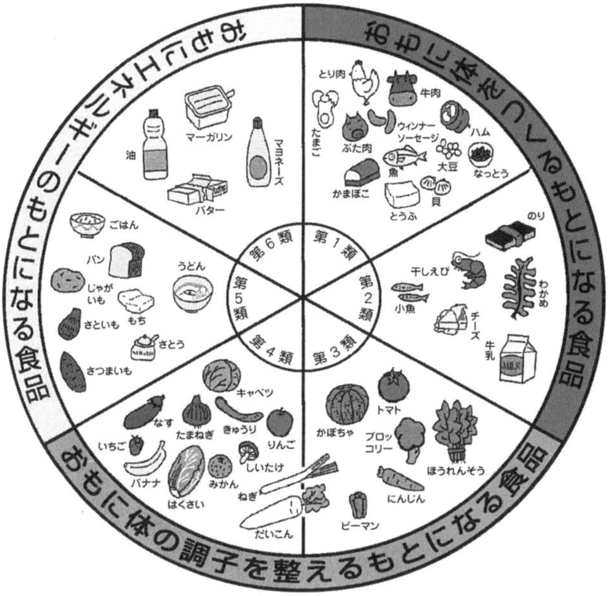

図 1-6　6 つの基礎食品群（大阪市 HP より）

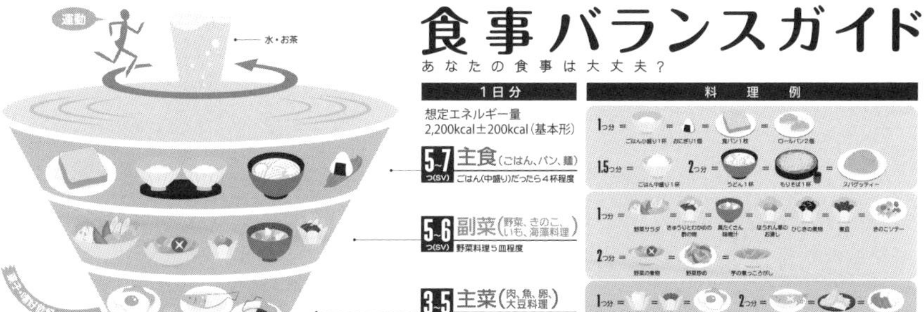

図 1-7　食事バランスガイド（農林水産省 HP より）

またちょっと変わった分類として，フランスでは，食品の加工のレベルに着目したNOVAという分類もあります。

NOVA
1

NOVAでは，グループ1は加工なし，または最小限の加工レベルである食品（食べられない部分や不要な部分の除去，乾燥，粉砕，粉砕，分別，ろ過，焙煎，煮沸，非アルコール発酵，低温殺菌，冷蔵，冷蔵，冷凍，容器の配置および真空包装を含む。これらのプロセスは，自然食品を保存し，保管に適したものにしたり，安全または食用にしたり，食べやすくしたりすることが目的）。

2

グループ2は加工食材（加工食材とは油，バター，砂糖，塩など，プレス，精製，粉砕，製粉，乾燥などの加工によってグループ1の食品または自然に由来する物質を指す。これらの加工の目的は，家庭やレストランで使用して，グループ1の食品を準備，調味，調理することであるため基本的にはこのグループのだけを消費することを目的としておらず，通常グループ1の食品と組み合わせて使用することを想定している）。

3

グループ3は加工食品（瓶詰め野菜，缶詰の魚，シロップ漬けフルーツ，チーズなど。このグループでの加工の目的はグループ1の食品の耐久性を向上させること，または官能特性を修正または改善すること）。

4

グループ4は超加工された食品と飲料（ソフトドリンク，パッケージ化されたスナック類，冷凍調理済み食品などで，添加物などにより，グループ1の食品の存在はほとんどまたはまったくわからないほど加工されたもの）を指します。

フランスでは，このNOVAによる食品分類を用いて超加工食品（すなわちグループ4）の摂取とがんの発症リスクに関する大規模な前向きのコホート研究がなされています（Fiolet et al., 2018）。18歳から72歳（年齢の中央値42.8歳）の男女104,980人（うち女性は78.3%）を対象に行われたこの研究では，3,300種類の食品に対する参加者の日常の食事記録とがん（乳がん，前立腺がん，直腸結腸がん）のリスクが分析されました。その結果，食事に含まれる超加工食品（グループ4）の摂取割合が10%増加すると，がん全体のリスクが12%，さらに乳がんのリスクが11%大幅に増加していました。またこの論文では，超加工食品の摂取が心疾患，肥満などのリスク増加に寄与することに加え，加工食品の比率が高い食事はエネルギー，ナトリウム，脂肪，砂糖が多く，食物繊維や様々な微量栄養素が不足する傾向があることや，超加工食品は，血糖反応が高く，満腹効果が低いことにも関連すると述べています。とはいえ，もともと食品加工の主な目的は食料保存であり，収穫された食物を無駄なく，おいしく食べることができるようにすることですから，この結果を受けて，すべての食品加工が否定されるべきでないことは明らかです。今後，さらなる研究結果を待ち，さらに消費者自身もこれらの結果を冷静に解釈することが必要でしょう。

引用文献

Asakura, K., Uechi, K., Masayasu. S., & Sasaki, S. (2016). Sodium sources in the Japanese diet: Difference between generations and sexes. *Public Health Nutrition, 19*(11), 2011-2023.

Dyerberg, J., Bang, H. O., Stoffersen, E., Moncada, S., & Vane, J. R. (1978). Eicosapentaenoic asid and prevention of thrombosis and atherosclerosis? *The Lancet, 2*, 117-119.

Fiolet, T., Srour, B., Sellem, L., Kesse-Guyot, E., Allès, B., Méjean, C., Deschasaux, M., Fassier, P., Latino-Martel, P., Beslay, M., Hercberg, S., Lavalette, C. A., Monteiro, C., Julia, C., & Touvie, M. (2018). Consumption of ultra-processed foods and cancer risk: Results from NutriNet-Santé prospective cohort. *BMJ, 360*, k322.

Gustafsson, M. K., Romundstad, P. R., Stafne, S. N., Helvik, A. S., Stunes, A. K., Morkved, S., Salvesen, K. A., Thorsby, P. M., & Syversen, U. (2018). Alterations in the vitemin D encorcrine system during pregnancy: A longitudinal study of 855 healthy Norwegian women. *Plos one*: https://doi.org/10.1371/journal.pone.0195041 Avril 11

海宝 龍夫 (2016). 日本が資源大国？それはヨウ素　化学と教育, *64*(5), 234-237.

Kirii, K., Iso, H., Date. C., Fukui, M., Tamakoshi, A. (2010). Magnesium intake and risk of self-reported type 2 diabetes among Japanese. *Journal of the American College of Nutrition, 29*, 99-106.

国立スポーツ科学センター資料　タンパク質-アミノ酸　https://www.jpnsport.go.jp/jiss/nutrition/meaning/nutrient/aminoacid/tabid/1207/Default.aspx　(最終閲覧日 2020 年 10 月 2 日)

蔵前 尚子 (2015). 2 型糖尿病におけるマグネシウムの役割 *The Journal of International College of Dentists, JAPAN Section, 46*(1), 56-61.

Miyauchi, M., Hirai, C., & Nakajima, H. (2013). The solar exposure time required for vitamiD3 syhthesis in the human body estimated by numerical simulation and observation in Japan. *Journal of Nutritional Science and Vitaminology, 59*, 57-263.

Nanri, A., Mizoue, T., Noda, M., Takahashi, Y., Kirii, K., Inoue, M., & Tsugane, S. for the Japan Public Health Center-based Prospective Study (2010). Magnecium intake and type Ⅱ diabetes in Japanese men and women: the Japan Public Health Center-based Prospective Study. *European Journal of Clinical Nutrition, 64*, 1244-1247.

農林水産省　食事バランスガイド　https://www.maff.go.jp/j/balance_guide/　(最終閲覧日 2020 年 10 月 2 日)

農林水産省　すぐにわかるトランス脂肪酸　https://www.maff.go.jp/j/syouan/seisaku/trans_fat/t_wakaru/index.html#2　(最終閲覧日 2020 年 11 月 5 日)

大阪市　https://www.city.osaka.lg.jp/kodomo/cmsfiles/contents/0000309/309034/honbun75-76.pdf　(最終閲覧日 2020 年 11 月 5 日)

safe food　https://www.safefood.net/healthy-eating/guidelines　(最終閲覧日 2020 年 11 月 5 日)

上西 一弘 (2012). 食品成分最新ガイド　栄養素の通になる (第 3 版)　女子栄養大学出版部

第2章 塩と健康

1　塩の過剰摂取による問題

食塩は，調味料としての役割だけでなく，塩蔵などの貯蔵にも使われるなど，私たちの生活における塩の役割は重要です。実際に，塩を使った食品保存のおかげで，私たちは旬の時期以外にも長期にわたり，美味しく食べることができるようになりました。その他，食塩には，野菜などに含まれる緑色の色素であるクロロフィルを安定させることで色よく茹でたり，皮をむいたり切ったりしたジャガイモやリンゴなどが，空気に触れて茶色く褐変するのを防ぐ効果もあります。しかし，一方では，食塩を構成する成分であるナトリウムの過剰摂取が高血圧の発症に関係するとして，塩分の摂り過ぎが大きな問題となっています。血圧が高い状態が続くと，血管や心臓に負担がかかり，その結果，動脈硬化や心肥大が進み脳卒中や心筋梗塞，不整脈などの循環器疾患の発症にもつながるからです。また，これら以外にも食塩の過剰摂取は，腎結石や骨粗鬆症の発症にも関係することがわかっています。腎結石は，食塩の過剰摂取により腎臓から食塩の成分であるナトリウムが尿の中に多く出て，その一部がカルシウムと置換され，腎臓の中で固まるために生じます。また骨粗鬆症は，血液や骨からカルシウムが尿へ出ていくことで，骨量が減ってしまうために生じます。また，案外知られていないのが，食塩の過剰摂取が胃がんの発症にも関係しているということです。津金ら（Tsugane et al., 2004）では，タラコやイクラなどの魚卵の塩漬けや塩辛，干物などの高塩分の食品の摂取量が多いほど，胃がんのリスクが用量依存的に増加することが示されています。

塩辛や干物などの摂取は日本人にとっては昔から続く食文化の一つですが，そうした食習慣ががんの発生や循環器系疾患の発症にどのくらい影響しているか，すなわちその対策によりどのくらいの効果が期待できるのかなどについては，まだ明らかではありません。そのため近年，様々な研究がなされています。高地ら（Takachi et al.,

2010）の研究では，調理や食卓での調味，味噌汁の好みなどを含む食習慣についての詳細なアンケート調査を行い，さらに日常生活におけるナトリウム摂取量（塩分の総量にあたるもの），および塩蔵食品（干物やタラコなどの魚卵など）の摂取量と，調査後の追跡期間中のがんや循環器系疾患の発症率を比較しました。その結果，塩蔵食品の摂取の多いグループでは，何らかのがんのリスクは高くなるのですが，ナトリウム摂取量そのものによって直接がんのリスクが高くなることは示されませんでした（図2-1）。一方循環器疾患についてはナトリウム摂取量の多いグループは循環器疾患のリスクが高くなることが示されましたが，塩蔵食品摂取によるリスク上昇は見られない

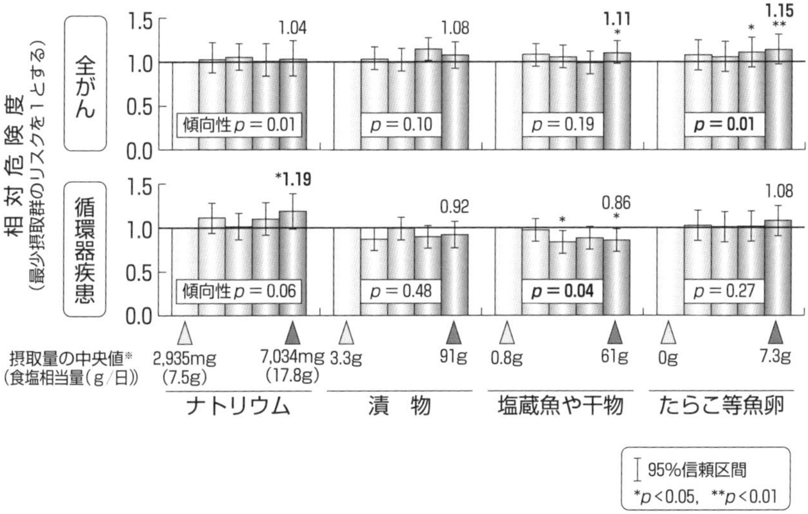

図 2-1　ナトリウム，塩蔵食品摂取量と全がん・循環器疾患リスク（国立がん研究センター）

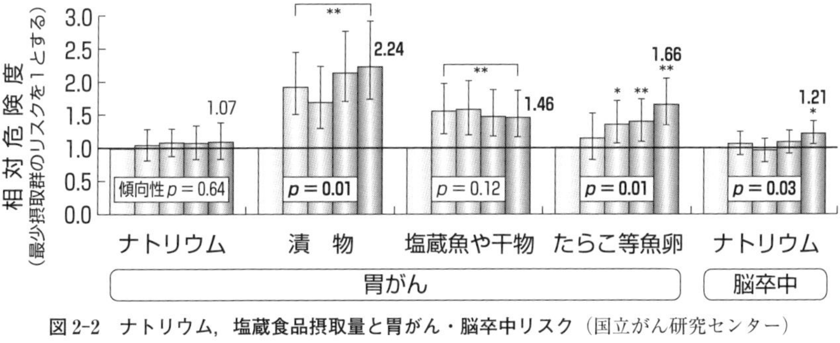

図 2-2　ナトリウム，塩蔵食品摂取量と胃がん・脳卒中リスク（国立がん研究センター）

という興味深い結果を示しました（図2-1）。さらに発症リスクとして塩分・塩蔵食品との関係が示されている胃がんと脳卒中についてもナトリウムの摂取量による胃がんのリスク増加は見られないものの脳卒中のリスク増加が見られること（図2-2），一方，塩蔵食品摂取については脳卒中のリスクの上昇は見られないが，胃がんのリスクが上昇することを示しています（図2-2）。また図にはありませんが大腸がんのリスクも上昇することも示されました。

このように食塩の過剰摂取が血圧だけでなく，様々な健康問題を引き起こすことが研究により示されています。減塩は健康の維持，増進のために，とても重要であることは間違いなさそうです。

2　調味料に含まれる塩分と効能

減塩のためには，私たちが普段，どのような食品から塩分を摂取しているかを把握する必要があるでしょう。日本で使われる塩分を含む主な調味料の塩分量がどのくらいか知っていますか？　例えば醤油であれば，一般的によく使われる濃口醤油が約16%，淡口醤油が約18～19%，その他，たまり醤油，再仕込み醤油は濃口醤油と同程度で16%，白醤油は淡口醤油と同じくらいで18%になっています。淡口醤油は塩分が薄いという意味ではなく，色が淡いという意味（淡口）であるため注意が必要です。

味噌の場合は，まず使う原料によって大きく米味噌，麦味噌，豆味噌に分類されます。そしてさらに甘口，辛口という味によっても分類されるのですが，この味を決めるのは食塩の量だけではありません。原料に対する麹の比率，すなわち麹歩合も重要で，塩分が同じであれば，麹歩合が高い方が甘い味噌になります。だいたい甘口の味噌で8～12%前後，辛口の味噌だと11～13%が一般的な塩分量です。

どちらも日本を代表する発酵食品であり，近年，このような発酵食品が使い方次第では健康維持・増進や疾病予防への効果も示されていますから，上手に利用することが望まれます。

例えば「味噌」については塩分が多いため，高血圧を引き起こす原因となる，さらには動脈硬化を起こして循環器疾患を引き起こす，などと誤解している人も少なくありません。しかし，平均的な味噌汁1杯（150 g）あたりの塩分量は約1.2 gですので，梅干し1個約2 g，カップラーメン約5 g前後（スープまで飲み干した場合），レトルトカレー2.7 gなどと比べると意外と少ないことがわかります。さらに食塩（塩化ナトリウム）とは異なり，味噌には血圧の上昇を抑制効果があるという可能性が，ラットを用いた広島大学の渡邊名誉教授らのグループの研究によって明らかにされています（Watanabe et al., 2006, 2013, 2018）。

一方の醤油は独特の香りが特徴ですが，その香りの元である「フラノン」には，マウスに対する片岡・長原（2000）の研究で，焼け焦げなどに含まれる発がん性物質によって誘発されるがんに対し，抗腫瘍作用があることが示されていますし，味噌同様，ラットを用いた研究で，醤油の原材料である大豆に含まれるニコチアナミンには血圧降下作用があることが確認されています（木下ら，1994）。

上記以外にも様々な研究から，醤油や味噌には血圧を抑制するだけでなく，血糖値を低下させる働きがあること，抗酸化作用をもつ成分が含まれていることが示されています。そしてこれらの成分は，原材料である大豆や小麦に含まれていないものもあり，発酵熟成の過程で産生され，様々な成分の作用が合わさり，混合物として作用することで有用なものになっているということが明らかにされています。いずれも旨味成分を含むため，食塩のみを使う場合よりも少ない量で済むうえ，疫学的に味噌には胃がん，肺がん，乳がんなどを予防することも複数の研究で報告されていることから，うまく日常の食生活に取り入れることによる健康の維持・増進が期待されます。

●コラム●　味噌玉の作り方

およそ1,300年前から食べられてきた「味噌」は，現在世界でも注目されている調味料の一つであり，日本のソウルフードと言えそうですが，肝心の日本人である私たちの現代の食生活においては，特に若い世代において，味噌汁が食事に欠かせないという人が少なくなっているという残念な状況があります。味噌には，必須アミノ酸も多く含まれているだけでなく，発酵により有効な成分が腸で吸収されやすくなっているというメリットもあります。即席の味噌汁も良いのですが，自分の好みの味噌と好きな具材を合わせて丸めた「味噌玉」を作れば，いつでも好きな具の味噌汁を手軽に摂ることができ，おすすめです。色々な作り方がありますが，基本は好みの味噌に好みの具材（乾燥ワカメや切り干しダイコン，ネギなど）を加え，ラップで包むだけです。冷蔵庫または冷凍庫で保存し，食べる際にはお湯をかけるだけででき上がり。

3　見落とされがちな「加工食品」からの塩分摂取

先に述べたように，塩分に含まれるナトリウムの過剰摂取が高血圧の発症と関係すると考えられていることから，減塩が推奨されているのは日本に限ったことではありません。アメリカでも同様で，アメリカ政府は2010年，これまで2,300ミリグラム（食塩相当量5.85 g）とされていたナトリウムの1日あたりの上限量について，特に塩分の影響の出やすい人として51歳以上の人，黒人，糖尿病か高血圧か慢性腎臓病のある人を対象に，上限を1,500ミリグラム（3.82 g）に引き下げました。食塩量で基準が決められている日本とは異なり，アメリカでは食塩（NaCl）量ではなく，ナトリウム（Na）量で基準値が決められています。換算式は，ナトリウム（mg）×2.54÷1,000＝食塩相当量（g）となります。

減塩を心がける，と言われたらみなさんはまず何をすればいいと思いますか？　普段の食事で塩をかける頻度を下げたり，調理中にあまり塩を使わないようにしたりするかもしれません。しかし，このような方法で本当にナトリウム量を減らすことができるのでしょうか。先ほど少し紹介したように，私たちの塩分の摂取源は調味料としての食塩からのみではありません。第1章のナトリウムを説明したところで，私たちが日々，何から食塩を摂取しているのかを示した朝倉ら（Asakura et al., 2016）の研究を紹介しましたが，次はアメリカでの研究例とイギリスでの介入事例を紹介しましょう。

1980年代，すでにアメリカでは4人に1人が高血圧という状態で，さらに年々，その患者数が増えているという状況でした。この原因を個々人が日々の食事で塩を使い過ぎているからに違いないと考えたアメリカの保健当局は，どこの家庭にもある「食塩シェーカー（食塩を振りかけるための容器）」に注目し，このような食塩シェーカーを捨てるか，少なくとも常に食卓に置かない，または目につかないところに片付けることを推奨しました。しかしながら，これは実際に食卓の食塩シェーカーがアメリカ人の食塩摂取にどのくらい影響しているのかについて正確な把握をしたうえでのことではありませんでした。当時，アメリカ人で食塩の摂取量が最も多かったのは，10代の男子と40歳以下の成人男性で，平均値で10 g/日以上であり，さらに大量に摂取している人がかなりいると考えられていました。成人女性と子どもは6 g/日強程度でした。ちなみに，日本においても減塩が推奨されています。年々少しずつ減少傾向にはあるものの，国民健康・栄養調査によると平成17年で男性12.4 g/日，女性10.7 g/日，10年後の平成27年では男性11.0 g/日，女性9.2 g/日ですから，日本人はアメリカ人よりもずっと食塩摂取量が多いことがわかります。

さて，研究の話に戻しましょう。

この研究では，参加した参加者62人に対し，計量済みの食塩シェーカーを渡し，1週間連続して自宅での調理や食卓での調味の際に使ってもらうよう依頼しました。またこの間の食事記録を取ることや，調査開始から5日目と6日目の尿の採取が求められました。1週間後，食事記録のデータが回収され，渡された食塩シェーカーも再度計量され，1週間でどのくらいのナトリウムが調理や食卓での調味に使われたかが調べられました。その結果は図2-3に示すとおり，食卓で使われた食塩のナトリウム量は日々の食生活においてわずか6.2%，調理で使われたのは5.1%と予測に反するものでした（Mattes & Donnelly, 1991）。

また，素干しのワカメや青ノリ，ヒジキなどの海藻などは特に塩辛いと感じることはない食品ですが，素干しワカメ（乾）で6,600 mg，青ノリ（乾）で3,400 mg，ヒジキ（乾）で1,400 mgのナトリウムが含まれています。このようにもともと食品に

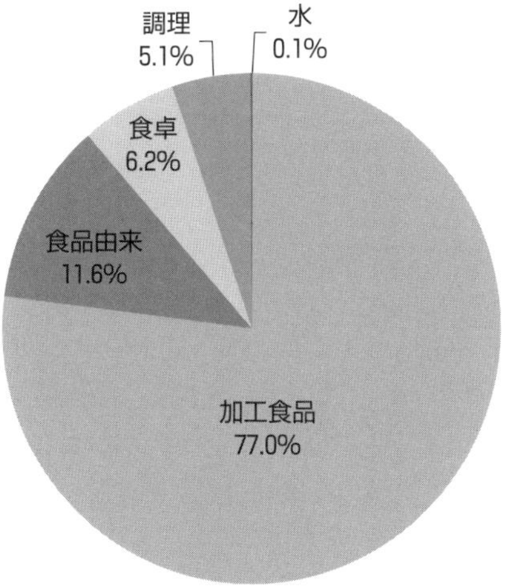

図 2-3　食塩摂取の由来（Mattes et al., 1991 より改変）

含まれる食品由来のナトリウム量が 11.6%でした。つまり，食品中にもともと含まれていたナトリウムと後から，食べる際に加えられたナトリウムを合計しても 20%であることがわかります。図 2-3 からもわかるとおり，実は，日常生活において最も食塩摂取量に影響していたのは加工食品からのナトリウムであり，なんと日常摂取するナトリウム量の 77%を占めていたことがわかりました。冒頭で述べたように，これでは，いくら調理中や食卓でかける塩を少なくしても，残念ながらその効果はあまり大きくないことがわかると思います。事実，この研究では，家で調理したものについては減塩されているにもかかわらず，外食や中食で食べる食事には，たっぷりの食塩が含まれているため，結局，トータルで見ると減塩されていないことが明らかにされました。

一方，イギリスでは 2003 年に政府主導で減塩戦略を開始し，効果を上げています。イギリスでは，事前に徹底的な調査により，当時のイギリスの平均塩分摂取量は摂取量目標とされる 6 g/日に対し 9.5 g/日で目標量を大幅に超えていること，さらにアメリカの結果と同様，推定で約 75%が加工食品から来ていること，その中でもイギリス人が日々摂取する「パン」が，イギリス人の日々の食塩摂取の主な原因となっていることがわかっていました。そこで，イギリスでは食品業界と協力し，各食品メーカーに対し，イギリス人の食塩摂取の主要供給源となっている食品の食塩含有量を 5 年間で 40%低減するように働きかけました。すると最も問題となっていたパンや朝食のシリアルなど，日常口にする，ごく一般的な食品に含まれる食塩の量が有意に減少されたことが示されました。

ナトリウムは浸透圧の調節などの働きを担う人体に必要なミネラルの 1 つであり，主に食塩（塩化ナトリウム）の形で摂取されます。食塩の味に代表される塩味は「基本的味（甘味，酸味，苦味，塩味，うま味）」の中で，最も「それなし」で生きるのが最も難しいものの 1 つです。例えば，世界的な食物マーケットのキー・プレイヤーの 1 つであるカーギル（Cargill）は，「塩」について「あらゆる食品の味の魅力を引き出すのは塩である」と，自社の販売資料にそう記しているほどです。つまり「減塩する」ということは，食品の味の魅力を引き出すことが難しくなり，その商品が売れなくなる可能性も大であることを意味します。そのため，イギリスで取られた方法は，急激な減塩ではなく時間をかけて徐々に塩分を減らすというものでした。その理由は，ヒトは味覚に限らず，比較的長い時間をかけて，少しずつ変化するものに対しては鈍感であるからです。実際に，イギリスでは最初の年は 2 ％の減塩から始め，その後 7 年かけて最終的には約 20％の減塩に成功しました。こうしてイギリスでは 2003 年から 8 年間で，国民 1 人あたりの塩分摂取量を 1 g 以上も減少させることに成功し，その結果，虚血性心疾患や脳血管疾患の患者が大幅に減少しました。これによって年間，約 15 億ポンド（1 ポンド，約 135 円で換算すると日本円で 2,025 億円）以上の医療費の削減につながったといいます。

もちろん，イギリスにおけるこの成功は偶然ではありません。事前の調査により根拠となる知見をもっていたからこそ得られた結果です。イギリスには，CASH（Consensus Action on Salt and Health）という医学や栄養学の専門家による組織があります。この CASH は，2001 年から 2011 年にかけて，一般のスーパーで売られているパンを使った研究を行いました。具体的には，普通のパンを食べる群と，段階的に含まれる塩分量が減っていくパンを食べる群を作り，それぞれ 6 週間，パンを食べるというものでした。もちろん，参加者は自分がどちらのグループに割り当てられるかは知りません。6 週間後，それぞれの群の参加者に味の違いについて質問すると，普通の（塩分量が変化しない）パンを食べた群はもちろんですが，段階的に塩分量を減らし，最終的には 25％も減塩したパンを食べた群においても，味の変化には気づいていないことがわかったのです。濃い味つけに慣れた人が，減塩することは難しいと信じられていますが，実は，わずか 6 週間で薄味に慣れてしまうというだけでなく，その変化に気づきもしないというのは本当に驚きです。

現在，イギリスではこの減塩政策のしくみを使って，同様に砂糖の消費量を減らすことを試みているといいます。砂糖の過剰摂取は肥満の発症に密接に関与していることから，砂糖においても同様の効果が示されれば，さらなる医療費の削減につながると考えられ，今後の結果が大変気になるところです。

4　ナトリウムとカリウムの関係

ナトリウムは先述のとおり，過剰に摂取することにより高血圧を引き起こすことから，減塩は最も重要な予防策とされています。しかし，もともと塩辛い味付けが好きな人に，いきなり食塩量を減らすという減塩方法は，現実的にはなかなかハードルが高い方法です。減塩には色々なテクニックがありますから，うまく組み合わせ，少しずつ変化させることが成功のコツです。例えば，カリウムは体内でナトリウムと共に体液のイオンバランスを調節する役割を担っており，カリウムの摂取は体内の過剰なナトリウムを体外に排出するといううれしい効果があります。カリウムは，野菜や果物の他，コンブやワカメなどの海藻類，サトイモやサツマイモ，ジャガイモなどのいも類，またダイズやアズキなどの豆類に多く含まれています。たとえ塩分量の減少はわずかでも，これらの食品をたくさん摂取することは，より減塩効果を高めることが期待されます。ただし，腎臓病などでカリウムの摂取が制限されている場合は，カリウムの摂取が逆に症状を悪化させる可能性があるため注意が必要です。

5　食塩と高血圧

塩を食べない民族では高血圧患者がいないということを聞いたダール（Dahl, 1960）が，1960年に日本，アメリカ，マーシャル諸島，アラスカで調査した食塩摂取量と高血圧発症率との関係について示した以下の図2-4はきわめてわかりやすく，この2つに正の相関があることを示していました。

当時，特に日本の北部では食塩摂取量が26 g/日とかなり多く，高血圧有病率も39%と他の調査地域と比べて非常に高くなっていました。一方で，アラスカのエスキモー（イヌイット）の人たちの食塩摂取量は平均4 g/日とかなり少なく，さらに高血圧有病率に至っては0%でした。

のちの1980年代には，さらにインターソルト研究という国際研究で，世界32ヶ国，52集団に対し，食塩摂取量と血圧の関係が調査され，ダール（1960）同様に，食塩摂取量の多い地域で血圧が高いことが示されました。1960年代と比べ，この頃には日本の食塩摂取量も12 g/日程度まで減っていたものの，アメリカやデンマークの8 g/日と比べるとまだ多く摂取していたことがわかります。さらに驚くべきことは，アマゾン流域で原始的な生活をしている原住民の食塩摂取量は1 g/日以下，パプアニューギニアでも2 g/日という結果で，やはりこれらの地域には高血圧の人はいませんでした。さらに，これまでは血圧は加齢に伴って上昇すると考えられていたのですが，このイ

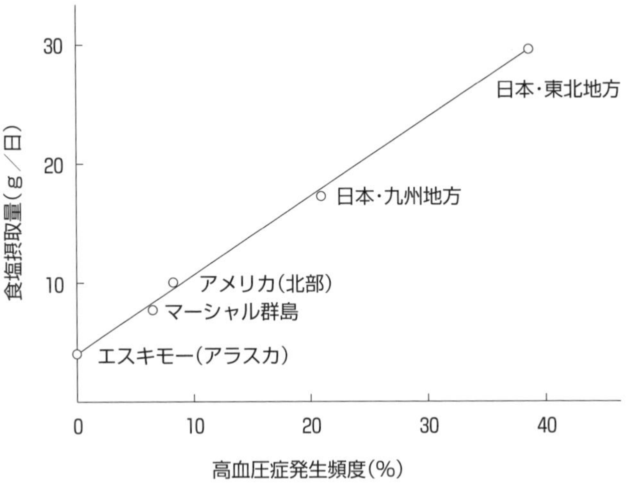

図 2-4　食塩摂取量と高血圧発生頻度の関係（Dahl, 1960）

ンターソルト研究により食塩摂取量が少ないと年を取っても血圧が上がりにくいということが明らかにされました。

食塩を大量に摂取すると高血圧でない人でも血圧は上がりますが，高血圧の人は，より上がりやすいことがわかっています。このような血圧の上がりやすさは個人差が大きく，さらに性別や人種によっても異なります（ちなみに男性よりも女性，白人よりも黒人の方が上がりやすく，日本人はその中間くらい）。個人差があるとはいえ，ある程度，食塩を制限すれば血圧が下がるという減塩の降圧効果は多くの研究で示されていますから，日本人の食事摂取基準 2015 年版で推奨されている，男性 8 g/日，女性 7 g/日を目指すのがよさそうです。

引用文献

Asakura, K., Uechi, K., Masayasu. S., & Sasaki, S. (2016). Sodium sources in the Japanese diet: Difference between generations and sexes. *Public Health Nutrition, 19*(11), 2011–2023.

Dahl, L (1960). Possible role of salt intake in the development of hypertension. In P. Cottier & K. D. Bock (Eds.), *Essential hypertension -an international symposium* (pp. 53–65). Berlin: Springer.

He, F. J., Brinsden, H. C., & MacGregor, G. A. (2014). Salt reduction in the United Kingdom: A successful experiment in public health. *Journal of Human Hypertension, 28*, 345–352.

Intersalt Cooperation Research Group (1988). Intersalt: An international study of electrolyte excretion and blood pressure. Results for 24 hour urinary sodium and potassium excretion. *BMJ, 297*, 30.

片岡 茂博・長原 歩（2000）．醤油香気成分の抗腫瘍効果　日本醸造協会誌，*95*, 336–340.

木下 恵美子・山越 純・菊池 護（1994）．醤油中の血圧降下物質について日本醸造協会誌，*89*, 126–

130.
国立がん研究センター　塩分・塩蔵食品と，がん・循環器疾患の関連について https://epi.ncc.go.jp/jphc/outcome/380.html　(最終閲覧日 2020 年 10 月 2 日)

Mattes, R. D., & Donnelly, D. (1991). Relative contribution of dietary sodium sources. *Journal of the American College of Nutrition, 10*(4), 383-393.

Tsugane, S., Sasazuki, S., Kobayashi, M., & Sasaki, S. (2004). Salt and salted food intake and subsequent risk of gastric cancer among middle-aged Japanese men and women. *British Journal of Cancer, 90,* 128-134.

Takachi, R., Inoue, M., Shimazu, T., Sasazuki, S., Ishihara, J., Sawada, N., Yamaji, T., Iwasaki, M., Iso, H., Tubono, T., & Tsugane, S. (2010). Consumption of sodium and salted foods in relation to cancer and cardiovascular disease: The Japan Public Health Center-based prospective study. *The American Journal of Clinical Nutrition, 91,* 456-464.

Watanabe, H. (2013). Beneficial biological effects of miso with reference to radiation injury, cancer and hypertension. *Journal of Toxicologic Pathology, 26,* 91-103.

Watanabe, H., Kashimoto, N., Kajimura, J., & Kamiya, K. (2006). A miso (Japanese soybean paste) diet conferred greater protection against hypertension than a sodium chloride diet in Dahl salt-sensitive rats. *Hypertension Research, 29,* 731-738.

Watanabe, H., Sasatani, M., Doi, T., Masaki, T., Satoh, K., & Yoshizumi, M. (2018). *American Journal of Hypertension, 31,* 43-47.

三大栄養素と健康

第3章

1 糖質と健康

糖質とは，炭水化物から食物繊維を除いたもののことを言います。糖質は血糖値を上げる栄養素であり，さらに過剰に摂取された場合は脂質として体内に蓄積されることから，近年，糖質を制限することが推奨されています。しかし糖質が不足すると脂質よりも先にたんぱく質がエネルギーとして使用されてしまうため，十分にたんぱく質が摂取されていない場合には体を構成するたんぱく質本来の働きが妨げられてしまうという問題もあり，現時点では，医師の間でも特に極端な糖質制限については意見が分かれています。しかしながら，2013年に米国糖尿病学会が糖質制限食を正式に認めたことにより，日本の糖尿病学会の対応にも少しずつ変化が生じてきているようです。東大病院でも2015年4月より糖質摂取比率40%の糖尿病食が提供される（江部，2017）など，今後，臨床レベルにおいても，糖質摂取に関する理解や状況は変化していく可能性があります。

しかし，おそらく現時点において少なくとも重要だと考えられることは，単に糖質をどのくらい食べるかといった「量」の問題というよりも，糖質をどのような食物から摂取するかといった「質」に注意することではないかと思われます。現在，主に糖質制限のみならず，摂り過ぎが問題になっているのは「精製された糖質」，すなわちパン，麺類など精製されたコムギの加工品や白米です。玄米や全粒粉などについては，これらに含まれる食物繊維やビタミンなどの豊富さから，その重要性は以前からすでに認められています。したがってこれらの精製度の低い穀類を適度に摂取することが重要なのかもしれません。

［1］ヒトの進化と糖質摂取

先に述べたように，糖質は炭水化物から食物繊維を除いたものであるため，甘い砂糖だけでなく，ヒトの主食であるコメやコムギなどの穀類やジャガイモなどイモ類のデンプンもすべて糖質です。また健康な個人または集団を対象として，健康の維持・増進，生活習慣病の予防などを目的として作成された日本人の食事摂取基準では，1日に必要な炭水化物の量（目標量）は，男女とも1日に摂取するエネルギーの50～65%に相当する量が推奨されています。具体的に50～65%に相当する量として摂取量を計算すると以下のようになります。

例えば1日に摂取するエネルギーが2,000 kcalの場合，50～65%に相当するエネルギー量は，2,000 kcal×0.5～0.65＝1,000～1,300 kcal。炭水化物は1 gが約4 kcalですから，1,000～1,300 kcal÷4 kcal/g＝250～325 g。つまり1日に250～325 gの糖質を摂取することが望ましいということになります。

しかし，実際には1日に250～325 gの糖質を摂取することが望ましいといわれても，具体的に何をどのくらい食べればよいかは，なかなかわからないものです。そこで，食べる時の状態や食卓で目にする状態，すなわち料理で何をどれだけ食べればよいかを示したものが，2005年に厚生労働省・農林水産省が作成した食事バランスガイドです（第1章図1-7）。例えば，先述の炭水化物を主に主食と考えると，成人では1日当たり，ごはん，パン，麺などで5～7 SV（サービング）の摂取が推奨されています。この1 SVとはごはん100 g，食パン1枚，ロールパン2～3個，2 SVでは，うどん（ゆで麺300 g），そば（ゆで麺300 g），スパゲッティ（乾麺100 g）に相当しています。

近年，糖質を控えることを推奨する情報が多くなり，糖質を控えているという人の話もよく聞かれるようになってきました。しかし本当に私たちは糖質を摂り過ぎているのでしょうか？　実際に2017年度の国民健康・栄養調査の結果によると，1歳以上の男女の平均摂取量は255.4 g，男女をそれぞれ年齢別で見ても，300 gを超えていたのは唯一15～19歳の男性のみであったことから，現在の日本人において決して推奨量よりもオーバーしているわけではないことがわかります。それにもかかわらず，糖質の過剰摂取と健康問題がクローズアップされる理由は，その内容の変化によるものかもしれません。例えば，主食の摂取が十分でないために，間食が増えること（実は，逆もよくあります。特に女性に多いケーキやチョコレートなどの菓子類を食べたいために，あえて主食を減らすというパターンです）や，意識されにくい清涼飲料水の摂取などです。最近では，人工甘味料などを使用した糖質ゼロをうたったものも増えていますが，コーラやミルクティーなどの甘い飲み物が多い人は注意が必要です。そして意外と見落としがちなのが，野菜ジュースの類です。健康志向を反映しているためか，砂糖，甘味料不使用，一食分の野菜がこれ一本で……という表示もあり，近年，積極的に摂取する人が増えています。しかし，このようなタイプのジュースの1つの表記を確認すると1パック（200 ml）当たり糖質が14.8 g，さらにはショ糖（いわゆる砂糖）が3.4〜6.7 g含まれているとあります。喫茶店でコーヒーなどについてくるスティックシュガー1本は3 g入のことが多いので，スティックシュガー1本〜2本が200 gのジュースに入っているということになります。が，そのことに気づいている人は案外少ないのではないでしょうか。したがって糖質を減らすつもりが，逆にこのような清涼飲料水によって糖質の摂取量の増加が影響している可能性もあります。

また清水（2019）は，進化の過程で，今ほど糖質を摂取している時代はないと述べています。大昔には，もちろん砂糖を作り出す技術も存在しませんし，果物は今の果物とは比較にならないほど糖質含有量が少なく，さらにサイズも小さく，さらに食物繊維が非常に多かったからです。果物だけでなく野菜も同様に，近年，甘く，大きくおいしくなっていて食べやすくなっています。例えば甘くてフルーツのようなプチトマトの開発が進んでおり，「アメーラルビンズ」という品種では，出荷基準糖度が10度以上とされています。この糖度に相当する果物の例としては，キウィフルーツやオレンジ，グレープフルーツなどがあります。糖度は「水に溶けている固形分の量」の指標であり，糖だけの量を示すものではありませんが，一般的には，同じ果物で比較する場合は，糖度が高ければ糖の量が多いことから「糖度＝甘さの目安」と考えられています。そう考えると野菜に分類されるプチトマトは先の果物と同じくらいの甘味をもつということになります。

穀類も同様です。さらに，大昔は栽培ではなく自然に生えていたものを採取していたため，十分な量をいつも食べられたわけではなかったと考えられます。このように，糖質を毎日，十分に摂取できなかったからこそ，ヒトはグルコースを体内で作り出し，エネルギーとして使えるように進化したと考えられます（清水，2019）。私たちは通常，血液中にグルコースを一定量維持し，エネルギーとして利用していますが，そのグルコースの供給源には，食事とグリコーゲン分解と糖新生があります。「糖新生」はグルコースを体内で作り出す反応で，この反応は，私たちが通常，食物から得た栄養から生体内で利用可能なATPというエネルギーに変換する解糖系という反応の逆行でグルコースを生成させます。しかし，この反応では1分子のグルコースを生成するのに大切なエネルギーであるATPを6分子も必要とするため，大変コストの高い反応だといえます。なぜわざわざこのようなコストのかかる反応が必要になったかについて，清水（2019）は，私たちの体の中で重要な働きをする中枢神経系の細胞がエネルギー源としてグルコースを利用しているためだと述べています。空腹期にも対応できるよう通常は余ったブドウ糖は肝臓や筋肉にグリコーゲンという，グルコースよりもう少し大きな分子の形で貯蔵し，必要に応じてグリコーゲンを分解し，血液中にグルコースを供給することで血糖値を維持します。そして万が一，体内のグルコースが不足した場合には，中枢神経に優先的にグルコースを供給するため，中枢神経以外の組織細胞はグルコースの利用を停止し，エネルギー源として中性脂肪を分解した脂肪酸からクエン酸回路によりATPを合成するなど私たちの体内では，エネルギー不足とならないような工夫がされています。このように体外から必要な栄養が入ってこない状態になっても，適切な血糖値を確保するために，私たちの体内には血糖値を上昇させるホルモンが複数あります。具体的にはグルカゴン，成長ホルモン，甲状腺ホルモン，副腎皮質ホルモンなどで，これらのホルモンの働きにより，空腹時でも血糖値は70～110 mg/dlを維持することができます。一方，血糖値を下げるホルモンは，インスリンだけなのです。もし，進化の過程で，現代のようにいつでも豊富に糖質を摂取することができれば，わざわざ糖新生などというコストのかかる仕組みは必要なかったと考えられ，ヒトの進化の過程から考えると，現在，多くの国で問題となっている食事における糖質過剰という状況は，進化のスピードに追いつかないほど急激な私たちを取り巻く食環境の変化によって生じた問題であると清水（2019）は述べています。

［2］糖質の過剰摂取による健康被害

では，実際には糖質の過剰摂取によってどのような健康への悪影響が考えられているかを見てみましょう。

最もわかりやすい糖質の過剰によって生じる問題は「肥満」「糖尿病」「メタボリックシンドローム」です。インスリンは食事によって摂取したグルコースを適切な血糖値である100 mg/dl程度に保ちます。そして残りのグルコースについては，中期的な貯蔵のためにはグリコーゲンの形で筋肉に，長期的な貯蔵のためには脂肪組織に中性脂肪の形で取り込ませる働きがあります。またインスリンが分泌されると，その作用で脂肪の分解は抑制されます。もし筋肉や脂肪組織に取り込まれたグルコースがこのまま使われないでいると，脂肪に変換されて皮下脂肪としてどんどん蓄えられることになるため，肥満になると考えられます（清水，2019）。

糖尿病とは，インスリンが十分に働かないために，血液中のグルコース濃度である血糖値が高い状態が続く病気です。このように血糖値が高い状態が続くと，血管が傷ついたり，血液が流れにくくなったりするため，血管への負担が大きくなってしまいます。特に私たちの全身に張り巡らされている毛細血管は，文字どおりもともと血管が細くもろいため，血糖値が高い状態が続くと，その影響が早いうちから出現します。例えば，毛細血管が集中する網膜では，「糖尿病性網膜症」という合併症が発症します。これは最終的に失明につながる大変恐ろしいものです。また腎臓では，糸球体という毛細血管によって血液が濾過されます。これは体内の老廃物や余分な水分を尿として排泄するためなのですが，糖尿病のために高血糖状態が続くことで腎臓の働きが悪くなると，最終的には腎不全になってしまい，人工透析が必要となる「糖尿病性腎症」という合併症を発症します。人工透析とは，正常に機能しなくなった腎臓の代わりに体内にたまった老廃物や毒素，余分な水分を濾過する治療のことです。1回の透析には4～5時間ほどかかり，通常の治療では，これを週に3回程度行うとされています。そのため，日常生活に与える影響はとても大きいといえます。そして手足のような末端では，感覚などをつかさどる末梢神経にダメージが与えられてしまい，手足がしびれたりします。さらに悪化すると痛みの感覚が鈍くなるため，ケガをしても気がつかず，感染症を引き起こしてしまうこともあります。また，毛細血管がダメージを受けることで足の血流が悪くなることに加え，先述のように感染症にかかってしまったりすると壊疽（組織が腐ってしまうこと）を引き起こしてしまいます。そうなると最悪の場合，足（下肢）を切断しなければならない場合もあります。この恐ろしい病気の発症のカギとなるのがインスリンというホルモンですが，先述のように「インスリンが十分に働かない状態」というのには，以下の2つのパターンがあります。

1つ目は，インスリンの分泌不足です。糖質が私たちの体内に入ると，血糖値が上昇しますが，通常，私たちの血糖値は，たとえ「牛丼大盛り」を食べても「チョコレートケーキ」を食べても，140 mg/dl くらいまでしか上がらないようにインスリンの働きによって調節されています。しかし，必要以上にたくさんの糖質を摂取すると，当然，必要以上にインスリンを分泌しなければならなくなります。そのため暴飲暴食を続けると，インスリンを作る膵臓の機能が低下し，十分な量のインスリンを分泌できなくなってしまうのです。

もう1つは，インスリンそのものは十分な量が分泌されているのですが，その効果が十分に発揮できないという状態で，インスリン抵抗性と言います。インスリン抵抗性が起きる原因については，インスリンが過剰に分泌されたことにより，その大量のインスリンに晒された組織や臓器はインスリンが効きにくくなり，本来の機能が果たせなくなるためインスリンの作用不足が起こるという説などがありますが，まだはっきりとは解明されていないようです。が，肥満状態の脂肪組織に白血球の一種であるマクロファージが入り込み炎症を起こすことで引き起こされることもわかっています。したがって肥満はやはり「万病のもと」であり，肥満にならないことが重要だといえるでしょう。

続いて，糖質の過剰摂取とメタボリックシンドロームの関係について見てみましょう。メタボリックシンドロームの診断基準は表3-1に示すとおりです。メタボリックシンドロームと診断されるのは，1の腹囲の基準が当てはまることが必須ですが，これだけではメタボリックシンドロームとは診断されません。さらに表中の2～4の血中脂質，血圧，血糖値の3つの項目のうち，2つ以上の項目であてはまる場合にメタ

表 3-1　メタボリックシンドローム診断基準

1．腹囲（ウエストサイズ） （内臓脂肪面積 100 cm^2 以上に相当）	男性　85 cm 以上　女性　90 cm 以上
2．中性脂肪値　コレステロール値	中性脂肪値　150 mg/dl 以上 HDL コレステロール　40 mg/dl 未満
3．血圧	収縮期血圧（最高血圧）130 mmHg 以上 拡張期血圧（最低血圧）85 mmHg 以上 （いずれか、または両方）
4．血糖値	空腹時血糖値　110 mg/dl 以上

ボリックシンドロームと診断されます。そこでそれぞれの項目について，糖質の摂り過ぎという点から考えてみます。

まずは，必須項目である腹囲ですが，これは内臓脂肪の量を表しています。先述のとおり，適切な血糖値を保つために必要なブドウ糖（グルコース）以外は，脂肪組織に蓄えられるわけですから，糖質の過剰摂取が問題となることは明らかです。

続いて，血中脂質である中性脂肪値については，糖質の中でも特に果糖（フルクトース）が体内で中性脂肪に変化しやすいことがわかっています。果糖は主に果物に含まれますが，果物以外では清涼飲料水の甘味料として使用される「異性化糖」にも含まれていますので，知らない間に摂取している人も多いと思います。異性化糖は，ブドウ糖と果糖を主成分とする液状糖で果糖の含有率によって，果糖含有率（糖のうちの果糖の割合）が 50％未満のブドウ糖果糖液糖，50％以上の果糖ブドウ糖液糖と呼び方が異なります。が，いずれにせよ，内臓脂肪の増加に悪い影響を与えることには変わりありません。

HDL コレステロール値については内臓脂肪の増加によって生じることが指摘されており，糖質の過剰摂取が直接関係しているというよりは，二次的な影響といえるかもしれません。しかしながら，糖質を制限することで血中の中性脂肪値が下がり，HDL コレステロール値が上昇することは多くの研究でも明らかにされていることから，糖質の摂り過ぎによる悪影響の可能性は否定できません。

さらに近年では，上記のような代謝疾患だけでなく，うつ病やアルツハイマー病などの疾患の発症についても，糖質の過剰摂取が原因だと指摘する医師もいることから，ますます糖質の摂り方と健康に与える影響についての研究は，さかんになると思われます。

[3] 玄米に含まれる成分に着目した新しい糖尿病予防の試み

玄米については，ビタミンB群やEなどのビタミン類，鉄やマンガンなどのミネラル類が多く含まれることから栄養価が高いことはもちろんですが，豊富に含まれる食物繊維によって血糖値の上昇を抑える働きがあることがこれまでに示されています。実は，アメリカでもフードピラミッドという，何をどのくらい食べればよいかを示すフードガイドがあるのですが（第I部1章図1-5参照），ここでも糖質として精製された小麦粉ではなく，全粒粉を使ったパンやパスタ等の摂取が推奨されています。

日本においては，玄米や雑穀などを白米に混ぜて食べると食物繊維やミネラルの摂取が手軽に増やせるということで，近年，玄米や雑穀の人気が高まっています。家庭での消費が増えたのはもちろん，一般の外食チェーン店でも，白米か雑穀米かが選べる店も珍しくなくなってきたことは望ましい変化といえます。

さらに近年，玄米が高脂肪食に対する嗜好性を軽減することにより，抗肥満・抗糖尿病効果を発揮すること，さらに玄米に含まれるγ-オリザノールがその効果発現に関与することが明らかにされていますので，以下にその研究を紹介します。

この研究は琉球大学の益崎ら（Masuzaki et al., 2017；益崎ら，2013, 2017；Kozuka et al., 2012）の研究グループによるものです。それによると世界に冠たる健康長寿を誇った沖縄が，2004年に急速な勢いで崩壊を始めたこと，またその要因の1つとして食習慣の急激な変化が考えられたことがこの研究の背景にあるといいます。実際，1980年当時，80代，90代の沖縄県民患者の解剖所見によると大動脈や冠状動脈の粥状動脈硬化や石灰化はほとんど見られなかったという記録が残っており，第二次大戦終結時に35歳以上の沖縄県民の大部分は，朝・昼・夕の三食ともに幼少期より「煮イモ」を主食とし，高繊維で低カロリー，低脂肪の質素な食事で，戦前に，白米を常食できた人は極めて例外であったようです。つまり，現在，いわゆる沖縄の伝統食とされているような豚肉や動物性脂肪の多い沖縄料理は，実際には王族・富裕層が特別な時にのみ口にできただけであったというわけです。しかし戦後，アメリカ型の食事が入ってきたことで，沖縄県民の脂肪エネルギー摂取比率は，常に全国平均を5％前後上回るようになり，日常的な高脂肪食の食習慣が，先に述べた沖縄県民の肥満症やII型糖尿病，さらには心臓血管病の発症リスクを高めた可能性があるとしています。

しかし，益崎らはこのような事態を改善するために，糖質の摂取を極端に減らすことについては，短期的には大きな減量効果や高血糖改善効果が得られることには同意しているものの，中・長期的に見ると糖質を減らした分，相対的に脂質の摂取割合が増えること，さらに高脂肪食が脳内の食欲コントロールを攪乱し，さらに自分の身体が必要とする以上に食べてしまう過食行動を引き起こすことを指摘しています。そのために，これまでに疫学研究においてII型糖尿病の発症予防に有効であることが示されていた玄米を使った新しい肥満症，並びにⅡ型糖尿病の予防・治療の開発に取り組んだと述べています。

そして研究の結果，マウス実験において，玄米成分が高脂肪食に対する嗜好性を軽減させることにより，肥満および糖尿病の予防効果を発揮すること，さらに玄米に高濃度に含まれる成分であるγ-オリザノールがその効果の発現に深く関与していることを世界で初めて発見しました。慢性的な高脂肪食の摂取は，視床下部における小胞体ストレス（小胞体でたんぱく質が正常に折りたたまれなかった場合，変性たんぱく質が蓄積することで引き起こされる現象）を亢進させ，食欲を抑える働きのあるレプチンというホルモンが効きにくくなるため，結果として過食を引き起こします。そしてさらにこのような現象によって，一段と高脂肪食に対する嗜好性を高めるという悪循環に陥ることを明らかにしました。

玄米は「天然の完全食」とも呼ばれ，食物繊維，ビタミン，ミネラルなど様々な栄養成分をバランスよく豊富に含んでおり，食後高血糖を抑制する低GI食品としても注目されています。長寿を謳歌した時代の沖縄では，玄米が主食であり，主食として食べる以外にも，玄米をひいて煮込み，生姜や黒砂糖で味付けしたドリンクも広く愛飲されていたそうです。玄米には，先に述べたように食物繊維が豊富です。食物繊維は，いわゆる“善玉菌”と言われる乳酸菌の栄養源となること，また特定の腸内細菌の作用によって，本来であれば消化・吸収できないような多糖類が吸収可能な単糖類へ分解されること，さらには脂肪細胞における脂肪蓄積調節に関与することなどから，腸内細菌叢の組成を健康体質に改善する“プレバイオティクス”としての玄米の作用も注目されています。

ちなみに，この“プレバイオティクス”とは，英国の微生物学者ギブソン（G. R. Gibson）によって1995年に提唱された用語です。プロバイオティクスは腸内フローラのバランスを改善することにより人に有益な作用をもたらす生きた微生物（有用菌）を指すのに対してプレバイオティクス（prebiotics; pre前に，先立っての意）は，①消化管上部で分解・吸収されない，②大腸に共生する有益な細菌の選択的な栄養源となり，それらの増殖を促進する，③大腸の腸内フローラ構成を健康的なバランスに改善し維持する，④人の健康の増進維持に役立つ，の条件を満たす食品成分を意味します（ヤクルト中央研究所HPより）。

玄米の研究に話を戻しましょう。具体的な琉球大学の研究内容は以下のとおりです。

マウスは，ヒトと同様，高脂肪食に対する嗜好性が高いため，通常の餌と高脂肪の餌を同時に与えると95%以上という高い確率で高脂肪のものを選択し，肥満をきたすことがわかっています。そこでマウスに与える餌を，コントロール群では通常食，高脂肪食とし，さらに玄米群，白米群では通常食，高脂肪食それぞれの炭水化物の一部を同じカロリーの玄米粉末または白米粉末に置き換えたものを用意し，マウスに自由に選択させました。その結果，通常食および高脂肪食のいずれにおいても，一部を玄米粉末で置き換えた栄養源を与えられた玄米群でのみ，高脂肪食に対する嗜好性が顕著に軽減され，結果的に高脂肪食による肥満が有意に抑制されていました。さらに一部を玄米粉末で置き換えられたものを与えられた玄米群マウスでは，食後高血糖や耐糖能異常（糖尿病と診断されるほどの高血糖ではないものの，血糖値が正常より高い状態にあること）も改善されること，さらに玄米粉末に含まれる成分のうち，γ-オリザノールがこのような高脂肪食に対する嗜好性を軽減することが明らかにされました。

この研究によって，玄米には，①脂っぽい食事への欲求を抑制する，②血糖値を下げる，③脂肪の吸収を抑えることが示唆され，玄米を使った肥満および糖尿病の予防や改善が注目されるようになってきました。

現在，糖質を少なく摂取する糖質制限という考え方が「流行って」いますが，単純に「糖質」と一括りにして短絡的にとらえるのではなく，いろいろな角度から，それぞれのメリットを考慮し，単なる「摂取量」ではなく「どのような」糖質から摂取するのか，といった「質」に着目する必要性を示唆する重要な研究の1つだといえるで

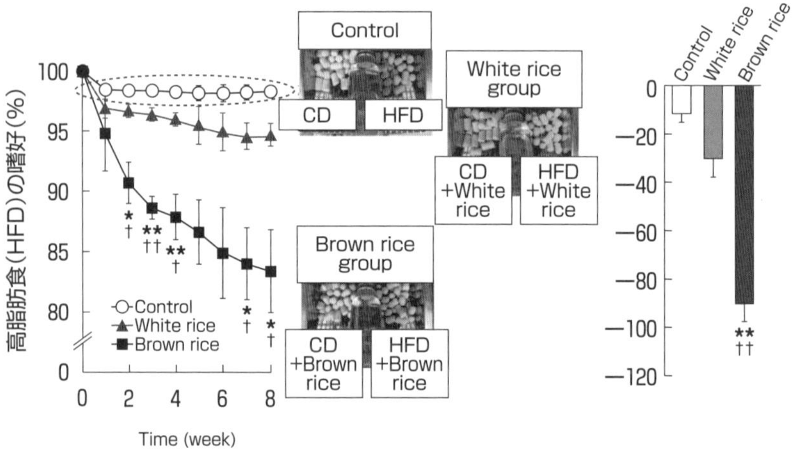

図3-1　マウスの動物性脂肪の嗜好に対する玄米の影響（Masuzaki et al., 2017）

動物性脂肪の嗜好性を，8～16週齢のオスのマウスの2食物選択テストで評価。マウスはCD（対照食）とHFD（高脂肪食）に自由にアクセスできた。グラフ中のそれぞれのグループとはcontrol（統制）群：CD（対照食）とHFD（高脂肪食），white rice（白米）群：CD（対照食）+白米とHFD（高脂肪食）+白米，brown rice（玄米）群：CD（対照食）+玄米とHFD（高脂肪食）+玄米であった。データは平均±SEM（各グループ　$n=8$）。$^{*}p<0.05$，$^{**}p<0.01$ 対control（統制）群，$^{\dagger}p<0.05$，$^{\dagger\dagger}p<0.01$ 対白米グループ。

しょう。

[4] オリゴ糖による腸内改善

最近，腸内環境を整えるなどの効果で注目されているオリゴ糖（oligosaccharide）ですが，このオリゴとはギリシャ語で「少ない」を意味します。つまりオリゴ糖とは，グルコース（ブドウ糖）やフルクトース（果糖）などの単糖類が2～10個程度の少量つながったものということになります。

オリゴ糖は，その多くがヒトの消化管では消化されにくい性質をもつこと，さらに大腸でビフィズス菌などの善玉菌の栄養源になることから便秘の改善効果が期待され，最近ではダイエット目的で摂取する人も増えています。しかし実は，一言でオリゴ糖と言っても，オリゴ糖には様々な種類があります。例えば，イソマルトオリゴ糖のように小腸で吸収されるため，砂糖と同じ程度（4 kcal/g）のエネルギーをもつもの（ただし，分解が遅いという特徴をもつため，砂糖とは異なり血糖値の上昇は緩やか），ガラクトオリゴ糖のように胃や小腸で消化・吸収されにくい難消化性のもの（これらは腸内細菌によって分解される）などです。それぞれの代謝経路については次の図3-2に示すとおりです。

つまりガラクトオリゴ糖のように胃や小腸をすり抜けた難消化性オリゴ糖は，大腸で腸内細菌による発酵を受け，短鎖脂肪酸，炭酸ガス，メタンガスなどに変換されます。そして，このうち短鎖脂肪酸だけが体内に吸収され，肝臓や筋肉などでさらに代謝されて熱量を産生することになります。大腸で完全に100％発酵，分解される食物繊維から得られる熱量は平均で1 g当たり2 kcalに相当するとされていますが，この食物繊維の発酵・分解性はそれぞれの種類によって大きく異なることがわかっています。このようにオリゴ糖の中でも，それぞれカロリーや働きが異なるので，摂取する際には目的に合ったオリゴ糖を選ぶ必要があります。

また，このオリゴ糖は，ヒトの消化管では消化できないにもかかわらず，乳児の唯一の栄養源である母乳には大量に含まれています。その理由は，このオリゴ糖が，腸内細菌の栄養源になるからです。腸内環境が微生物によって整うことは栄養摂取と同様にとても重要であり，母乳は赤ちゃんのみならず微生物にも栄養を与えることで赤ちゃんの成長を守っていると考えられます。

実際に，母乳または人工乳に含まれるヒトミルクオリゴ糖（Human Milk Oligosaccharides: HMOs）が，乳幼児の腸内細菌叢形成に重要な役割を果たしていることを示す研究（堀米ら，2019）があります。堀米ら（2019）によると，母乳には乳児が利用する栄養素に加えて，リゾチームやラクトフェリンなどの抗菌活性因子，免疫グロブリン，サイトカインなどの免疫性因子，ヒトミルクオリゴ糖，ラクトフェリンなどの

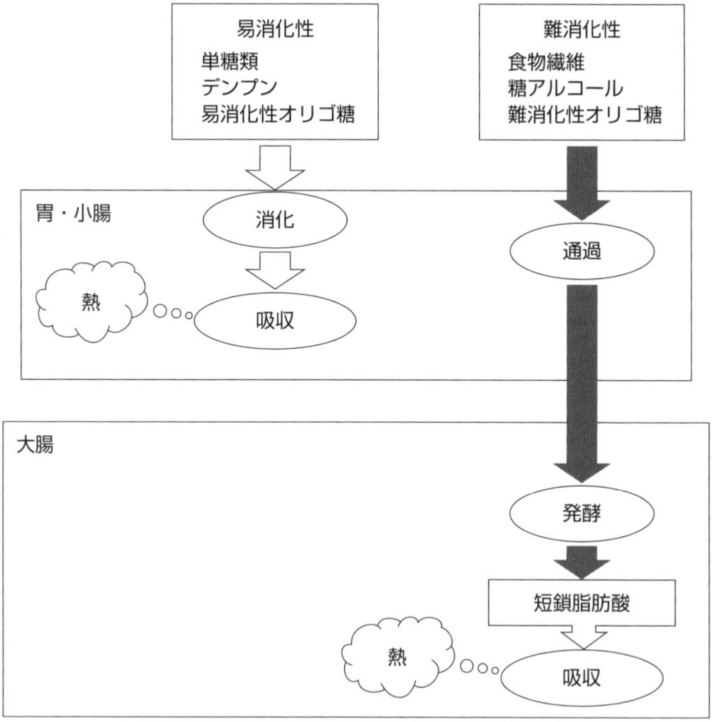

図 3-2　食物繊維の代謝（食物繊維の熱量（エネルギー）について）
（Japan Food Research Laboratories, 2003, no.34, July. より改変）

ビフィズス菌増殖因子などがあり，このうち健康な腸内環境といえるビフィズス菌優勢の腸内細菌叢を形成するのに重要な因子の1つがヒトミルクオリゴ糖だといいます。

実はヒトミルクオリゴ糖の研究の歴史は古く，1900年以前にはすでに母乳中の乳糖以外の糖として認識され，さらにこのヒトミルクオリゴ糖が多くの機能を有することもわかっていました（Yoshioka et al., 1983）。ヒトミルクオリゴ糖は，小腸では消化されず，大腸でビフィズス菌の栄養源となります。初乳で20 g/l程度，成乳で10 g/l程度と，乳糖，脂質に次いで3番目に多く含まれる固形分で，このヒトミルクオリゴ糖には赤ちゃんの腸内細菌の状態を整える以外に，乳児の脳内のシアル酸の供給源となることで神経発達を促進する効果の可能性があること，さらに感染症防御作用や免疫，炎症の調整作用など，多くの生理機能があることから，乳児の健康に大きく寄与する可能性があることが堀米ら（2019）の研究により示されています。

2 脂質と健康

[1] コレステロールとは

コレステロールは脂質の一種で，私たちの細胞膜や，消化吸収に必要な胆汁酸，さらにはホルモンの材料となるなど，体にとって必要な物質です。脂質であるため，そのままでは血液（水）に溶けません。そこでリポたんぱくというたんぱく質に包まれることにより，血液中を流れ，体中に運ばれます。このリポたんぱくは，コレステロール含有量の比率などによってHDL：High Density Lipoprotein（高比重リポたんぱく）コレステロールとLDL：Low Density Lipoprotein（低比重リポたんぱく）コレステロールに分けられます。HDLコレステロールは，血液中の余分なコレステロールを肝臓に運ぶ役割，すなわち血液中のコレステロールが増えるのを防ぐ働きがあるため，一般的に「善玉」と呼ばれています。一方のLDLコレステロールは，肝臓からコレステロールを全身の細胞に運ぶ役割を担っています。つまりLDLコレステロールが血液中に増加すると，細胞に必要以上にコレステロールが増えることになり，さらに血管壁に余分なコレステロールがたまると血液の通り道が狭くなったり（図3-3参照），血栓ができやすくなったりして動脈硬化が促進されるため，一般的に「悪玉」と呼ばれています。

[2] コレステロールの摂取制限について

「卵はコレステロールが多いから1日1個まで」と言うのを聞いたことがある人も多いのではないでしょうか。コレステロールは体内で合成されるものと，食品から摂取する食事性コレステロールに区別されます。実は，健康面で問題となっている血中総コレステロールの約75～80%が体内で合成されており，食事由来は残りの20～25%なのです。さらに食事由来のコレステロール摂取量が減ると体内での合成が増加し，逆に食事由来のコレステロールが増加すると体内での合成が減少するという具合に，体内でのコレステロールの供給が一定に保たれるようになっており，健康な人の場合，食事由来のコレステロール摂取量が直接，血中総コレステロール値に反映されるわけではありません。コレステロールは先述のように，細胞膜をはじめ，ホルモンや胆汁酸の原料になる必須の成分であるため，体内で毎日一定量が必要になります。したがって食事からの摂取に頼らなくてよいようにこのように体内で合成できるような機能が備わっていると考えられます。

またコレステロールを多く含む卵類（タラコやイクラなどの魚卵含む）やレバー以外に，コレステロールを含まないにもかかわらず，肉の脂身や乳製品などを摂り過ぎ

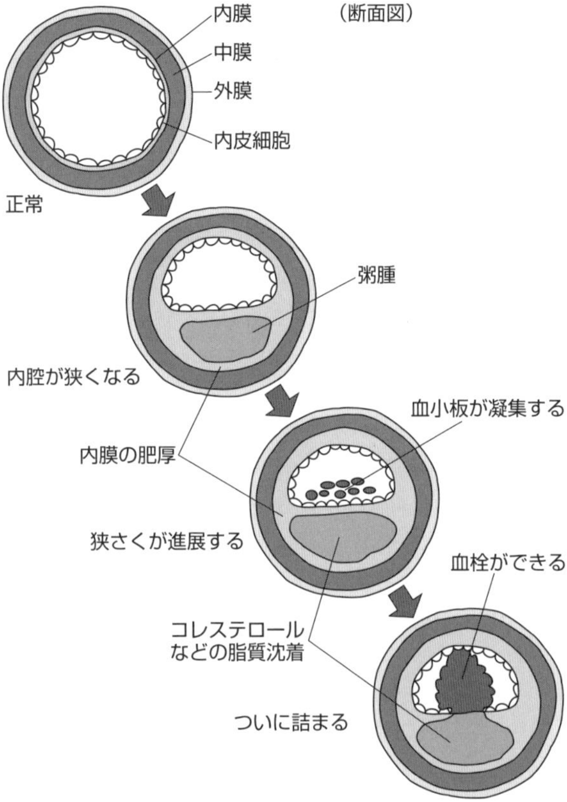

図 3-3　動脈硬化イメージ図（国立循環器病研究センター HP より引用）

ないようにと言われる理由は，これらの食品に含まれる飽和脂肪酸が，体内でのコレステロールを合成する際の材料になるためです。

現在では，卵のようにコレステロールを多く含む食品を食べても血中コレステロール値に影響しないという研究報告が相次ぎ，2015 年に改定された厚生労働省の「日本人の食事摂取基準」から，コレステロールの目標量の算定がされなくなりました。しかし，目標量が設定されなくなったということは，無制限に摂ってもいいという意味とイコールではありません。摂取したコレステロールが血液中のコレステロール値に与える影響には個人差が大きく，どこまでなら大丈夫という数値が出せないためであると日本動脈硬化学会も注意を促しています。やはり何でも食べ過ぎないほうがいいのです。「過ぎたるはなお及ばざるが如し」です。

[3] 脂質異常症

血液中には，脂質として上記のコレステロール（HDL および LDL），中性脂肪，リン脂質，遊離脂肪酸の 4 つがあります。

脂質異常症とは，血液中の脂肪分の濃度（血清脂質値）が異常値となる病気のことを言います。この血液中の脂肪分の異常値とは，上記の LDL コレステロール（140 mg/dl 以上），HDL（40 mg/dl 未満），トリグリセライド（中性脂肪）（150 mg/dl 以上）のことを意味し，このうち，LDL コレステロールや中性脂肪が多過ぎる，または HDL コレステロールが少な過ぎるなど，このいずれかの値がこの範囲を超えた場合に脂質異常症と診断されます。

動物性脂肪である食肉や卵の摂り過ぎといった脂肪分の多い食事は，血中の LDL コレステロール値を上げ，動脈硬化を促進します。また食事の量自体が多過ぎる，いわゆる食べ過ぎや清涼飲料水やアルコールの飲み過ぎ，さらに甘い菓子などの食べ過ぎは，中性脂肪値を上げます。

しかし血液中の脂肪分の濃度が異常値であっても，多くの場合は無症状です。そのため知らず知らずのうちに全身の血管が傷つけられ，放置すると動脈硬化になってしまうのです。次に脂質異常症と動脈硬化について詳しく見てみましょう。

脂質異常症では，血液中にコレステロールなどの脂質が多い状態が続くことになり，血管壁に余分な脂が沈着し，プラークという塊ができてしまいます。この余分な脂肪の塊は，比較的短期間で血管に溜まるため，血管が詰まりやすい状態になります。このような状態を動脈硬化と言い，さらに血管に溜まった血管壁の塊，すなわちプラークは，柔らく壊れやすいため，プラークが敗れると，その部分を修復しようとして，血小板が集まり，血栓ができます。この血栓がさらに大きくなり，完全に動脈を防いでしまうと血液はその先に流れなくなってしまいます（図 3-3 動脈硬化イメージ図参照）。このような血管のつまりが，心臓で起こると心筋梗塞，脳で起きると脳梗塞となるのです。脳梗塞などの脳血管疾患，心筋梗塞などの心疾患は，それぞれ現在の日本の死亡原因の 2 位，4 位であり，予防が大切であることは明らかです。特に中性脂肪が高い場合，甘い菓子類や飲料さらに麺類や白米などの穀類といった糖質を多く含む食品の食べ過ぎによることも多いのですが，過剰な糖質が中性脂肪として蓄積されることを知らないとこれらの食品の摂取を減らすことには至りません。そのため，いつまでも中性脂肪の数値の改善につながらないことが少なくないことから注意が必要です。

また，減らすことにばかり注目するのではなく，HDL コレステロール値を上げるという視点をもつことも大事です。先ほど述べたように HDL コレステロールは，血中の余分なコレステロールを肝臓に運ぶ働きがあるからです。ウォーキングや軽いジョギングなどの有酸素運動を継続的に行うことで，HDLコレステロール値が有意に上昇することがわかっています。しかし「運動する」ということが，すでにハードルが高いという人もいるでしょう。そのような場合は，普段の生活でもエレベーターよりは階段を使う，車ではなく歩くなど「こまめに動く」ことを意識することで，少しずつ行動を変えることができます。

いずれにせよ，血中のコレステロールが多くなり過ぎることは動脈硬化につながることから望ましくありません。野菜などに豊富に含まれている食物繊維はコレステロールを吸着し，体外に排出することで血中のコレステロール値を下げる効果が期待できることから積極的に摂ることが望ましいでしょう。またサバやイワシなどの青魚に含まれるDHAやEPAなどの魚油には中性脂肪の低下作用が，また豆腐や納豆，おからなどの大豆製品に含まれるレシチンには，余分なコレステロールが血管壁に留まることを防ぐ働きがあるため，脂質異常症予防のためにも積極的に摂取することが望ましいと考えられます。

［4］トランス脂肪酸と心疾患

数年前より，トランス脂肪酸の摂り過ぎにより心筋梗塞などの心疾患のリスクが高まるとして，トランス脂肪酸はすっかり「悪者」になってしまいました。不飽和脂肪酸は，炭素まわりの構造の違いによりシス型とトランス型の2つに分けられ（図3-4参照），このうち図に示すように，水素が二重結合をはさんで，それぞれ反対側に結合しているのがトランス型で，トランスが型の二重結合が1つ以上ある不飽和脂肪酸をトランス脂肪酸と言います。これらのトランス脂肪酸は，油脂の加工や精製で作られます。魚油や植物油に水素を添加して製造されるマーガリンは，もともとバターの代用品として作られたものです。バターは動物性脂肪であるため，コレステロール値を上げ，動脈硬化の進行を促進し，心疾患のリスクを上げると考えられていたため，その代用品として動脈硬化を防ぐ働きのある魚油を使って作られました。しかし現在では逆に，マーガリンやショートニング，ファットスプレッドなど，これらを原料につかったパンやケーキ，ドーナツやポテトチップスなどの揚げ物などのトランス脂肪

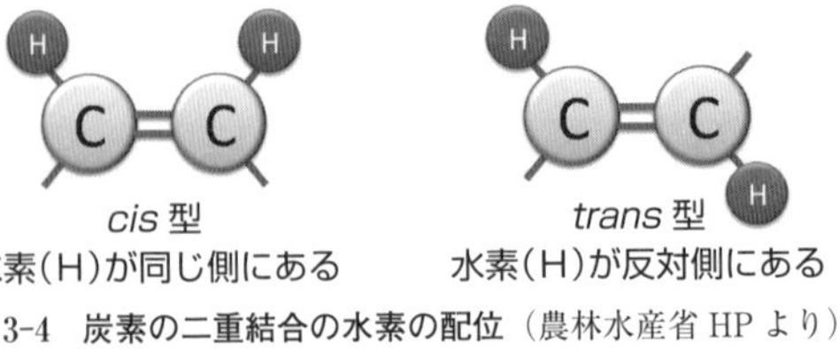

図3-4　炭素の二重結合の水素の配位（農林水産省HPより）

酸を多く含む食品を摂り過ぎることによる心疾患のリスクの上昇が問題になっています。

世界保健機関（WHO）は，生活習慣病を防ぐための目標として，食品から摂取するトランス脂肪酸の量を総摂取エネルギーの１％に相当する量よりも少なくするようにとしています。食事から摂る脂質の量が多く，結果としてトランス脂肪酸を WHO の目標よりも多くとっている一部の国や地域を中心に，食品中のトランス脂肪酸濃度の上限値の設定や表示の義務づけ，部分水素添加油脂の食品への使用の規制をしているところがあります。ただし，食品からトランス脂肪酸を完全になくしている国や地域はなく，いずれの場合も一定量以下であれば食品中にトランス脂肪酸が含まれることを認めています。なお，多くの場合，天然由来のトランス脂肪酸については規制していません（農林水産省 HP より）。

日本におけるトランス脂肪酸への対応について，農林水産省は以下の理由から特に積極的な規制は行っていません。まずトランス脂肪酸による健康への悪影響を示す研究の多くは，日常の食生活において脂質の摂取量が多く，その結果としてトランス脂肪酸の摂取量が多い欧米人を対象としたものであり，脂質の摂取量が欧米人に比べて少ない日本人の場合にも同じ影響があるのかどうかは明らかではないということ，さらに油脂の加工・精製でできるトランス脂肪酸と天然にあるトランス脂肪酸では，健康に及ぼす影響に違いがあるのか，また多くの種類があるトランス脂肪酸の中で，どのトランス脂肪酸が健康に悪影響を及ぼすのかについては十分な科学的情報がない，というのがその理由です。

農林水産省は，平成 17 ～ 19 年度（2005 ～ 2007 年度）に実施した調査研究で，日本人が食品から摂取しているトランス脂肪酸の１人１日当たりの平均的な量は，0.92 ～ 0.96 グラム（平均総エネルギー摂取量の 0.44 ～ 0.47％に相当）であると推定しました。さらに食品安全委員会は，平成 24 年（2012 年）３月に，食品に含まれるトランス脂肪酸の健康影響評価（リスク評価）の結果として，日本人のトランス脂肪酸の平均的な摂取量を，平均総エネルギー摂取量の約 0.3％と推定しており，「日本人の大多数がエネルギー比１％未満であり，また，健康への影響を評価できるレベルを下回っていることから，通常の食生活では健康への影響は小さいと考えられる」と結論づけています。

もちろん，日本人であっても脂質の摂取量そのものが多い場合には，トランス脂肪酸の摂取量も多くなる可能性があることから，脂質の摂り過ぎには注意が必要です。また先述のとおり，市販のスナック菓子やケーキ，クッキーなどの焼菓子にはトランス脂肪酸を含むマーガリンやショートニングが多く含まれますし，フライ麺のインスタントラーメンも揚げ油にトランス脂肪酸が含まれていますので，これらの食品を食べることが多い人は注意が必要です。

ちなみに天然由来の不飽和脂肪酸とは牛肉，羊肉，牛乳，乳製品などに含まれる不飽和脂肪酸のことを指します。天然の不飽和脂肪酸のほとんどはシス型です。牛や羊などの反芻動物では胃の中の微生物の働きにより，トランス脂肪酸が作られるため，これらの動物から得られる牛肉，羊肉，牛乳，乳製品などには天然のトランス脂肪酸が含まれることになります。

［5］飽和脂肪酸と循環器疾患のリスク

これまで見てきたように動物性脂肪に多く含まれる飽和脂肪酸は，心筋梗塞や脳卒中などの循環器疾患のリスクをあげる要因であるとされてきました。しかし，近年，このような「飽和脂肪酸＝悪者」といういわゆる「常識」を覆すような研究結果が奥山ら（2004）で示されています。奥山らは「飽和脂肪酸を含む動物性脂肪は健康によくない」とする考えについて，過剰摂取が糖尿病などのメタボリックシンドロームを促進する因子となりうる一方で，その栄養的価値については再評価される必要があると述べています。具体的には，これまでこの考えの根拠とされてきた大規模な疫学研究においてトランス脂肪酸の最多群は最少群に比べ，年齢調整した心疾患死亡率（相対危険度）は1.6倍高く，統計的にも有意であったが，各種の因子で調整すると相対危険度が小さくなること，さらに食物繊維の摂取量に対して調整すると相対危険度は1.2となり，トランス脂肪酸摂取量と心疾患死亡率の間には有意な相関がないことから，疫学データの解釈にあたってはこのような調整因子の問題も考慮に入れる必要があると指摘しています（図3-5参照）。

さらに2018年にも江崎ら（Muto & Ezaki, 2018）では，日本人と日本人以外を対象としたそれぞれ別々のコホート研究をメタ分析し，日本人では食事から摂取する飽和脂肪酸が多いと脳内出血と虚血性脳卒中のリスクが低くなるが，外国人ではそのような傾向が示されず，飽和脂肪酸摂取の影響が人種によっても異なることを示しています（図3-6）。

栄養学や医学の世界では，近年，これまで考えられてきた，いわゆる「常識」が新しい研究によって変化するということも珍しくありません。そのため常識にとらわれることなく常に新しい研究から学ぶことが求められるのですが，この際注意しなければならないのは，新しいから正しいと単純に鵜呑みにするというのではなく，様々なデータをもとに色々な視点から論理的に考え，判断するということです。

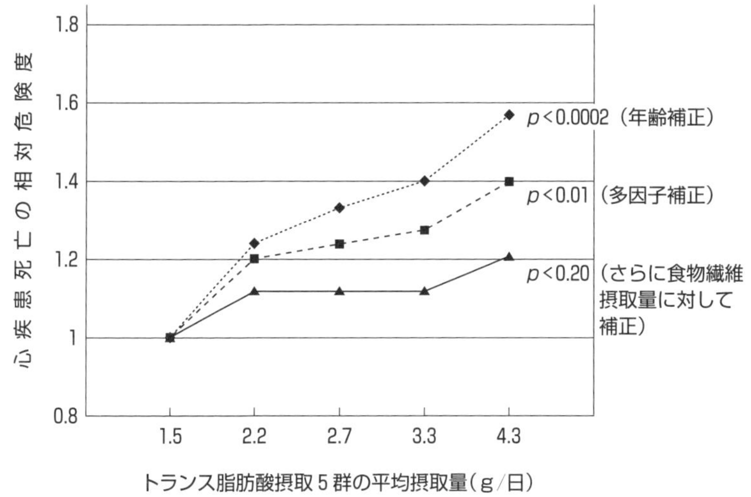

図3-5　トランス脂肪酸の摂取量と心疾患死亡率の関係（統計解析による調整因子の影響 奥山ら，2004）

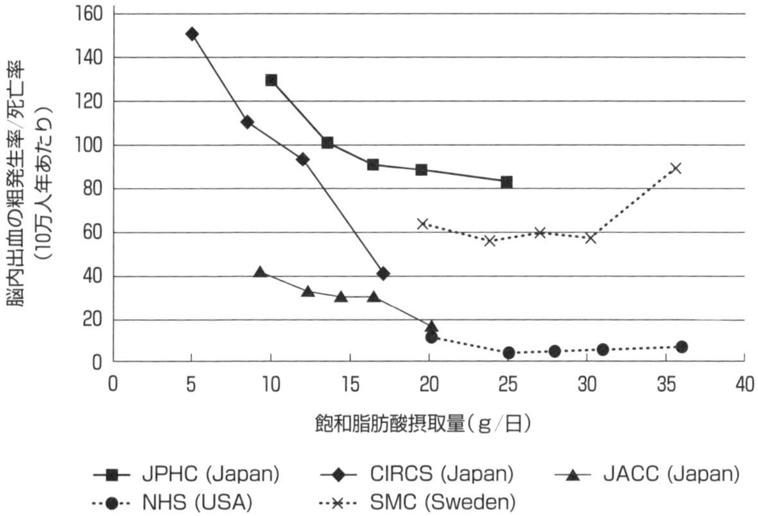

図3-6　メタ分析で使用された研究における脳内出血の粗発生率/死亡率（10万人年あたり）に対する飽和脂肪酸の用量の影響の比較（横軸は1日あたりの飽和脂肪酸摂取量の重量 Muto & Ezaki, 2018 より改変。JPHC: Japan Public Health-based Cohort Study, CIRCS: Circulatory Risk in Communities Study, JACC: Japan Collaborative Cohort Study, NHS: Nurses' Health Study, SMC: Swedish Mammography Cohort）

3　たんぱく質と健康

たんぱく質は，筋肉や内臓などの材料になる栄養素であるため，発育期，妊娠期には特に十分に摂取する必要がある栄養素です。食事から摂取したたんぱく質のうち，過剰分は分解されて窒素（N）を含むアンモニア（NH_3）に変換されます。最終的には肝臓で無害な尿素に変えられ，腎臓で尿として体外に排出されます。したがって，従来，たんぱく質の過剰摂取は肝臓や腎臓に負担をかけるといわれていました。しかし，実はこのことを示す医学的研究がないということで，厚生労働省は2015年度版の「日本人の食事摂取基準」では，たんぱく質の摂取の上限を設けていません。ここでも，先の飽和脂肪酸と同様に，日々の研究で得られた新しい発見により，これまで「常識」と考えられていたことが変化しています。が，やはり，常に新しいから正しいと単純に鵜呑みにするというのではなく，様々なデータをもとに色々な視点から論理的に考え，判断するように心がけることが大事です。

たんぱく質が欠乏すると，筋肉や皮膚等の体の組織だけでなく酵素やホルモンなどの材料に不足をもたらし，筋力低下，免疫力低下さらには思考力の低下など体全体の機能低下につながってしまいます。さらに乳幼児や子どもの場合は成長障害なども生じます。子どものたんぱく質不足で生じる病気にクワシオルコル（kwashiorkor）があります。クワシオルコルは極度のたんぱく質不足とエネルギー不足によって発症します。大きくふくれたお腹が特徴で，アフリカや東南アジアの開発途上国の乳幼児で多く見られます。

現在，日本で問題となっているたんぱく質不足は，子どもよりもむしろ高齢者の方かもしれません。サルコペニア（sarcopenia）は，主に加齢に伴う骨格筋量の低下と筋力（握力）低下，または歩行速度などの身体能力の低下によって診断される病気ですが，その原因の1つがたんぱく質不足であるとされています。私たちの体内で骨格筋でのたんぱく合成を維持し，筋肉量を維持するためには1日量に換算すると70～80 gのたんぱく質の摂取が必要です。しかし平成30年度の国民健康栄養調査によると，75歳以上の男性のたんぱく質摂取量は平均73.6 g，女性は64.6 gであり，高齢者では若年者よりもたんぱく質合成によって筋肉を成長させる働きが弱まることを考慮すると，特に女性において十分な量が摂取されているとは言い難い状況だといえます。私たちの体に欠かせない必須アミノ酸は，動物性食品，植物性食品それぞれの食品で含まれている必須アミノ酸が異なっているため，両方の食品から幅広く摂ることが望ましいとされています。しかし，高齢者の場合，動物性よりも消化吸収率の低い植物性の食品からのたんぱく質の摂取傾向が高い傾向があります。したがって植物性食品に偏ることなく，卵や肉なども積極的に摂ることが勧められています。

ちなみに，たんぱく質は非常に大きな分子であり，そのままの形で体内（細胞）に吸収されるわけではありません。したがって，肌にハリを与えるなどの効果を期待して，フカヒレを一生懸命食べたところで，残念ながらフカヒレのコラーゲンが直接肌のコラーゲンになるのではありません。コラーゲンはアミノ酸まで分解され，さらに骨や血管などを含むあらゆるところで再合成されています。全身で利用されるため，肌にだけ利用されるわけではないのです。

しかしながら，「昨夜，フカヒレを食べたから，お肌がツルツルになった」などというコメントを耳にしたことがある人も少なくないのではないでしょうか？　果たして本当にこのようなことは起きているのでしょうか？　私たちの肌は，一定のサイクルで新しい細胞に生まれ変わっているのですが，この肌のターンオーバー，つまり新しい細胞に生まれ変わる周期は，もちろん個人差はあるものの平均約28日とされています。肌の奥の基底層で日々，新しい細胞がつくられ，少しずつ表面へ押し上げられる訳ですから，昨夜，たとえフカヒレを食べてそのコラーゲンをもとに新しい細胞がつくられたとしても，その細胞が翌朝，表皮まで一気に押し上げられることは，残念ながらなさそうです。それでもなお，「実感する！」という方がいるのはどうしてでしょう？　これは，「フカヒレを食べたから肌ツルツルになっているに違いない」という信念に基づく「偽薬（プラセボ）効果」によるものではないかと考えられます。

4　ファイトケミカルと健康

ファイトケミカル（phytochemical）とは，植物が紫外線や昆虫などの植物にとって有害なものから体を守るためにつくりだす色素や香り，辛味，粘液物質などの成分のことです。ファイトケミカルは必須栄養素ではないのですが，体にとって有益な生理活性作用があることから，健康を維持するために摂取することが望ましいとして注目されています（主なファイトケミカルとその効能については表3-2を参照）。

表3-2　主なファイトケミカルとその効能

	種類	効能
	セサミンおよびセサミノール	いずれもゴマ由来の抗酸化物質であるゴマリグナンの1つ。セサミンはゴマそのものに多く含まれ代謝後に抗酸化作用を示すのに対し，セサミノールはゴマにはほとんど含まれておらずゴマ油に多く含まれる。これはゴマ油を作る過程でセサモリンというゴマの成分がセサミノールに変化してできることによる。いずれも強い抗酸化作用をもち，動脈硬化の予防，肝機能の向上，脂肪肝の改善，シミ予防など様々な効果が期待されている。

①ポリフェノール類	アントシアニン	ブルーベリー，ブドウ，紫キャベツ，赤シソなどに含まれる赤～紫の色素。目の機能向上や眼精疲労の回復に効果があるとされる。高い抗酸化力をもつ
	ケルセチン	ほとんどの植物に含まれる一般的なフラボノイドの1つ。抗菌，抗酸化作用が強く，最近では，花粉症抑制効果が期待され，注目を浴びている。紫外線を浴びると含有量が増えることから，タマネギの場合，外側の方が内側よりも含有量が高い。
	ルチン	ソバ，ケール，ホウレンソウなどに含まれる。毛細血管を丈夫にし，高血圧や動脈硬化などの予防効果が期待される。
	ジンゲロール	ショウガに含まれる抗酸化成分。昔より血行促進作用により，体を温める働きや新陳代謝を活発にし，発汗作用を高めることが知られていたが，強い抗酸化作用によってがんや老化の予防効果への期待が高まっている。
	イソフラボン	構造が女性ホルモン（エストロゲン）と似ており，冠状動脈疾患予防，更年期症状の緩和，骨粗しょう症予防など女性ホルモンに関する疾病に効果的であるとされ，さらに乳がんなどのリスクを低減させる効果も報告されている。
	カテキン	緑茶の渋味の成分　抗酸化作用や殺菌作用，口臭予防作用などが知られている。
	カカオポリフェノール	主にチョコレートに含まれるポリフェノールで，高い抗酸化作用のほか，血管拡張作用による血圧を下げる効果などが知られている。最近では，この高い抗酸化力がヒトのみならず，ブリの養殖にも応用され注目されている。ブリは血合いの色が変色しやすいという欠点があるが，愛媛県が開発したチョコブリは，エサにチョコレートを混ぜることでカカオポリフェノールの抗酸化作用により，血合いを含む切り身が通常よりも長期間鮮やかな色合いを保つとされる。
	レスベラトロール	ブドウの皮やピーナッツの皮，タデ科の多年草であるイタドリなどに含まれるポリフェノール。他のポリフェノール同様，高い抗酸化作用に加え，抗動脈硬化，抗炎症作用などがある。近年，培養したがん細胞の成長を抑制することや，ショウジョウバエや魚などの動物実験においてレスベラトロールの摂取による寿命延長効果が示され注目された。さらには認知症予防や肥満予防効果などについても検討されている。
②カロテノイド	βカロテン	ニンジン，カボチャ，トマトなどに含まれる。体内でビタミンAに変換されるため，プロビタミンA（ビタミンA前駆物質）と言われる。抗酸化力のほか，主に目や皮膚の粘膜を健康に保つ働きがある。
	リコペン（リコピン）	トマトの赤色はこのリコペンの色。前立腺がんの予防効果や心疾患，骨粗鬆症の予防にも効果があるとされる。
	βクリプトキサンチン	温州ミカンに多く含まれ，高い発がん抑制効果があるとされる。

	ルテイン	ホウレンソウやブロッコリーなどの緑黄色野菜のほか卵黄にも多く含まれる。目の老化や視力の低下を抑える効果があるとされる。
③硫黄化合物	硫化アリル（アリシン）	タマネギ，ネギ，ニンニクなどを切った時にくるツンとした刺激臭のもと。血液をサラサラにする効果によって動脈硬化を防ぎ，心疾患，脳梗塞などの生活習慣病予防が期待される。さらに，活性酸素を除去し，がんの発生を抑える効果があるとされる。
	イソチオシアネート	ワサビや辛味大根のツーンとする辛さのもととなる成分。キャベツやブロッコリー，カリフラワー，芽キャベツなどのアブラナ科の野菜に含まれるイソチオシアネートに強いがん抑制効果があるとして，注目されている。またキャベツには胃潰瘍を予防する効果のあるビタミンＵも多く含まれている。

引用文献

江部 康二（2017）．江部康二の糖質制限革命　東洋経済新聞新報社

堀米 綾子・江原 達弥・小田巻 俊孝・清水 隆司（2019）．母乳中の因子および人工乳の改良がもたらす乳児腸内細菌叢への影響　腸内細菌学雑誌，*33*, 1-14.

Japan Food Research Laboratories (2003). 食物繊維の熱量（エネルギー）について　no.34, Jury. https://www.jfrl.or.jp/storage/file/news_no34.pdf（最終閲覧日 2020 年 11 月 19 日）

国立循環器病研究センター　http://www.ncvc.go.jp/cvdinfo/pamphlet/blood/pamph21.html（最終閲覧日 2020 年 10 月 2 日）

Kozuka, C., Yobiki, K., Sunagawa, S., Ueda, R., Taira, S., Ohshiro, H., Ikema, T., Yamakawa, K., Higa, M., Tanaka, H., Takayama, C., Matsushita, M., Oyadomari, S., Shimabukuro, M., & Masuzaki, H. (2012). Brown rice and its component γ-Oryzanoll, attenuate the preference for high-fat diet by decreasing hypothalamic endoplasmic reticulum stress in mice. *Diabetes*, *61*(12), 3084-3093.

Masuzaki, H., Kozuka, C., Yonamine, M., & Shimabukuro, M. (2017). Brown rice-specific γ-oryzanol-based novel approach toward lifestyle-related dysfunction of brain and impaired glucose metabolism. *Glycative Stress Research*, *4*(1), 058-066.

益崎 裕章・小塚 智沙代（2013）．肥満・メタボ関連「メタボ先進県，沖縄から食と生活習慣を考える」日本体育医学会雑誌，*75*(2), 139-143.

益崎 裕章・小塚 智沙代・輿那 嶺正人・島袋 充生（2017）．米糠由来機能成分，γオリザノールを活用する脳機能改善・糖尿病予防のアプローチ *Glycative Stress Research*, *4*(1), 058-066.

Muto, M., & Ezaki, O. (2018). High dietary saturated fat is associated with low risk of intracerebral hemorrhage and ischemic stroke in Japanese but not in non-Japanese: A review and meta-analysis of prospective cohort studies. *Journal of Atherosclerosis Thrombosis*, *25*, 375-392. http://doi.org/10.5551/jat.41632

農林水産省　cis 型　trans 型　https://www.maff.go.jp/j/syouan/seisaku/trans_fat/t_wakaru/index.html#2（最終閲覧日 2020 年 11 月 5 日）
https://www.maff.go.jp/j/syouan/seisaku/trans_fat/t_wakaru/index.html#9（最終閲覧日 2020 年 11 月 6 日）

奥山 治美・山田 和代・宮澤 大介・安井 裕子・市川 祐子（2008）．飽和脂肪酸のどこが悪い？——生活習慣病に対する飽和脂肪酸悪玉説の検証——活　オレオサイエンス，*8*(10), 421-427.

清水 泰行（2019）．「糖質過剰」症候群　あらゆる病に共通する原因（p. 218）光文社新書　光文社

食事摂取基準（2015 年版）

ヤクルト中央研究所　健康用語の基礎知識　https://institute.yakult.co.jp/dictionary/word_3.php（最終閲覧日 2020 年 11 月 5 日）

Yoshioka, H., Iseki, K., & Fujita, K. (1983). Development and differences of intestinal flora in the neonatal period in breast-fed and bottle-fed infants. *Pediatrics, 72*(3), 317-321.

第4章

食品に関する情報の理解

1 食品表示とは

日本では，これまで食品衛生法，健康増進法，JAS法の3つの法律によって食品表示に関するルールを定めてきましたが，目的が異なる3つの法律でそれぞれのルールが決められていたために，消費者にはわかりづらい部分がありました。そこで平成25年に新たに食品表示法が制定され，現在は消費者庁管轄による食品表示がなされています（図4-1）。

食品表示法では，原則として消費者等に販売されるすべての食品，すなわち一般用加工食品および一般用の添加物に対する栄養成分表示が義務づけられました。栄養成分表示には，健康で栄養バランスがとれた食生活を営むことの重要性を消費者自らが意識し，商品選択に役立てることで適切な食生活を実践する契機となる効果が期待されています。

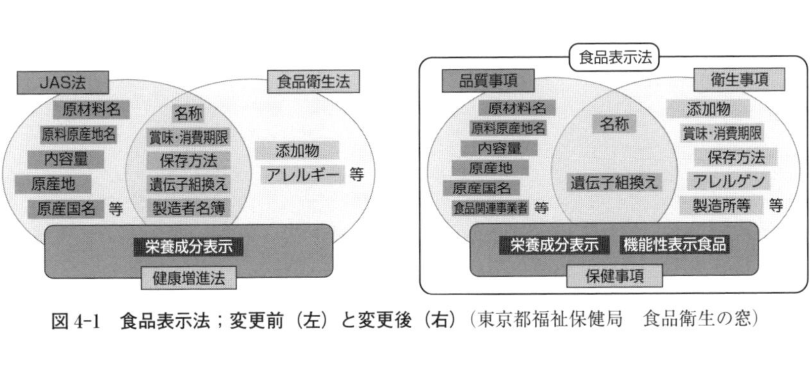

図4-1　食品表示法；変更前（左）と変更後（右）（東京都福祉保健局　食品衛生の窓）

2　栄養表示

先に述べたように食品に含まれる栄養成分に関する情報を明らかにし，消費者が適切な食生活を実践できるようにすることが栄養表示の目的です。つまり販売される食品の栄養成分，熱量の表示に一定のルール化を課すことで，消費者が食品を選択するうえで必要な情報を提供しようというものです。そこで一般用加工食品は，食品表示基準第3条に規定された，熱量，たんぱく質，脂質，炭水化物，ナトリウム（食塩相当量に換算したもの）の表示が義務づけられています。また表示の際にはこの順で表示されなければなりません。さらに表示が推奨されている栄養成分として，飽和脂肪酸と食物繊維の2つがあります。

対象となる食品は，特別用途食品を除く，一般の消費者に販売される加工食品などに日本語で栄養表示をしようとするものです。したがって輸入した食品に日本語で栄養表示をして販売する場合も対象となります。

また生鮮食品は栄養表示基準の適用を受けないのですが，例外として「鶏卵」のみ対象となっています。逆に栄養表示の対象とならないのは業務用（加工用）のものです。しかし，この場合でも消費者が直接その表示を見る場合は対象となります。

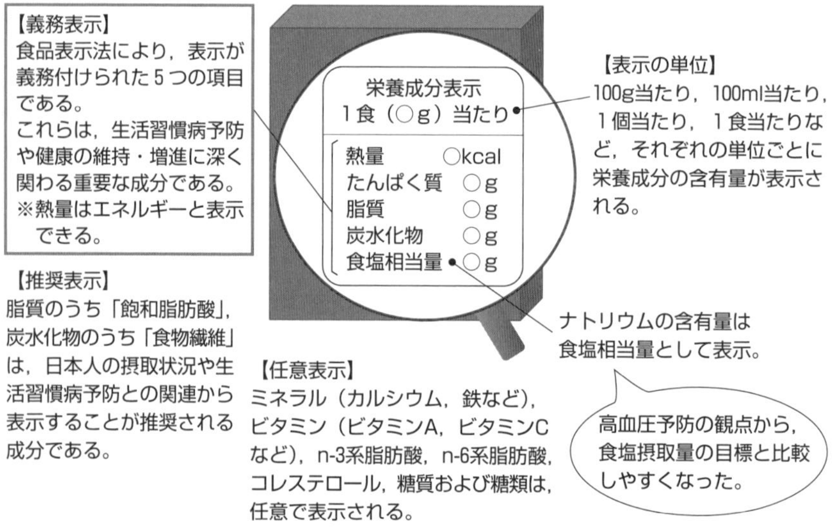

図4-2　食品表示制度における栄養成分表示のルール（消費者庁　食品の栄養成分表示制度の概要　令和2年10月版より引用）

3　栄養強調表示

また「うす塩味」や「甘さひかえめ」など味覚に関する表示も対象外です。ただし「あま塩」「あさ塩」「うす塩」などの表示になると栄養表示の対象になります。本当にややこしいです。栄養強調表示ができるのは以下の3つの場合です。

①補給ができる旨の表示（食品表示基準第7条，第21条，別表第12）

〈栄養成分の量が多いことを強調する場合〉

強調表示の種類	高い	含む	強化された
	絶対表示		相対表示
表示例	高○○ △△豊富 □□たっぷり	○○含有 △△源 □□入り	○○ 20%アップ △△ 2倍
該当する栄養成分など	たんぱく質，食物繊維，亜鉛，カリウム，カルシウム，鉄，銅，マグネシウム，ナイアシン，パントテン酸，ビオチン，ビタミンA，ビタミンB_1，ビタミンB_2，ビタミンB_6，ビタミンB_{12}，ビタミンC，ビタミンD，ビタミンE，ビタミンE，ビタミンK，葉酸		

②適切な摂取ができる旨の表示（食品表示基準第7条，第21条，別表第13）

〈栄養成分の量または熱量が少ないことを強調する場合〉

強調表示の種類	含まない	低い	低減された
	絶対表示		相対表示
表示例	無○○ △△ゼロ ノン□□	低○○ △△控えめ □□ライト	○○ 20%カット △△ 10オフ □□ハーフ
該当する栄養成分など	熱量（カロリー）脂質，飽和脂肪酸，コレステロール，糖類，ナトリウム		

③添加していないことを示す場合

強調表示の種類	無添加強調表示
表現例	○○無添加 △△不使用
該当する成分など	糖類，ナトリウム塩

表 4-1　ゼロ表示の許容範囲例

栄養成分	表示の単位	許容差の範囲	0と表示することができる量
糖質	g	±20%（ただし，当該食品 100 g 当たり（清涼飲料水等にあっては，100 ml 当たり）の糖質の量が 2.5 g 未満の場合は±0.5 g）	0.5 g
熱量	kcal	±20%（ただし，当該食品 100 g 当たり（清涼飲料水等にあっては，100 ml 当たり）の熱量が 25 kcal 未満の場合は±5 kcal）	5 kcal

表示方法については，販売される状態における可食部分の 100 g，100 ml というような表示でも，1食分や1包装などの1食品単位あたりの表示栄養成分の含有量でも構わないのですが，食品単位を1食分と表示する場合は，その量（g，ml または個数など）を併せて記載する必要があります。

また近年は，糖質ゼロやゼロカロリーなどゼロを表示することも多くなりました。この場合，注意しなければならないことは，ここでいう「ゼロ」は必ずしも皆無を示すわけではないということです。「ゼロ」と表示できる範囲や基準というものがあるのです（表 4-1 参照）。

「ゼロ」だけではなく含まないことを意味する「無」「ノン」「レス」などにも同様の基準がありますし，さらに低いことを意味する「低」「ひかえめ」「少」「ライト」「オフ」その他これらに類する表示についても基準があり，それぞれルールに従って表示がされているのです。皆さんは，どの程度これらの表示を正しく理解していたでしょうか？

●コラム●　フランスでの新しい栄養表示　Nutri-score

5色のスケール（ダークグリーンからダークオレンジ）を使い，促進する栄養素と食品（繊維，タンパク質，果物，野菜），制限する栄養素（エネルギー，飽和脂肪酸，糖分，塩分）の量を計算後，製品によって取得されたスコアにより，文字とが割り当てられます。

消費者にとってわかりやすい表示とするために，A から E までの文字に関連づけられており，さらにこれらの色は交通信号とリンクしています。つまりダークグリーンで表示される A は推奨（進め），一方ダークオレンジの E は摂り過ぎに注意（止まれ）を意味します。

スコアは，製品の 100 グラムあたりを基準としており，ハーブ，お茶，コーヒー，酵母を除くすべての加工食品，アルコール飲料を除くすべての飲み物に表示されます。ただし最大表面積が 25 cm² 未満の製品は免除されます。

ただ，このスコアは日本人にとっては少し奇妙な点もあります。例えば，フランスではメジャーなサラダであるベトラーブ（Betteraves: いわゆる赤カブ）のサラダが B である一方で，冷凍のピザ（トッピングは照り焼きチキン）なども B や C に分類されているからです。これはこれらの表示が促進する栄養素と食品（繊維，たんぱく質，果物，野菜，豆類，ナッツ，オリーブオイルなど）と制限される栄養（エネルギー，飽和脂肪酸，糖分，塩分）によって決定されるためです。例えばチーズなども塩分と脂肪が多いため，D または E に分類されます。同じサーモンでもスモークサーモンでは D または C，けれど新鮮な生の魚サーモンは，A または B になります。したがって，冷凍のフレンチフライも，塩分・脂質が少ないため，なんと A になるというちょっと不思議なことが起こります。ニュートリスコアの Q & A によると，このスコアは単に食品表示に記載されている数値を視覚化したに過ぎず，食品の良し悪しを決めているのではない，ということらしいですが……。

4 保健機能食品

保健機能食品には栄養機能食品，特定保健用食品，機能性表示食品の 3 種類があります。保健機能食品制度とは，従来，多種多様に販売されていた「いわゆる健康食品」のうち，一定の条件を満たした食品を「保健機能食品」と称することを認める制度で，国への許可申請等の必要性や食品の目的，機能等の違いによって，図 4-3 のとおり「特定保健用食品」と「栄養機能食品」，「機能性表示食品」の 3 つのカテゴリーに分類されます。

基本的には私たちが口に入れるものを，大きく食品か食品でないかに分け，さらに食品の中で，それらの食品のもつ機能性について表示ができるかどうかで分けているということになります。ここで重要なことは，様々な食品のもつ機能性について書かれているため，つい「薬」のように考えてしまいがちですが，これらは医薬品ではありません。したがって保健機能食品は，疾病に罹患していない人を対象としたもので

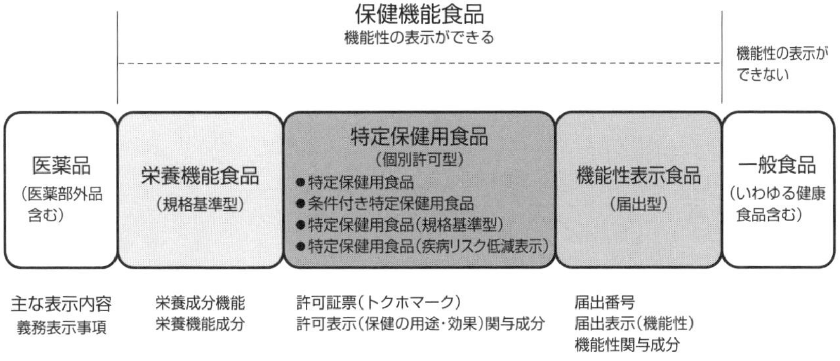

図 4-3 栄養機能食品の位置づけ（日本健康・栄養食品協会，栄養機能食品の位置づけをもとに作成）

あるということを忘れてはいけません。可能性として，医薬品との飲み合わせに注意を要するものもありますので，何らかの病気にかかっている場合や医師による治療を受けている場合は，摂取に際し必ず医師に相談する必要があります。

5　栄養機能食品

栄養機能食品は，身体の健全な成長，発達，健康の維持に必要な栄養成分（ミネラル，ビタミン等）の補給・補完を目的としたもので，高齢化や食生活の乱れ等により，通常の食生活を行うことが難しく，1日に必要な栄養成分を摂取できない場合等に，栄養成分の補給・補完の目的で摂取する食品のことをいいます。栄養機能食品と称して販売するには，国が定めた規格基準に適合する必要がありますが，その規格基準に適合すれば国等への許可申請や届出の必要はなく，製造・販売することができます。

なお，栄養機能食品として表示ができるのは以下の成分で，これ以外の成分については栄養機能食品として機能を表示することはできません。

表4-2　栄養機能食品として表示できる栄養素

ミネラル類（6種類）	亜鉛，カリウム，カルシウム，鉄，銅，マグネシウム
ビタミン類（13種）	ナイアシン，パントテン酸，ビオチン，ビタミンA，ビタミン B_1，ビタミン B_2，ビタミン B_6，ビタミン B_{12}，ビタミンC，ビタミンD，ビタミンE，ビタミンK，葉酸
脂肪酸	n-3系脂肪酸

6　特定保健用食品

特定保健用食品は，身体の生理学的機能や生物学的活動に影響を与える保健機能成分を含み，食生活において特定の保健の目的で摂取をするものに対し，その摂取により当該保健の目的（保険の用途の表示）が期待できる旨の表示をする食品です。食品を特定保健用食品として販売するには，食品ごとに（個別に）それらの食品の持つ生理的機能や特定の保健機能を示す有効性や安全性等に関して国の審査を受け許可（承認）を得なければなりませんが，許可が得られると「トクホマーク」を付けることができます。平成30年9月現在で，1,053件の食品が特定保

図4-4　特定保健用食品のマーク

栄養機能食品とは

栄養機能食品とは、特定の栄養成分の補給のために利用される食品で、栄養成分の機能を表示するものをいいます。

対象食品は消費者に販売される容器包装に入れられた一般用加工食品及び一般用生鮮食品です。食品表示基準(以下、基準という。)に基づき表示されます。

栄養機能食品制度について

栄養機能食品として販売するためには、一日当たりの摂取目安量に含まれる当該栄養成分量が定められた上・下限値の範囲内にある必要があるほか、栄養成分の機能だけでなく注意喚起表示等も表示する必要があります。

表示に当たっての留意点

栄養機能食品の表示に当たっては、基準で表示が義務付けられている事項(一般用加工食品の場合、基準第7条、一般用生鮮食品の場合、基準第 21 条)及び表示が禁止されている事項(基準第9条及び第 23 条)に注意してください。

【パッケージ表示例】

商品名:●▲ 栄養機能食品(ビタミンC)

栄養成分の機能を表示をする栄養成分の名称を「栄養機能食品」の表示に続けて表示すること。

ビタミンCは、皮膚や粘膜の健康維持を助けるとともに、抗酸化作用を持つ栄養素です。

「食生活は、主食、主菜、副菜を基本に、食事のバランスを。」

栄養機能食品の規格基準が定められている栄養成分以外の成分の機能の表示や特定の保健の用途の表示をしてはならないこと。(基準第9条及び第 23 条)(例)ダイエットできます 疲れ目の方に

名称:□□□□□
原材料名:・・・、・・・・、・・・・/・・・、・・・・
賞味期限:枠外○○に記載
内容量:○○g
製造者:△△株式会社

栄養成分表示は1日当たりの摂取目安量当たりの量を表示する。また、推定値(許容差の範囲から外れる可能性がある値)は認められない。

栄養成分表示 1本当たり		
エネルギー○kcal	たんぱく質○g	脂質○g
炭水化物○g	食塩相当量○g	ビタミンC○mg

機能を表示する成分については、基準別表9の第3欄に掲げる方法により得られた値を表示すること。

・1日当たりの摂取目安量に含まれる機能の表示を行う栄養成分の量の栄養素等表示基準値(18 歳以上、基準熱量 2,200kcal)に占める割合:ビタミンC ○%

基準別表第10の上欄の区分に応じ、同表の下欄に掲げる値

・1日当たりの摂取目安量:1本

・摂取の方法:1日当たり1本を目安にお召し上がりください。

・摂取する上での注意事項:本品は、多量摂取により疾病が治癒したり、より健康が増進するものではありません。1日の摂取目安量を守ってください。

基準別表第11の第5欄に掲げる摂取をする上での注意事項

・調理又は保存の方法:保存は高温多湿を避け、開封後はキャップをしっかり閉めて早めにお召し上がりください。

(特定の対象者に対し、注意を必要とするものにあっては、当該注意事項)

本品は、特定保健用食品と異なり、消費者庁長官による個別審査を受けたものではありません。

消費者庁長官が個別に審査等をしているかのような表示をしないこと。(例)消費者庁長官認定規格基準適合

図 4-5 制度の基本的な考え方(消費者庁資料より)

健用食品の許可を受けています。

表示されている保健の目的の例としては，「お腹の調子を整える」「コレステロールの吸収を抑える」「食後の血中中性脂肪の上昇をおだやかにする」「食後の血糖値の上昇をおだやかにする」などがあります。

7　機能性表示食品

食品学における食品の機能は，3つあります。ヒトの健康の維持・増進や成長発育に関わる栄養的機能としての一次的機能，食品の味や匂い，見た目，歯ごたえなどヒトの感覚に関わる嗜好的機能としての二次的機能，そして抗酸化作用をはじめとする体の様々な機能の調節に関わる生体調節機能としての三次機能です。とりわけ，近年，注目を浴びているのが最後に挙げた三次機能で，このような食品のもつ体に良い影響をもたらすような性質に着目し，2015年に新たに始まった制度が機能性表示食品制度です。これまでもこのような食品のもつヒトにとって有益な機能を表示する制度はありましたが，この制度で表示が可能なのは国が個別に許可した特定保健用食品（トクホ）と国の規格基準に適合した栄養機能食品だけでした。しかし特定保健用食品では，事業者が自らの責任において科学的根拠をもとに適正な表示を行う必要があり，そのためには臨床試験や研究レビューなどによって科学的根拠を示す必要があります。さらに表示されている効果や安全性については国が審査を行い，食品ごとに消費者庁長官が許可をしますので，かなりの資金と時間と手間がかかります。そこで登場したのがこの新しい制度で，この制度では新たに「機能性表示食品」という表示ができるようになりました。機能性表示食品は，販売前に安全性および機能性の根拠に関する情報などを消費者庁に届け出ることで，事業者の責任において，科学的根拠に基づいた機能性を表示ができる食品のことです（図4-5）。

ではどのようにして，機能性食品の安全性や機能性は確保されているのでしょうか？

まず，安全性の評価については（ア）今まで広く食べられていたかどうかの食経験，（イ）安全性に関する既存情報の調査，（ウ）動物や人を用いた安全性試験の実施のいずれかによって評価されます。当然，医薬品との相互作用についても評価されます。

次に機能性の評価については，（ア）最終製品を用いた臨床試験，（イ）最終製品または機能性関与成分に関する文献調査（研究レビュー）のいずれかによって評価されます。この時，どのような科学的根拠に基づいて，どのような人が，どのように摂取すると，どのような機能があるのかが明らかにされます。またこれらが次の（ア）と（イ）のうちどちらの方法で明らかにされたかは表示を見ればわかるようになっています。（ア）の臨床試験によって科学的根拠が示されている場合には，商品のパッケージには「◯◯の機能があります」と表示されますが，一方，（イ）の研究レビューによって科学的根拠を示す場合には，「◯◯の機能があると報告されています」という表示が基本とされます。

消費者庁によると，2016年2月19日現在での届出状況については，サプリメント形状の食品加工品が最も多く115件，ついでその他加工食品が100件，生鮮食品3件でした。サプリメント形状のものは，難消化性デキストリン（食物繊維）の働きにより，糖や脂肪の吸収を緩やかにするもの，排便を促すもの，ビフィズス菌により腸内環境を整え，便通を改善するものが多く見られます。その後，2019年には，消費者庁が機能性表示を認めた食品は約1,700件となっています。加工食品が大半を占める傾向に変わりはないのですが，生鮮食品の件数が30件に増えており，機能性を売りにすることで付加価値を高めたフルーツがそのうちの半分を占めるといいます。例えば，2019年には全農が，長野県，信州大学と連携し，「ナガノパープル」に血圧上昇を抑える効果があるとされるアミノ酸の一種「GABA（ギャバ）」が含まれていることを示し，ブドウでは初となる届け出をしています。ちなみに生鮮食品で初めて機能性を表示した食品は静岡県の「三ケ日みかん」で，みかんに含まれるオレンジ色の色素であるβ-クリプトキサンチンが骨代謝の働きを助けることが認められました。

●コラム●　食物と薬の違いは，即効性がないこと

先に述べたように，近年，食物のもつ機能性への関心が高まっています。しかし，食物の機能性にばかりに注目することは危険です。なぜなら，食物は薬ではないからです。何か１つの食物だけ食べればよいというものはなく，いろいろなものを長期にわたって食べることで初めて，食物は私たちの健康に良い効果を発揮するのです。つまり，極端に足りないのも，極端に食べ過ぎるのもよくないのです。長いスパンでなるべく多くの種類の食物から様々な栄養を摂ることが重要です。

近年の生活習慣病の増加の背景には，エネルギーや脂質，塩分の摂り過ぎなど食生活の乱れがあり，栄養成分など健康に役立つ情報を充実させることで，消費者が自主的かつ，合理的な商品選択の機会を確保することが食品表示の目的なのですが，これらの表示をいかに上手に利用するかが重要です。

引用文献

日本健康・栄養食品協会　http://www.jhnfa.org/tokuho2.html　（最終閲覧日2020年10月6日）

消費者庁　https://www.caa.go.jp/policies/policy/food_labeling/health_promotion/pdf/food_labeling_cms206_20200401_01.pdf　（最終閲覧日2020年10月6日）

東京都福祉保健局　https://www.fukushihoken.metro.tokyo.lg.jp/shokuhin/hyouji/shokuhyouhou_summary.html　（最終閲覧日2020年10月6日）

第5章

食品添加物

1 食品添加物とは

食品衛生法において，食品添加物とは食品の製造過程で，または食品の加工や保存の目的で食品に添加，混和などの方法によって使用するものと定義されています。日本では，食品添加物の安全性と有効性を確認して厚生労働大臣が指定した「指定添加物」，長年使用されてきた天然添加物として品目が決められている「既存添加物」のほかに，動植物から得られる天然の物質で，食品に香りを付ける目的で使用される「天然香料」や「一般飲食物添加物」に分類されています。今後，新たに使われる食品添加物は，天然，合成の区別なく，すべて食品安全委員会による安全性の評価を受け，厚生労働大臣の指定を受け「指定添加物」になります（表5-1参照）。

表5-1　食品添加物の分類

指定添加物 (化学合成品＋天然物)	厚生労働大臣が指定したもの 安全性について、食品安全委員会の評価を受けて、個別に指定	クエン酸 L アスコルビン酸 (ビタミンC)　等
既存添加物 (化学合成品＋天然物*)	わが国において広く使用されており、長い食経験があるもの	クチナシ アズキ　等
天然香料（天然物）	動植物から得られる天然の物質で、食品に香りを付ける目的で使用されるもの	バニラ香料 カニ香料　等
一般飲食物添加物	一般に飲食に供されているもので添加物として使用されるもの	オレンジジュース 寒天　等

*平成7年の食品衛生法改正により，指定の対象が，化学的合成品のみから，天然物を含むすべての添加物に拡大された。

2　食品添加物の主な種類と役割

[1] 食品の製造や加工のために必要な製造用剤

例えば，マヨネーズの乳化剤である卵黄中に含まれるレシチンには，サラダ油と卵や酢を均一に混ぜ合わせる働き，また豆腐の凝固剤であるにがり（塩化マグネシウム）には豆乳を固める働き，さらにかんすいにはラーメン特有のシコシコとした食感を生む働きがあり，これらの食品添加物は食品の製造や加工には必要不可欠なものといえます。

[2] 食品の風味や外観を良くするための甘味料，着色料，香料など

食品は，もともと様々な色をしています。食品の色は食欲を増進させたり，食生活を豊かにするといった効果がありますが，自然の状態の色は，時間の経過による褪色など長期にわたって維持することが難しいため，加工段階で人為的に色調を調整する必要があります。着色料にも人工のものと天然ものがありますが，例えば，天然色素については日本では古くから紅花の赤色やクチナシの黄色，ヨモギの緑色などを着色料として利用しています。さらにバターやマーガリンを黄色に着色するのには，ニンジンに含まれるカロテンという色素が用いられています。人工着色料は，一般的には○色□号などと表示され，タール系色素ともいわれます。タール系色素は，色が鮮明で褪色しにくいという特徴があるのですが，日本人は派手な色よりは，より自然に近い色を好む傾向があり，さらに先述のヨモギやクチナシなどを使い慣れているということもあり天然着色料の使用が多い傾向にあります。しかし，一つだけ例外があります。天然でも「虫」由来の着色料であるコチニールは，色の幅も広く美しい赤い色を呈するのですが，最近ではコチニールの代わりに赤キャベツやレッドビートが用いられることが多くなっています。それは「虫」由来であることが嫌われることのようです。赤キャベツやレッドビートは「野菜」で「自然」なものという理屈でいえば，「虫」も間違いなく「自然」のものだと思うのですが……。人間の認知というのは時に合理的ではないようです。

[3] 食品の保存性を良くする保存料，酸化防止剤など

例えば収穫・捕獲された食物はいつもすぐに食べるとは限りません。一定期間保存する必要がある場合に，食中毒の予防はもちろんですが，保存性を高め，食品ロスを減らすことも重要な添加物の役割の一つです。例えば，保存料には腐敗や変敗の原因となる微生物の増殖を抑制し，保存性を高める働きがありますし，また酸化防止剤に

は，食品に代わって酸化されることにより食品の酸化を防ぐ働きがあります。これらの食品添加物の働きにより，長期にわたっておいしく，安全に食物を食べることができるのです。

［4］食品の栄養成分を強化する栄養強化剤

日常の食事だけでは十分に摂取することが難しいような栄養素を強化するための添加物もあります。例えばカルシウムや鉄分などのミネラルを強化するために使われる食品添加物が栄養強化剤です。食品添加物は使用した添加物はすべて表示することが基本なのですが，この栄養強化剤には表示義務が免除されていますので，必ずしも表示する必要はありません。表示義務はないのですが，カルシウムや鉄分が強化されているというのは，消費者に対する肯定的なアピールになるため多くの場合は表示されています。

3　食品添加物の指定のための条件

指定添加物は品目が決められており，リストに収載されています。これには，合成か天然かの区別はありません。1995年の食品衛生法の改正以降，新たに許可される食品添加物は，すべて食品安全委員会により安全性を評価され，厚生労働大臣の指定を受けて「指定添加物」になります。食品添加物として指定されるための条件は以下のとおりです。

①安全性が要請された使用方法において実証または確認されること
②使用により消費者に利点を与えるもの。
・食品の製造，加工に必要不可欠なもの
・食品の栄養価を維持させるもの
・腐敗，変敗，その他の化学的変化などを防ぐもの
・食品を美化し，魅力を増すもの
・その他，消費者に利点を与えるもの
③すでに指定されているものと比較して，同等以上か別の効果を発揮するもの
④原則として化学分析等により，その添加を確認し得るもの

以上のように，添加することにより粗悪な食品をごまかしたり，食品の栄養価を低下させたりする物質は指定されません。また病気の治療や医療効果を目的とするものも認められないという点も覚えておくべき重要な点です。

また，すでに指定されている添加物でも，安全性を評価するための分析技術や毒性

学などの知見は年々進歩しているため，現時点での科学水準にあわせて再評価する必要があります。そこで厚生労働省では，定期的に安全性の再評価のための会議を行うだけでなく，有効性や必要性の面からも見直しすることで，使われなくなった食品添加物はリストから削除されています。そのため，指定添加物の数は，固定ではなく年によって少しずつ変化します。

4　安全性試験

食品添加物の安全性を評価する時には，マウスやラット，イヌなどの実験動物や微生物，培養細胞などを使い，様々な方法で毒性を調べる試験を行います。この安全性試験は，大きく分けると一般毒性試験と特殊毒性試験に分けられます（表5-2参照）。

このように様々な項目について，安全性を調べる試験がなされており，新たに食品添加物を申請する時には，原則としてすべてのデータを提出しなければなりません。

表5-2　安全性試験

一般毒性試験	特殊毒性試験
オス・メスの実験動物に食品添加物を一定期間繰り返し与え，投与によって生じる毒性を調べる。この際に与えられる期間の違いによって，28日間反復投与毒性試験や90日間反復投与毒性試験，さらに1年間反復投与毒性試験などに分かれる。	＊繁殖試験：実験動物に2世代にわたって食品添加物を与え，生殖機能や新生児の生育に及ぼす影響を調べる ＊催奇形性試験：妊娠中の実験動物に食品添加物を与え胎児の発生・発育に及ぼす影響を調べる 発癌性試験：実験動物にほぼ一生涯にわたって食品添加物を与え続け，発がん性の有無を調べる。 変異原性試験：アレルギーの有無を調べる抗原性試験や細胞の遺伝子や染色体への影響を調べる。

5　1日摂取許容量（ADI）

食品添加物は，ヒトが毎日，一生涯食べ続けても害がないものでなければなりません。そのため安全性試験の結果に基づき，実験動物において害が出ない最大の量，すなわち無毒性量（NOAEL: Non-Observed Adverse Effect Level）を求め，さらに安全率として1/100をかけて求められたものが1日摂取許容量です。さらに実際の食品に使用する際の使用基準は，この量よりもずっと少なくなるように決められています。

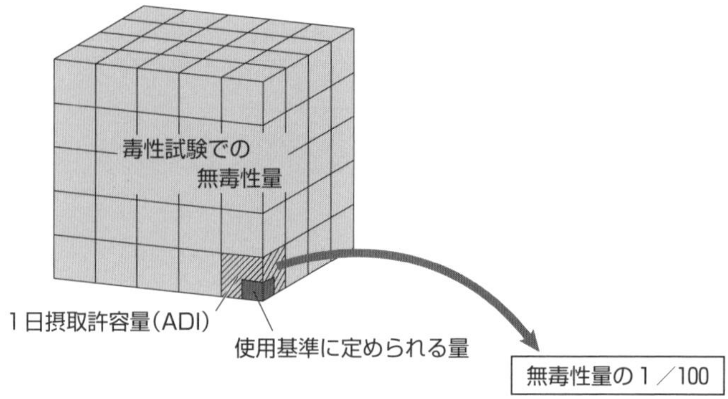

図 5-1　１日摂取許容量のイメージ図（食品添加物協会 HP より改変）

もちろん，必要以上に添加物を摂取することは決して望ましいことではありません(現実的には，それぞれの添加物には使用基準が定められており，必要以上に添加することはできませんが)。しかし一方では大切な食品を保存して，有効に使うために加工が必要な場合もあります。単純に自然や天然だからよくて人工的なものが悪いというのではなく，それぞれのメリットとデメリットの両方から考え，さらに本当に必要かどうかも考える必要があります。

6　国によって異なる基準

食品添加物は，使用できる物質，量，用途などが各国の法令により規制されています。日本では，使用を認めるとした物質以外は，原則使えないという「ポジティブリスト制度」を採用しており，また主要輸出先もポジティブリスト制を採用しているところが多いのですが，日本で許可されている添加物が必ずしも相手国で許可されているわけではなく，その逆もまた然りです。とは言え，食品添加物は，食品衛生法（昭和 22 年法律第 233 号）に基づき，人の健康を損なうおそれがない場合として厚生労働大臣が定めたものを除いては，原則として，製造，輸入，販売等が禁止されていますし，食品添加物について成分規格，使用基準等が定められた場合は，この規格基準に適合しない食品添加物およびこれを使用した食品の製造，輸入，販売，使用等は禁止されています。もちろん，日本に輸入される食品に使用される食品添加物は，日本で使用が認められている必要がありますし，使用した食品添加物は原則としてすべて表示しなければなりません。またこの際には「物質名」が基本となりますが，名称別名，簡略名，類別名でもよいとされています。例えば，酸化防止剤としてビタミンC

が使われることがありますが，この場合，物質名であればＬアスコルビン酸，名称別名であればビタミンC，簡略名であればV.C.，類別名であればアスコルビン酸となり，いずれの表記方法でもよいとされています。

7　食品添加物表示に関するルール

先に述べたように，使用した食品添加物は原則としてすべて表示しなければなりませんが，実際には表示免除を含む以下に示すようなもう少し細かなルールが定められています。

表 5-3　食品添加物表示の例外ルール

一括名で表示可（14 種類）	イーストフード，ガムベース，かんすい，酵素，光沢剤，香料，酸味料，調味料，豆腐用凝固剤，苦味料，乳化剤，pH 調整剤，膨脹剤，軟化剤	複数の組み合わせで効果を発揮することが多く，個々の成分まですべてを表示する必要性が低いと考えられる添加物や食品中にも常在する成分であるため一括名で表示しても，目的を達成できるもの。ただし，記載された定義にかなう用途で用いた場合に限る。
用途名も併記（8 種類）	甘味料，着色料，保存料，増粘剤，酸化防止剤，発色剤，漂白剤，防カビ剤（防ばい剤）	消費者の関心が高い添加物について使用目的や効果を表示することで消費者の理解を得やすいと考えられるもの。例：保存料（ソルビン酸），着色料（赤キャベツ）など。
表示免除	加工助剤[1] キャリーオーバー[2] 栄養強化*	製造の際に使われるが，最終食品に残存していないもの[1]や，残存してもその量が少ないため，最終食品に対してはその効果を発揮しないもの。例：せんべいに使用される醤油に含まれる保存料など。[2]

*栄養強化の目的で使用されるビタミン類，ミネラル類，アミノ酸類

参考文献

一般社団法人日本食品添加物協会　よくわかる食品添加物　https://www.jafaa.or.jp/tenkabutsu01（最終閲覧日 2020 年 11 月 30 日）
厚生労働省　食品添加物　https://www.mhlw.go.jp/stf/seisakunitsuite/bunya/kenkou_iryou/shokuhin/syokuten/index.html（最終閲覧日 2020 年 11 月 30 日）

第6章 食物への新しい技術の応用

1 遺伝子組み換え食品

[1] 遺伝子組み換え食品とは

農林水産省によると遺伝子の本体は，細胞の核の中の「DNA（デオキシリボ核酸）」と呼ばれる化学物質であり，遺伝子組換え技術とは，「ある生物がもつ遺伝子（DNA）の一部を，他の生物の細胞に導入し，その遺伝子を発現（遺伝子の情報をもとにしてタンパク質が合成されること）させる技術のこと」と定義されています。このような遺伝子組み換え技術を活用して，様々な性質をもつよう改良した農作物のことを遺伝子組換え農作物（GMO: Genetically Modified Organisms）と言います。日本で流通・加工が承認された遺伝子組み換え農作物は，ジャガイモ，トウモロコシ，ダイズ，ナタネ，ワタ，パパイヤ，アルファルファ，テンサイの8つで，主に製油や加工食品に使用されています。

主な遺伝子組み換え作物には，特定の除草剤で枯れないような「除草剤耐性」をもつ遺伝子や，それを食べると害虫が死ぬ毒素をもっている微生物の遺伝子を組み込んだ害虫に強い品質を組み込んだ作物，つまり「殺虫性」のある作物（Bt コーンなど）のほか，ビタミンAを強化したゴールデンライスのように特定の栄養素を強化するといったものがあります。さらに動物では，近年，アメリカで通常の2倍の速さで成長するサーモンが開発され，すでに2017年に世界で初めてカナダで販売されています。また日本においては，まだ実用化には至っていませんが，花粉症緩和効果のある米の開発が進められるなど，その技術の応用範囲が広がっています。

[2] 従来の方法による品種改良との違い

従来の品種改良では，自然交配が可能な同種，または近い種を掛け合わせることで，様々な性質をもった新しい品種を作ってきました。しかしこの方法では，様々な性質

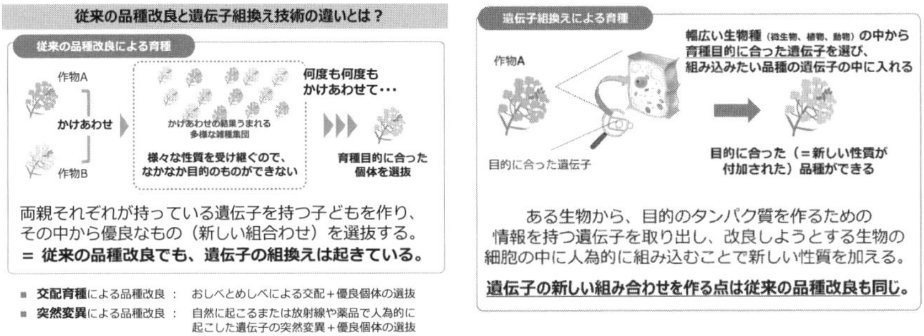

図 6-1　品種改良と遺伝子組み換え技術の違い（農林水産省 HP より引用）

の中から目的とする性質のみを発現させ，目的どおりの食物を作るのには大変時間がかかってしまいます。一方，遺伝子組み換え技術では，ある生物から目的に合った情報をもつ遺伝子を取り出して，改良しようとする作物の細胞に直接，人工的に組み込むことで新しい性質をもたせることができるため，より確実で早く目的どおりの食物が作られることになります（図 6-1 参照）。

DNA の化学構造は地球上のあらゆる生物に共通です。ただし塩基の並び順（＝塩基配列）は生物の種類によって異なります。さらに従来の品種改良でも，両親それぞれがもっている遺伝子をもつ次世代を作り，その中から優良なもの（新しい組み合せ）を選抜するという意味では，遺伝子の組み換えは起きていると考えられます。さらに私たちの体では食べたものが一度分解され，用途に合わせて再構成されていること，DNA も消化器官で分解され食品に由来する DNA 上の遺伝子がそのまま吸収され体内で作用したりすることはないという理由から安全であると考えられているようです（農林水産省，生物多様性と遺伝子組換え基礎情報）。

また食品表示に関しては，「遺伝子組み換え」「遺伝子組み換え不分別」は義務表示，「遺伝子組み換えでない」は任意表示とされています。ただし，製造の過程で組み込まれた遺伝子や，その遺伝子が作る新たなたんぱく質が技術的に検出できない場合には，表示は義務づけられていません（例：油や醤油など）。加工食品については，その主な原材料（全原材料に占める重量の割合が上位 3 位までのもので，かつ原材料に占める重量の割合が 5 %以上のもの）にあたらない場合は表示の省略が可能です。

［3］遺伝子組み換えのメリットとデメリット

ハイテク情報普及協会によると，遺伝子組み換え技術のメリットは，ある生物に別の生物由来の遺伝子を挿入したり，逆に元々もっていた遺伝子の機能を抑制したりすることができるため，従来の品種改良技術では作り出すことが不可能だった新しい有用な性質をもった品種を開発することが可能になったことだとしています。その結果として除草剤耐性や害虫抵抗性，ウィルス抵抗性を備えた遺伝子組み換え作物は農薬散布の労力を軽減し収量を向上させ，農家に貢献しているだけでなく，栄養成分を改変した遺伝子組み換え作物は栄養不足にあえぐ途上国の人々の栄養状況の改善や消費者の健康維持や増進にも貢献しているとしています。さらに最近では，世界中で見られる気候変動は，例えば，異常な高温による水資源の枯渇を引き起こし干ばつによる凶作をもたらしたり，逆に豪雨による洪水は氷土を奪い，作物に損害を与えるなど，農業生産が多大な影響を受けています。これまでの遺伝子組み換え作物による増収効果は，先に述べた除草剤耐性作物や害虫抵抗性によってもたらされてきましたが，新たに干ばつ耐性や冠水耐性作物などの開発が進められており，遺伝子組み換え作物が気候変動の影響を受けにくく，また増大する人口を養うための解決手段の一つになるとしています。

新しい有用性をもつ具体的な遺伝子組み換え食物の例としては，1994年にアメリカで開発された「フレーバー・セーバー」というトマトがあります。このトマトは，熟して柔らかくなるのを遅くすることで，流通過程でトマトが腐るのを防ぎ，日持ちが良いのが特徴です。またコレステロールを下げる働きがあるとされるオレイン酸を多く含む大豆もアメリカではすでに商品化されています。

しかし，一方では，遺伝子組み換え作物のデメリットとして，キンブレル（Kimbrell, 2007／邦訳，2009）は以下の2つの側面において農業を脅かしていると主張しています。1つめは遺伝子汚染，つまり他の作物と交雑してしまうという点です。アメリカではすでに一般の作物だけでなく，有機栽培の作物にもこのような遺伝子汚染が生じていると指摘しています。さらに大きなデメリットは，先に述べたハイテク情報普及協会が最も大きなメリットの1つとしている農薬散布の労力を減らすという点です。薬剤耐性をもつ遺伝子組換え作物それ自身が，スーパー雑草になってしまうと，結局，さらに強い毒性の強い除草剤を使わなければならなくなってしまうというのです。さらに悪いことには，先述の殺菌性をもつ遺伝子組み換え作物が増えることによって，農薬が使えない有機栽培の作物にとって数少ない天然の農薬であるBt菌（*Bacillus thuringiensis*，バチルス・チューリンゲンシス菌）が使えなくなってしまうことがあります。アメリカで栽培される殺菌性をもつ遺伝子組み換え作物にはこのBt菌が組み込まれているため，昆虫がこのBt菌に耐性をもってしまい，害虫の駆除に対するBt菌の効果がなくなってしまうことが原因です。これは今後，有機農法ができなくなる可能性を示唆しており，大変大きな問題であるとキンブレルは指摘しています。

また遺伝子組み換え食品を経済的な観点から見た場合のデメリットもあります。通常の作物であれば，収穫後に種子を保存し，次世代へ引き継ぐことができます。しかし，遺伝子組み換え作物の場合，次世代種子が発芽できないようにするターミネーター技術というものが使われているため，遺伝子組み換え作物を育てる農家は，毎年，種子を購入しなければならず，その負担は大きくなります。さらに，遺伝子組み換え技術は特許化が進んでいるため，特定の企業による市場の独占が否めないという問題もあります。

2　ゲノム編集食品

さらに近年，ゲノム編集を使った新しい品種改良技術が盛んに行われています。ゲノム編集とは，主に遺伝子を切断するなどによって働きを止めることで突然変異などを起こさせ，作物自体の遺伝子を改変するという方法で，安全性が高いとされています。そのため 2019 年，厚生労働省は，ゲノム編集で開発した一部の食品は従来の品種改良と同じであるとして，厚生労働省の安全審査を受けなくても，届出のみで流通を認める方針を発表しました。

ゲノム編集技術は，遺伝子によって味や栄養を自在に変えることができ，消費者にメリットの大きい品種が短期間で簡単に開発できるという点が特徴です。先の遺伝子組み換えと似ていますが，一番の違いは，遺伝子組み換えでは他の生物の遺伝子を組み込むのに対し，ゲノム編集では他の生物の遺伝子は組み込まない，という点です。操作したい遺伝子を見定めて，その遺伝子そのものを人工的に変化させるということで，従来の品種改良に近いと考えられているようです

すでに栄養価（GABA というアミノ酸）が通常のトマトの 15 倍多いトマトや，収量の多いイネ，毒が少ないジャガイモ（ジャガイモの芽や青い部分にはソラニンという毒が含まれています），筋肉量が通常より 1.2 倍多い真鯛やアレルゲンが少ない卵を産むニワトリの作成まで，様々なゲノム編集食品の研究が進んでいます。

2019 年 3 月，厚生労働省は「ゲノム編集」を使った食品の流通を認める方針を固めましたが，ゲノム編集食品の扱いについては，世界でも各国で意見が分かれていますし，専門的な内容であることから，今後，消費者に対し，わかりやすい情報を提供することはもちろん，さらにはメリットと同時にデメリットに関する情報についても適切に情報が示されることが望まれます。ゲノム編集食品の普及には，消費者がゲノム編集食品を正しく選択できる体制づくりはもちろん，明確な表示ルールも必要となります。さらには，消費者自身も，これらの表示された情報を様々な角度からとらえ，理解し，判断する力が求められることになるでしょう。

3　代替食

［1］人工培養肉

さらに近年では，将来の食料不足に鑑み，牛や豚，鳥などの食用となる肉を人工的に培養する研究が活発となっています。これには2006年に京都大学の山中伸弥教授らのグループによって開発された新しい多能性幹細胞，すなわちiPS細胞の誕生が大きなきっかけとなったと考えられます。iPS細胞の誕生により再生医療のために細胞を培養する技術が向上したことで，この培養技術を使った食肉の人工的な培養についても実現性が高まってきました。加えて，今後，世界の人口は2100年には110億人に達すると予想されており，世界的な食料不足が懸念されています。さらにある試算では，1 kgの肉を生産するのに使う穀物は鶏で約3 kg，豚で7 kg，牛では11 kgに達することから，牧畜や養鶏には莫大な資料やエネルギーがかかることがわかってきました。つまり肉食が増えることで穀物需給が逼迫する可能性もあるのです。さらに穀物の栽培には大量の水が必要ですが，実は地球上の水の97.5%は海水であり，淡水はわずか2.5%に過ぎません。しかも，淡水のおおよそ70%が氷河・氷山として固定されており，残りの30%のほとんどは土中の水分あるいは地下深くの帯水層の地下水となっています。そのため，人間が利用しやすい河川や湖沼に存在する地表水は淡水のうち約0.4%です。これは，地球上のすべての水のわずか0.01%であることを考えると，持続可能性に対する不安が高まっていることが理解できるでしょう。さらに最近では，地球温暖化の観点からも，人工肉の培養に対する関心が高まっています。それの理由は，温室効果ガスの中で二酸化炭素についで2番目に多いメタンガスのうち，その発生源の約1/4が牛や羊などのげっぷやおならによって排出されていることが示されているからです。現在，主にアメリカやイスラエルなどの企業が動物の細胞を培養して食用肉を作ることを試みていますが，2019年3月に日本でも東京大学の竹内昌治教授と日清食品ホールディングスが培養ステーキ肉の開発を発表しました。現時点では，まだ人工培養肉を大きな塊にすることは難しく，ひき肉用にしか用いられません。すでに大豆や小麦などの植物性たんぱく質を使った人工肉もハンバーガー用に実用化されていますが，今後，さらに研究が進むことで人工培養肉のステーキが当たり前になる時が来るのかもしれません。

［2］代替肉

先に述べた将来の食料不足の問題から，サステナビリティ（sustainability; 持続可能性）という言葉も，最近はよく耳にするようになりました。先述の培養肉は環境にやさしいということに加え，このサステナビリティ対策の一つとなるのかもしれません。さらに，培養肉とは違った方向から，肉食のサステナビリティを考えたのが「肉」ではない食べ物を「肉のような味」にする「代替肉」です。これは培養肉とは違い，例えば大豆のたんぱく質や小麦のグルテンなどを用いた「植物だけで作る肉」です。現在，アメリカやイギリス，ドイツなど欧米を中心にビーガン（Vegan）やベジタリアン（Vegetarian）が増えています。いわゆるベジタリアンというのは日本語では菜食主義者となり卵や乳製品は食べるのに対し，ビーガンというのは絶対菜食主義者を意味し，卵や乳製品，さらにはハチミツやゼラチンなども一切，口にしない人のことをいいます。しかしながらこのような人たちにとっても「肉の味」は魅力的なのか，現在，植物だけで作る肉に注目が集まっており，このような代替肉の開発を目指す新しい企業が欧米では多く誕生しています。

例えば，マイクロソフト社の創設者であるビル・ゲイツや俳優のディカプリオが投資しているということで話題にもなり，注目もされている「ビヨンドミート（Beyond Meet）は，ダイズとエンドウマメから作られています。2016年には，このビヨンドミートを使った「ビヨンドバーガー」が販売されましたが，見た目も食感もかなり本物の肉に近く，さらに美味しいということで大変評判になっています。

また同じように植物だけで作った肉を使ったハンバーガーで有名なのが，アメリカの大手ファストフードバーガーキングで販売され，話題となっているインポッシブルフーズ社の「インポッシブル・ワッパー」です。ビヨンドミートとは異なり，こちらは肉独特の風味を，遺伝子操作をした酵母菌が生み出す「ヘム」という物質を混ぜているのが特徴です。さらにこのインポッシブルフーズ社は，肉のみならず人工の魚肉づくりに乗り出しており，すでに2019年6月には，植物からアンチョビ風味の煮汁を作ることに成功しているとしており，アメリカでもグッド・キャッチ社が，植物性のツナ缶の商品化を図っています。豚肉，鶏肉についてもビヨンド社が開発，商品化するなどアメリカをはじめとする欧米の若者世代には，すでに代替肉が浸透しているようです。

日本では，大塚食品が食感や香りが本物の肉に近い「代用肉」シリーズとして，すでにゼロミート（ハンバーグ）を展開していますが，近年新たにソーセージタイプが登場しています。また，日本の食品ベンチャーであるDAIZ株式会社では，生きているダイズ（発芽中）に負荷をかけることでダイズのアミノ酸組成を自由に変えることで，ダイズ特有の臭みを除くだけでなく，それぞれ豚肉に近い味，魚肉に近い味，牛肉に近い味と肉の食感や旨みを再現した「落合式ミラクルミート」を開発，2020年春には商品化されるといいます。

2019年現在，代替肉市場はアメリカで1,500億円，欧州連合（EU）では2,000億円になると予測されており，日本の市場はこれらの市場に比べると10分の1程度ですが，今後さらにこのような「肉ではない肉」や「魚ではない魚肉」といった商品の開発および商品化が進む可能性は高いと考えられます。これらの商品化については，おそらく技術的には可能なことだと思いますが，ここで忘れてはいけないことは，代替肉の良し悪しではなく，やはり食べ物を工業化することによるメリットとデメリットについてきちんと考えるということかと思います。少し宗教的になるかもしれませんが，私たちは肉に限らず，野菜でも果物でも，それぞれの「命」をいただいている，という意識をもつことは大切でしょう。将来的な人口増加に加え，気候変動等の影響で，十分な食物供給が維持できるのかが懸念されていますが，一方で，大量の食品ロスがあるという現実があることも忘れてはいけません。私たちが，食前に言う「いただきます」は，植物であれ動物であれ，それぞれの「命」に対する感謝の意でもあります。この意識をもつことが，食物を大事に扱うことにつながり，食品を無駄にしないことや，食べ過ぎないことにもつながるのではないでしょうか。

●コラム●　未来の食

フランスでは，食の持続可能性についての関心が高まっており，この CO_2 排出の関係から牛肉を食べないという人も増えているそうです。植物ベースの食物の開発も盛んです。実際，スーパーの売り場にも植物ベースのハンバーグ，ミートボールなどの商品も豊富です。

さらに2020年始めにはイスラエルとスペインの会社が食物ベースまたは培養肉といった材料で3Dプリンターで作る“ステーキ”や“鳥もも肉”をヨーロッパでも販売するとしています。さらに数年後には，家庭でもこれらの肉が「プリントアウト」できるようになるというから驚きです。また欧米では植物ベースで作る「動物性食品に似た食品」だけではなく，未来の食物として「昆虫」も注目されており，すでに商品化されています。

昆虫フード

引用文献

Kimbrell, A. (2007). *Your right to know: Genetic engineering and the secret changes in your food.* San Rafael, CA: Earth Aware Editions.（キンブレル，A. 白井 和宏（訳）(2009). それでも遺伝子組み換え食品を食べますか　筑摩書房）

農林水産省　遺伝子組み換えと品種改良の違い　https://www.maff.go.jp/j/syouan/nouan/carta/pdf/about.pdf （最終閲覧日 2020 年 11 月 5 日）

第7章 食物の衛生と疾病

1 食中毒とは

食中毒はその名のとおり，「食品に起因する胃腸炎・神経障害などの中毒症の総称」と定義されており，多くは，急性の胃腸障害（嘔吐，腹痛，下痢などの症状）を起こします。食べ過ぎ・飲み過ぎによって生じる腹痛や下痢は，食中毒とは言いません。つまり食中毒は，有害な微生物や化学物質を含む飲食物を食べた結果生じる健康障害のことを意味します。さらに，これらの微生物や化学物質などを食べたからといって，すべての人が同じように発症するとは限りません。食中毒の原因は，細菌，ウィルス，原虫などの微生物が原因となる食中毒，自然毒，さらに化学物質などがあります。

また食中毒の中で，コレラ，細菌性赤痢，腸チフス，パラチフス，腸管出血性大腸菌の5つは，日本では「感染症分類」で第3類感染症に分類されます。食中毒と感染症の大きな違いは，専門用語で「伝播様式」という伝わり方の違いによります。簡単

表7-1　食中毒：原因物質による分類

<table>
<tr><td rowspan="8">食中毒</td><td rowspan="2">細菌性食中毒</td><td>感染型</td><td>サルモネラ属菌，腸炎ビブリオ，病原性大腸菌，ウェルシュ菌，カンピロバクターなど</td></tr>
<tr><td>毒素型</td><td>黄色ブドウ球菌，ボツリヌス菌，セレウス菌（嘔吐型）など</td></tr>
<tr><td>ウィルス性食中毒</td><td colspan="2">ノロウイルス，A型肝炎ウイルス など</td></tr>
<tr><td>化学性食中毒</td><td colspan="2">水銀，ヒ素，ヒスタミン など</td></tr>
<tr><td rowspan="2">自然毒食中毒</td><td>動物性</td><td>フグ毒，貝毒など</td></tr>
<tr><td>植物性</td><td>毒キノコ，ジャガイモの芽など</td></tr>
<tr><td>寄生虫食中毒</td><td colspan="2">アニサキス，クリプトスポリジウム
クドア，サルコシスティス・フェアリーなど</td></tr>
</table>

に説明すると原因となる微生物などによって汚染された飲食物などを食べることによって生じた嘔吐，腹痛，下痢などの健康障害を食中毒，一方感染した人や動物を介して発症するのが感染症ということになります。近年，患者数が最も多くなっているノロウィルスの場合，原因となるのは同じノロウィルスですが，飲食物によって発症すると食中毒，ヒトからヒトへと伝播して発症した場合は感染症というように統計上は取り扱われます。

2 それぞれの食中毒の主な特徴と注意点

[1] 細菌性食中毒

細菌は形状により，黄色ブドウ球菌などの球菌，病原性大腸菌 O157 や赤痢菌などの桿菌，カンピロバクターなどのらせん菌に分類されます。また毒素を産生できるかどうかによっても分類されます。さらにデンマークの細菌学者ハンス・クリスチャン・グラムによって発明された，細胞壁成分の違いを利用し，色素を用いて染色する方法では，細菌が青紫色に染まれば「グラム陽性菌」，赤（ピンク）色に染まれば「グラム陰性菌」と分類されます。食中毒と関係する細菌の形状で，圧倒的に多いのは「桿菌」です。またグラム陽性菌の中には「芽胞」を形成するものがあるので注意が必要です。細菌は，水分，温度，栄養の３つが生存および増殖には必要なのですが，（酸素は必ずしも必要ではないので注意！），この芽胞形成菌は，これら３つが十分でないような発育しにくい環境になると，菌体中に芽胞を形成します。この芽胞は，いわば厚い殻のような層で覆われた状態で，熱や乾燥，消毒薬などの薬剤に対して強い抵抗性をもつため，通常の殺菌方法で用いられるような加熱や消毒が効きません（しかし芽胞のままでは発育・増殖することができません。そのため，菌本体が発育できる状況になると，また元の状態に戻り増殖します）。先述のように芽胞は 100 ℃程度の，いわゆる通常の加熱では死にません。この芽胞形成菌で，身近なものがウェルシュ菌です。これは２日目のカレーが原因で食中毒を起こすことで知られる代表的な芽胞形成菌です。夏場にカレーを作り，寝かすつもりで室温で放置している間に，ウェルシュ菌が芽胞を作ってしまうと，いざ食べる際に再加熱したところで芽胞は死なないため，食中毒が起こってしまうのです。食中毒の予防に加熱が有効ということは知っていても，加熱で死なない芽胞の存在を知らないために起きてしまった事例の一つといえます。確かにカレーは作りたてよりも，少し時間をおいた方が，香味成分がよく混ざり，美味しくなるといわれていますが，この時芽胞を形成させないよう，すばやく冷ましてから「冷蔵庫で寝かす」ということが重要です。

また温度に関しては，多くの細菌の生育や増殖に適した温度は，30～40 ℃であり，低温では生育・増殖しにくいということから冷蔵庫や冷凍庫を使って食品を保存することが推奨されているのですが，まれに5℃以下の冷蔵庫の中でも，増殖可能なエルシニア菌やリステリア菌などもいますので，冷蔵庫の過信もよくありません。

［2］ウィルス性食中毒

ウィルス性食中毒のほとんどがノロウィルスによるもので，毎年多くの患者が発生しています。ちなみに令和元年の患者数は6,889人，この10年で最も多かったのは平成24年の17,632人で，患者数では他の原因物質よりもかなり多いと言えます。細菌性の食中毒は，夏場の高温多湿の時期の発生件数が多いのですが，ノロウィルスの場合は，乾燥を好むことから冬場の時期の発生件数が多くなるのが特徴です。

［3］化学性食中毒

本来，食品に含まれていない有害な化学物質を摂取することによって発生する食中毒で，重金属，農薬，食品添加物が主な原因となる食中毒です。この場合，注意が必要なのは，直接問題となる化学物質が混入するだけでなく，化学反応によって有害な化学物質が生じてしまう場合です。例えば，最近では粉末のスポーツドリンクを，金属製容器を使用して溶かしたことによる銅の食中毒などがあります。スポーツドリンクなどの酸性の飲料は，金属製の容器に入れると金属を溶かしてしまうことがあるため，長時間，金属製の容器に入れて保管することは避けなければなりません。

また化学性食中毒で有名なものがヒスタミン中毒です。これは，サンマやサバなどの赤身の魚に含まれるヒスチジンという物質にヒスタミン産生菌が作用し，ヒスタミンに変換されることで生じます。アレルギー様食中毒とも言われます。食物アレルギーと名前は似ていますが，まったくの別物です。食物アレルギーには，免疫が関わっており，食物の成分として含まれている何らかのたんぱく質が原因となるため，食品の鮮度とは関係なくいつ食べても症状が出る（言い換えればとれたての新鮮なものでも発症するということです）のに対し，アレルギー様食中毒は，時間の経過により，ヒスチジンを多く含む魚などの食物に付着した細菌などによりヒスタミンが生成されるために生じることから，場合によっては発症したりしなかったりということがありえます。

［4］自然毒食中毒

自然毒による食中毒は，植物性と動物性に大別されます。日本における植物性の食中毒の代表はキノコです。もちろん，店で購入する場合は心配ないのですが，山に入って自分で採ったキノコは危険です。実際，見た目だけで毒の有無を判断することは大変難しいのです。さて，以下の4つのキノコのうち，どれが食べられるキノコか，みなさんは正しく判断できるでしょうか？

写真はそれぞれA：ウラベニホテイシメジ，B：クサウラベニタケ，C：ハタケシメジ，D：ホンシメジで，正解は，B以外でした。みなさんはどのくらい正解できたでしょうか。

一方の動物性自然毒の代表は，フグでしょう。厚生労働省の食中毒統計によると動物性自然毒の原因物質の80％がフグであり，さらに厄介なことはその致死率が高いことで，実際，平成15年から24年までの10年間で動物性食中毒による死亡者16人中15人がフグによることが示されています。さらにフグ中毒の75％が家庭での素人料理によるものだといいます。通常，フグの調理には特別な免許が必要ですが，それは処理が大変難しく，かつ危険だからです。フグ毒の成分であるテトロドトキシンは，青酸カリの1,000倍以上の毒力である神経毒で，さらに熱や酸にも強く，通常の調理で無毒化することはできないということを覚えておく必要があります。

［5］寄生虫による食中毒

寄生虫とは，動物やヒトの体内で生活する生物です。寄生される人や動物を宿主《しゅくしゅ》と言い，寄生虫は宿主なしでは生きていけません。第二次世界大戦後の日本では，約60％の人が回虫に，約5％の人が鉤虫に感染していたといわれていますが，下水道が整備されたことや水洗トイレの普及など，衛生的な生活へ変化したことに加え，農業で化学肥料が導入されるようになったことなどにより，寄生虫の感染者は激減しました。しかし，近年のグルメブームにより生の食品や海外からの輸入食品を食べる機会が増えたことや海外旅行の増加，ペットブームなどにより，再び寄生虫による健康被害が増加傾向にあるといわれており，注意が必要です。

ヒトにつく寄生虫は，世界では約200種類，日本では約100種類とされています。大きさもまちまちで，非常に小さくて顕微鏡でないと見えないようなものから，ヒトの肉眼で見ることができるものまであります。例えば，近年，問題となっていた「アニサキス」は，長さが2～3 cm，幅0.5～1.0 mmくらいで，ちょうど白い糸のように見えます。アニサキスの幼虫は，サバ，アジ，サンマ，カツオ，イカなどの魚介類に寄生し，寄生している魚介類が死ぬと，内臓から筋肉に移動することが知られています。アニサキスは幸か不幸か，目に見えますのでこれらの魚をさばく際には，身に白い糸のようなものがないか，しっかり確認することが重要です。

また近年，サルコシスティス・フェアリーという寄生虫による食中毒が増えています。これは犬や馬の筋肉に潜む寄生虫なのですが，主に馬刺しを食べることによって引き起こされていると考えられています。魚であれ，牛や馬であれ，生の肉を食べることは，かなりリスクが高い行為だということを改めて認識する必要があります。

3　食中毒の予防

いずれにせよ，このような疾病に罹患しないためには予防が大事です。食中毒の予防の三原則は「つけない」「増やさない」「殺菌する」です。「つけない」ためには，食材そのものを清潔に扱うことが重要です。そのためには，清潔な器具や容器，包装材はもちろん，これらの食材を扱う人が正しい手洗いによって，菌やウィルスなどをつけないことが第一です。そして，「増やさない」ためには，素早く，低温で食材を管理することが重要です。食材を買ったら，できるだけ早く帰宅し，すぐに冷蔵庫や冷凍庫に入れて菌の増殖を抑えます。食中毒菌は，私たちが普段生活している25～37 ℃くらいの温度帯で最も活発に繁殖する中温菌というものがほとんどですから，10 ℃以下だと増殖速度がゆっくりになるため低温での保存が有効なのです。ここで勘違いしてはいけないのは，単に増殖速度が遅くなるだけで菌やウィルスが死ぬわけではない，ということです。また冷蔵庫は開け閉めの回数が多いほど庫内の温度が上がってしまいますから，特に夏場は開ける回数を少なくして庫内の温度が上がらないようにすることも重要です。せっかく冷蔵庫内の温度を10 ℃に設定していても，長時間，扉を開けっぱなしにしたり，開け閉めの回数が多かったりすると，それだけ庫内の温度は上がってしまうのです。最後の「殺菌する」は，アルコールや塩素系の薬剤を使った消毒はもちろんですが，食材の消毒の基本は十分な加熱です。サルモネラやカンピロバクターなどの一般細菌では，中心温度75 ℃で1分以上の加熱が基本ですが，ノロウィルスの場合は，中心温度85～90 ℃で90秒の加熱が基本であり，一般細菌に比べ温度も高めで時間も長めです。また調理器具などの消毒で薬剤を用いる場合は70%程度の濃度のアルコールが適しています（50%よりも低い濃度だと効果が見込めなくなるので要注意）。しかし一般的にノロウィルスの消毒にアルコールは効きません。

ノロウィルスに対する消毒は洗剤などで十分に洗浄したのち，塩素濃度 200 ppm（0.02%）に希釈した次亜塩素酸ナトリウムを用いることが一般的です。ただ，最近はノロウィルス対応の消毒用アルコールも発売されていますので，アルコールを使用したい場合には，購入前にノロウィルス対応かどうかを確認すると良いでしょう。

4　感染の３要因

またヒトからヒトなど，飲食物そのものを摂取してというのではなく，他人や動物など自分以外のものを介して発症する感染症です。

感染症の発症には，感染源，感染経路，感受性という３つの要因が必要で（図 7-1），実は，これらの３つの要因のうち，１つでも欠けると感染は成立しません。ですから感染症予防では，これら３つの要因がそろわないようにすることが重要です。

感染源とは病気の原因となる微生物（細菌やウィルスなど）を持つ人や動物，またこれらに汚染された食品，器具などのことです。次に感染経路とは，病原体となるウィルスや細菌などの微生物が，感染源から体内に入ってくる経路のことをいいます。例えばくしゃみなどによって飛ばされた唾液によるものなどは飛沫感染といわれます。最後に感受性（宿主要因）です。感受性（宿主要因）というのは，ものすごく簡単にいえば「その人の免疫力」というイメージです。例えば，インフルエンザに罹った人は，インフルエンザウィルスを持つ人なので感染源です。次にその人が咳をして，唾液がその人の３メートル四方程度に飛び散ったとします。これで３つ目の感染経路ま

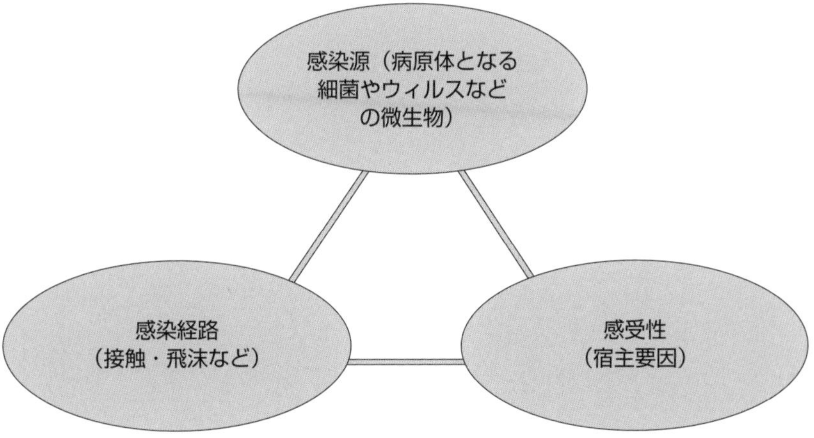

図 7-1　感染の３要因

でそろいました。最後に，その唾液の飛沫がかかった人がいたとします。するとここで３つ目の感受性（宿主要因）までがそろうわけですが，ここからが重要です。例えば，この人が普段からバランスのよい食事や十分な睡眠を取るなど，体調管理が十分で健康であれば，この場合，この人の免疫力は大変高いと考えられるため，感染症の３つの要因のうち，たとえ２つまでがそろっていたとしてもこの人はインフルエンザには罹患しない可能性が高いということになります。もちろん，手洗い，うがい，消毒などの感染経路対策によって，菌やウィルスなどの病原体を体内に入れないことは最も大事なことですが，万が一，体内にこれらの病原体が入ってしまったとしても，自分自身の免疫機能がしっかり働いていれば必ずしも発症するわけではないということを理解することはとても重要です。

引用文献

厚生労働省食中毒統計資料　https://www.mhlw.go.jp/stf/seisakunitsuite/bunya/kenkou_iryou/shokuhin/syokuchu/04.html（最終閲覧日 2020 年 11 月 5 日）

第8章

安心と安全の違いを理解する

1 「安心」とは？「安全」とは？

「安心」と「安全」という言葉は，一緒に使われることが多いのですが，これら2つの言葉の違いを考えたことはあるでしょうか？　広辞苑では「安心」は「心配・不安がなくて，心が安らぐこと」と説明されており，個人の心理的な判断が影響する主観的なものといえそうです。一方の「安全」は広辞苑では「安らかで危険のないこと。物事が損傷したり，危害を受けたりするおそれのないこと」と説明されており，言い換えれば科学的検証することができるという意味で客観的なものといえそうです。

例えば，食に関してこの2つの言葉を考えた場合，お母さんの握ってくれるおにぎりは「安心」な食物といえますが，安全かどうかはわかりません（失礼ながら）。おにぎりというのは，手でご飯を握る行為によって作られるわけですが，一度，じっくりと自分の手をよく見てください。指紋や掌紋があるため，細かな溝がいっぱいです。さらにどんなに短く切られた爪であったとしても，爪と皮膚の間には隙間があります。私たちの体には，目には見えませんが多くの微生物が共生しています。例えばブドウ球菌という細菌は，ヒトや動物の皮膚や粘膜などに生息する一般的な常在菌です。このうち，黄色ブドウ球菌は食中毒の原因菌の1つで，健常なヒトの鼻腔にも通常存在しています。先に述べた手指の細かな溝や爪の間などは，微生物の格好の住処になりますから，直接，手を触れて作るおにぎりでは，このような微生物が付着している可能性はかなり高くなるといえます。握る前に手洗いをしている，という反論がありそうですが，実際に正しく手洗いができている人は案外少ないのです（特殊な蛍光塗料を使って，どのくらいきちんと手洗いができているかを調べることができるのですが，もし機会があれば，ぜひ，やってみてください。思った以上にきちんと洗えていないということがわかります）。したがって（世の中のお母さん方には，大変申し訳ありませんが）お母さんのおにぎりは必ずしも「安全」であるという保証はないのですが，私たちはお母さんの作るおにぎりは「安心」だと感じます。

一方，安全の方はどうかといえば，例えばコンビニで買ったおにぎりを食べて食中毒を起こしたとなると大問題ですから，当然，製造ラインでは細心の注意を払い，器具なども，もちろん一定の基準で消毒されたた物を使い，食中毒菌の存在しにくい状態でおにぎりを作ります。したがって「安全」である確率はかなり高くなりますが，必ずしも私たちがそのおにぎりに対し「安心」だと感じるというわけでありません。つまり，簡単にいうと「安心」は私たちの心理的な状態（＝お母さんは私が食べるおにぎりに体に悪い物を入れるわけがない，というようなお母さんに対する強い信頼感）を表し，「安全」は食の場合であれば，衛生的に問題がないという状態を表すという感じでしょうか。

実際には，「安全と言われても安心できない」ということもよくあります。このことは，私たちの生活において「食の外部委託化」が進んだこと，さらに技術の進歩により人工的な化学物質および食品が増えたことに加え，食品偽装などの事件を経験したことなどが影響していると考えられます。例えば，自分で育てたトマトなどの農作物や牛などの家畜（あまりないと思いますが）であれば，どのような肥料をやったのか，どのような餌をやって育てたのかがわかっているため，不安は生じないでしょう。しかし，現代社会において，すべての食物を自分でまかなうことは不可能です。そこで社会の中で原材料を供給する人，加工する人，販売する人などの分業が進み，そのおかげで，私たちは日々の食物を調達できるようになりました。しかし，例えば先に述べた技術の進歩に関していえば，すべての人が医学や栄養学，化学などの知識に精通しているわけではありません。そのため，ひとたび食品偽装や不適切な衛生管理，さらにはゲノム編集などの未知の話が出てくると「自分たちの知らないところで，何か不自然で気持ちの悪いものを食べさせられてしまっているのではないか」という不信感から不安をいだいてしまうため「安心」することが難しくなるのです。さらに日本においては2000年に発生した黄色ブドウ球菌に汚染された低脂肪乳による大規模な食中毒事件，2002年の中国産冷凍ホウレンソウから基準値を大幅に超えた残留農薬が検出された事件，さらには牛肉の偽装事件，これ以降は賞味期限や消費期限の偽装や改ざん，地鶏のブランド偽装，さらには名門料亭での食材の使い回しなどの事件が相次いだことによって，私たちの食に対する不信感や不安はさらに増したと考えられます。

しかし，一方では現代社会において，食の外部依存性は高まっていることは間違いないのですが，だからといってすべての食の安全が低下してきたかというとそうとも限らないようです。中谷内（2008）によると，食中毒による死亡者は1967年頃までは毎年100人を超えていたものの，それ以降，食中毒による死亡者は減少の一途をたどり，以降，食中毒死亡者が三桁に戻ることはなく，10年後の1977年では30人，そのさらに10年後の1987年の統計では5人にまで低下，腸管出血性大腸菌O157や自然毒である毒キノコの影響で十数人に戻る年はあっても，近年では食中毒による年間死亡者数は概ね1桁に収まっているというのです。つまり，食の外部依存はどんどん高まり，それによって食の安全はますます外部の専門業者の手に委ねられているのですが，それによって食中毒で死ぬ人が増えるのではなく，むしろ食の外部依存性の高まりに応じて，食の安全性は高まっているという解釈が可能であるとしています。つまり社会の分業化や生活の外部依存の高まりにより，人の安全は他人に委ねられる機会が増えたが，そのことによって現実の安全そのものが低下したわけではないと中谷内（2008）は述べています。

「ものを怖がらな過ぎたり，怖がり過ぎたりするのはやさしいが，正当に怖がることはなかなかむつかしい」（寺田，1935）ものです。ましてやあらゆる情報が氾濫している現代では，さらに難しい状況になっているのかもしれません。

これまで見てきたように，日本は他の国に比べて食の安全はかなり確保されています。しかし，それでもリスクをゼロにすることはできませんから，一人一人が，しっかり手洗いをする，新鮮なうちに食べる，食物，特に日本人の大好きな刺身や寿司といった生ものは食中毒のリスクが高いことを自覚し，体調が悪い時には生ものは避けるなど自分自身で自分の身を守ることも重要です。

2　化学物質に対する過度な嫌悪感

先に述べた食品添加物に対する印象は，一般的にあまり良いものではありません。その背景には化学物質に対する過度な嫌悪感が潜んでいる可能性があります。

『化学物質はなぜ嫌われるか』（佐藤，2008）で，以下のような大変興味深い話が紹介されています。皆さんも一緒に考えてみてください。

> 1977年，ネイサン・ゾナー（Nathan Zohner）という14歳の少年 が「DHMOという化学物質の害を指摘し，この物質の使用規制を50名の大人に求め，そのうち43名から署名を得ることに成功しました。そのDHMOの危険性は次のようなものです。
>
> ①酸性雨の主成分である。
> ②強い温室効果をもち，地球温暖化の原因となっている。
> ③高レベルのDHMOにさらされることで植物の成長が阻害される。

④末期がんの腫瘍細胞にも必ず含まれている。
⑤個体状態の DHMO に長時間触れていると，皮膚の大規模な損傷を起こす。
⑥多くの金属を腐食，劣化させる。
⑦自動車のブレーキや電気系統の機能低下の原因にもなる。

そしてこの危険な物質はアメリカ中の工場で冷却・洗浄・溶剤などとして何の規制もなく使用・排出され，結果として全米の湖や川，さらに母乳や南極の氷にまで高濃度の DHMO が検出されている，とネイサン君は訴えたといいます。

さて，もし皆さんがこの DHMO の使用規制のための署名を求められたら，署名をするでしょうか。

実はこの DHMO は dihydrogen monoxide つまり一酸化二水素，要するに単なる水（H_2O）であり，多少誇張されている部分はあるとはいえ，ウソはないというのがポイントです。しかし恐らく多くの人が，「どうしてこんなに危険な物質をアメリカでは規制せずに使用しているのだろう？」と疑問に思ったのではないでしょうか？　もっと言えば，私たちの体だって，毎日食べている「自然のまま」の果物も野菜も「化学物質」でできているわけです。私たちはなんとなく「化学物質」と聞くと「人工的に作り出されたもの」だから「体に悪そう」というイメージをもちがちなのですが，先に示した「水」がまさに天然のものであるように本来の「化学物質」の定義には天然か人工かの区別もなく，さらに（体にとって）良いか悪いかの区別もないのです。

ある一面だけを誇張したり，見方を少し変えるだけで「モノ」に対する印象がずいぶん違うということが実感できたのではないかと思います。DHMO 以外でも同じように「化学物質」という言葉によって，誤ったとらえ方をする場合があるということは意識したほうがいいように思います。

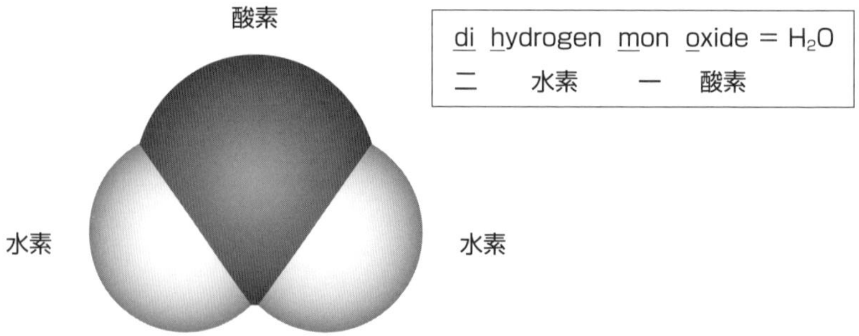

図 8-1　DHMO（佐藤，2008）

3　認知バイアス

このようなことが生じる背景には，私たちが望ましくないことを過大評価してしまうという認知バイアス，すなわち私たちの認識のズレや歪みが影響しています。認知バイアスとは簡単に言えば，あまり発生しない望ましくないことについては，発生頻度を過剰に推定してしまい，逆に大変多く発生している望ましくないことについては，発生頻度を過小に推定してしまうという認知傾向のことを意味します。

例えばアメリカで行われたリクテンスタインら（Lichtenstein et al., 1978）の研究では，１年間に自動車事故で亡くなる人がおよそ５万人いるという手がかりを一般の人に与えたうえで，様々な自然災害や事故，病気などで年間何人の人が亡くなっているかを推定させ，その値を実際の死亡統計データと比較しています。分析の結果，人はボツリヌス食中毒や竜巻，洪水など，それによって死ぬ人が極めて少ない項目に対して，実際よりも非常に高い死亡者数を推定してしまっていたことが明らかになりました。逆に，糖尿病やがん，心臓疾患といった現実の死因として大きな割合をしめる項目については，過小に評価していました。この他の研究でも同様の結果が示されていることから，これらは私たちにとってかなり頑健なバイアスであるといえそうです。

このようなバイアスが生じるのは，私たちが日常，何かを判断する際にヒューリスティックスという方法を用いているからだと考えられます。ヒューリスティックスとは「必ずしも正しいとは言えないが，時間やコストを削減できる有益な方法」と定義されます。もし私たちが常に判断しようとする問題に関するすべての情報を収集し，一つ一つ吟味し，それらを統合して最適な答えを導こうとするとものすごい労力が必要になります。そこで，日常生活においては，できる限り省力化し，簡単なルールで答えを導こうとするわけですが，そのための方策の一つがヒューリスティックスなのです。特に利用可能性（availability）ヒューリスティックというのが有名です。この利用可能性というのは判断材料として頭の中でのアクセスしやすさ，またはイメージの思い浮かべやすさを意味しており，私たちはより利用可能性の高いことがらは高頻度で発生する，または高確率であると判断するというものです。先に紹介したボツリヌス菌や竜巻，洪水で亡くなるという場合は，ニュースで大きく取り上げられるためイメージが浮かびやすくなります。そのため，発生件数が過大視されるのですが，一方の糖尿病やがんなどは，現在では３人に１人，または２人に１人がかかるといわれるほど患者数が多い疾病です。したがってこれらの疾病で亡くなったとしても，いわばそれらは特別珍しいことではなく，いちいちニュースで報道されることはないため特に注目されることはありません。したがって過小視されやすくなると考えられます。

余談ですが，日本では，毎年，食中毒の発生状況を調べた食中毒統計が実施されています。この中で食中毒がどこで発生したかを示す原因施設別事件数というものを見ると，食中毒が発生する施設で最も多いのは飲食店なのですが，２位は旅館，仕出し屋，事業所，学校，病院，家庭のうちどこだかわかりますか？　実は，飲食店の次に多いのは「家庭」なのですが，このことはあまり知られていません。しかも，これは届出があったものに限られていますから，実際の発生数はもっと多い可能性があります。家庭での食中毒の発生は，そもそも「食中毒」であることが認識されていない場合も多いのです。食中毒は，先章で述べたように基本的には原因となる細菌やウィルスが飲食物を介して，体内に入ることで発症するのですが，実際に発症するかどうかは個人の免疫力にも左右されます。つまり，たとえ同じ量，同じ種類の菌やウィルスを同じように体内に入れてしまったとしても，その個人の免疫力が強ければ発症せず，免疫力が低い場合に発症するという可能性があります。となると同じ家族で同じように食中毒菌などに汚染された食物を食べたとしても，全員が発症するとは限らないため，もし１人だけが発症したという場合だと，「お腹を冷やしたのでは？」とか「風邪でもひいた？」など別の原因が当てはめられてしまうことも少なくないのです。実際に，食品衛生学を学んだことがある人にとっては，食材ごとに包丁やまな板を変えることといった当たり前のことも，一般の家庭では当たり前でない場合も少なくないということを考えると，家庭での食中毒が案外多いということは不思議なことではないように思います。

とはいえ，アメリカなど日本以外の国における食中毒の被害は日本よりもずっと大きく，日本よりはるかに多くの死者を出しています。例えば，アメリカ疾病予防センター（CDC）の発表によると，アメリカでは年間で国民６人に１人にあたる4,800万人もの食中毒事件が発生していると考えられ，年間12万8,000人が入院し，毎年3,000人が死亡しているといいます。そして６万人以上の人がO157などの腸管出血性大腸菌による食中毒にかかり，2,000人以上が入院，20人以上の死者が出ているのですが，これでもまだ減った方で，1960年代のアメリカでは毎年60人が腸管出血性大腸菌による食中毒で亡くなっていた（岩田，2012）といいます。先進国のアメリカでこの状態ということを考えると，衛生状態が十分整っているとはいえない途上国での食中毒の被害がいかに大きいかについてはたやすく想像できるでしょう。

話をバイアスの話に戻しましょう。私たちのもつ認知バイアスには次のようなものもあります。「科学的知見に基づき～」といったフレーズや，具体的な数値などを示されると「正しい」ように感じてしまう場合で，これも大変よくあることです。公的な機関や有名大学の◯◯先生が言っているからというだけの根拠で，情報をうのみにしてしまうことは「科学的」ではありません。また数値については，岩田（2012）が次のように非常にわかりやすくこの数字のバイアスを説明していますので紹介します。

2011 年富山，福井などの焼肉店で食べたユッケを原因とする腸管出血性大腸菌による食中毒が発生し，それを受けて厚生労働省は議論を行い，翌 2012 年 6 月に牛の肝臓の生食，いわゆるレバ刺しの禁止を決定しました。原因食品はユッケ（生肉）であったにもかかわらず，なぜレバ刺しが禁止となったのでしょうか？

日本で 1998 年から 2010 年までに生食用レバーを原因とする食中毒は 116 件で，そのうち 87 件がカンピロバクター，さらにそのうちの 20 件が腸管出血性大腸菌が原因でした。つまり牛レバーによる腸管出血性大腸菌感染症は 13 年で 20 件（患者数では 67 人）であったことから，年間 5 人程度の発生で死者数はゼロであったことがわかります。しかしながら，先述の 2011 年 4 月に富山の焼肉店で発生した食中毒事件を受けて行われた議論の議事録には「牛レバーを原因とする腸管出血性大腸菌食中毒が多く発生していることを受け……」と記されていたといいます。ここで非常に重要なことは，数字はもちろん客観的な指標ですが，それが「多い」か「少ない」かは，主観的な見解であり，さらにそれらがどういう文脈で語られるかによって感じ方は変化する，つまり「多い」「少ない」の判断は文脈依存であるということです。実際に日本では，毎年 5,000 人以上が交通事故で死亡しており，3 万人以上が自殺しています。また 2005 年には 19 万 6,000 人もの人が，喫煙が原因で死亡しており，さらに東京消防庁によると 2005 年には 5 年間で 601 人が餅を喉に詰まらせて救急搬送され，うち 26 名が死亡しているといった文脈において，年間発生 5 件，死者ゼロの被害を出している牛レバー由来の腸管出血性大腸菌感染症は，果たして「多いと言えるのか」と岩田（2013）は述べています。このように，具体的な数字が提示されると，私たちはついそれが「正しい」ことのように思いがちです。またそれが有名な大学教授などの「専門家」であればなおさらでしょう。認知的なバイアスがある，ということを忘れないということも大事なことです。

最後に安全性についてパラケルスス（Paracelsus; 1493-1541）の言葉を引用します。「すべてのものは毒である。毒でないものはない。適正な容量が毒と薬を分ける（All substances are poisons; there is none which is not a poison. The right dose differentiates a poison and a remedy.）」。この言葉は，一般の人と科学者の考え方の違いをわかりやすく示していると思います。つまり一般の人は，世の中は，安全なものと危険なものに分けられると考えがちです。すなわち白か黒かの二者択一という感じです。しかし一方，科学者は，そのように安全なものと危険なものに二分されるのではなく，すべてのものは同じようにグレーであり，その濃さが違うだけのこと，すなわちこれらはそれぞれ別個のものではなく連続体であると考えます。この視点は安全性を考えるうえでとても重要だと思います。さらに私は，食物においても同じことが言えると思っています。つまり，良い食物，悪い食物というように，別個のものとして二分すべきではなく，あくまでも濃さが違うという視点から，これらの食物をどれだけ摂取するかといった量の問題として考えることが重要なのではないかと思います。

引用文献

岩田　健太郎（2012）.「リスク」の食べ方――食の安全・安心を考える　筑摩書房

Lichtenstein, S., Slovic, P., Fichholf, B., Layman, M., & Combs, B. (1978). Judged frequency of lethal events. *Journal of Experimental Psychology: Humana Learning and Memory, 4*, 551-578.

中谷内　一也（2008）．安全。でも安心できない…（pp. 49-50, 140-141）　筑摩書房

佐藤　健太郎（2008）．化学物質はなぜ嫌われるのか（pp. 21-22）　技術評論社

寺田　寅彦（1935）．小爆発二件　青空文庫／寺田　寅彦（1967）．寺田寅彦随筆集第五巻　岩波文庫　岩波書店（昭和42年）に所収

第9章

フードファディズム

フードファディズム（food faddism）とは，ある食物の栄養素が健康や病気に与える影響を過大に評価したり，固執したりすること（Kanarec & Marks-Kaufman, 1991）を意味します。例えば，テレビ番組などで，ある食品に含まれる成分がいいと紹介されると翌日のスーパーからその商品がなくなるというのはよくあることですが，高橋（2003）は，このようなフードファディズム的な情報に振り回される行動が生じている背景には，例えば食物を単純にこれは良い，これは悪いとして分けること，同様に天然は良いもの，合成は悪いものとするような「天然物崇拝」のような物事を論理的かつ多面的に考えることを面倒くさがることや，食料の生産や製造に対する不安や不信があること，さらに強い健康志向があるとしています。

1　様々なフードファディズム

フードファディズムを，（A）健康食品をうたう食品，特に「これ」さえ食べれば〜できる，といったいわゆる健康食品の爆発的な流行，そして（B）食品に対する不安の煽動，という現象に大きく分けて考えてみましょう。

まず（A）の健康食品をうたう食品の爆発的な流行について考えます。主にメディアなどで特定の食品さえ食べたり飲んだりすれば，健康問題が解決されるように紹介されると，その食品は大流行する傾向があります。例えば，古くは1970年代に爆発的なブームとなった紅茶キノコがあります。これは簡単にいうと砂糖入りの紅茶（緑茶やウーロン茶でも可能らしい）に紅茶キノコの株（複数の細菌と酵母類）を入れて発酵させたもので，発酵が進むにつれゲル状の塊がキノコのように見えることからこう呼ばれています。近年の発酵食品ブームで，デトックス効果（おそらく便秘解消効果？）があるなどとして，近年，Kombucha: コンブチャとして，再び注目されるようになりました。昔は，もっぱら自宅で作ることが流行していましたが，現在では自宅で作るだけでなく，オシャレなワイングラスに入れて提供するような店で飲むということもあるようです。

同じように1998年頃にダイエット法として流行った酢大豆も現在，再びダイエット法として脚光を浴びています。このように流行する食品に関して期待される効果は「肥満解消」「血圧を下げる」，さらには「がんの予防」に至るまで実に様々です。しかも，根拠がはっきりとしないものも多いのが現状です。ここで注意しなければならないことは，食品はあくまでも食品であり，薬ではないということです。継続して摂取することである一定の健康効果が得られるものもありますが，それさえ食べれば問題が解決するような誤解を与えて消費者を攪乱させることはフードファディズムになり，注意が必要です。この場合の目的は，ある特定の商品を販売することにあると考えられるからです。

また，先に述べたように「特定の食品」の流行に限らず，低GI（グリセミック・インデックス：Glycemic Index）の食品を選んで食べることでやせるというような「食べ方」の流行についても，高橋（2003）は広義のフードファディズムだとしています。GIとは，その食品が体内で糖に変わり血糖値が上昇数するスピードを示したもので，ブドウ糖を摂取した場合の血糖値の上昇率を100として相対的に表されます。したがって，このGI値が低いほど血糖値の上昇がおだやかであることを示すわけですが，2003年にWHOから「過体重，肥満，2型糖尿病の発症リスクを，低GI食品が低減させる可能性がある」というレポートが出されると，多くの食品メーカーが低GI食品を開発し販売しました。まさに，これさえ食べれば問題が解決するかのようなうたい文句で，いわゆる健康食品を売ろうとするものです。しかし，繰り返しになりますが食品は薬ではないため，食品に病気や体の不調の予防・治療効果を示すなど医薬品と誤認されるような効能効果を表示することはできないということを消費者自身が知ることはフードファディズムに陥らないで済むことにつながります。そして大抵のフードファディズムの場合，摂取量や摂取経路が無視されているということに注意すべきであると高橋（2008）は以下の例を用いて指摘しています。これはタマネギに含まれるS-メチルシステインスルホキシド（SMCSと省略される）という物質をラットに与えたところ血糖値が低下し，高血糖が改善されたことから「タマネギは血糖値を下げる」ことを示す研究なのですが，このSMCSの含有量はタマネギ1kgにつきわずか200mgで，ラットと同様の効果を人が得ようとすると体重50kgの人の場合では，50kgのタマネギから抽出される量となり，とてもではないが現実的に食べられる量ではないことがわかるというのです。さらにネズミに投与した期間は45日間といいますから，約1ヶ月半，毎日タマネギ50kgを食べることはどう考えても無理なことがわかります。フードファディズムに陥らないためには，このように冷静に計算してみることも大事だといえます。

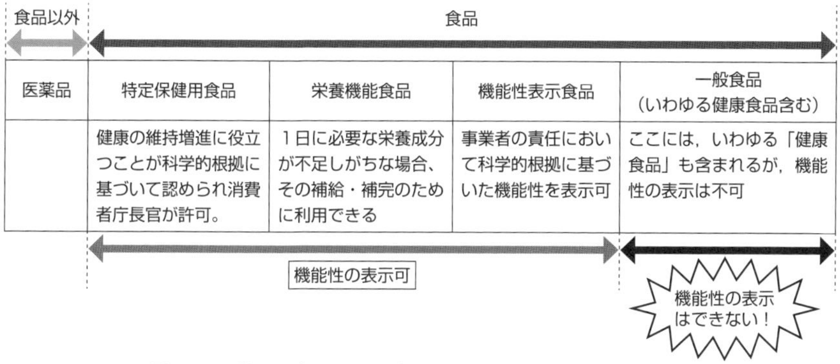

図 9-1　医薬品と食品の区別（日本健康・栄養食品協会 HP より）

一方（B）タイプでは，特に特定の食品については体に悪いと誇張することで消費者の不安をあおり，その一方である食品は体に良いとして推奨し，商品を売りつけようとするようなやり方です。この（B）タイプで見られやすいのが，「自然」や「天然」は良いもので，「人工的」なものはいけない，という極論パターンです。自然なもの，天然なものでも食物アレルギーが起きることもあります。例えば自然界に存在するキノコの中には猛毒があるものがありますし，高級魚のフグの肝臓，卵巣，皮には猛毒のテトロドトキシンがあることを考えるとわかりやすいかもしれません。これらは「自然」で「天然」なものですが，決してヒトにとって「良いもの」や「安全」なものではないですね。

高橋（2003）が言うように，もちろん食品の種類，食べる量や質，食べ方などが健康に与える影響は様々ですが，「食品」はあくまでも「食品」です。普段，私たちが口にしている食品は「薬」でも「毒」でもありません。とにかく食品本来の役割を超えた，過度な期待や危惧を漠然ともつのではなく，氾濫する食の情報について，その摂取方法や量についても冷静に考え多角的に判断することが重要です。食品のもつ一部の機能性のみに着目し，その効果に過大な期待をもつことは，時に健康被害を招きかねないため注意が必要であるという認識を，情報を流す側（主にメディア），情報を受け取る側（主に視聴者）の両方が持つ必要があります。

また高橋（2006）は，日本は食料自給率が低いにもかかわらず，輸入によってあふれるほどの食料が供給されているから，これは良い，あれはだめと好き勝手が言えること，健康に対する漠然とした不安や健康であらねばならないという，ある種の「強迫」があること，食料の生産や製造に対し不安や不信が漂っていることを挙げ，それにもかかわらず物事を論理的かつ多角的に考えることを厭い，その良し悪しの判断さえも他者に委ねてしまう人が多いことを指摘し，このような社会にフードファディズムが生まれ，蔓延るのだと主張しています。良し悪しの判断ということに関しては，食品が食べられるかどうかの判断も自分の判断，すなわち五感で判断できない，つまり「賞味期限」という他人の判断に任せている人が増えているのではないでしょうか？　賞味期限は「おいしく食べられる期間」であり，1日過ぎたからといってすぐに食べられなくなるというものではありません。「賞味期限」という他人の判断に頼るのではなく，普段から自分自身で食品の色や臭い，状態をよく観察していれば，これらの情報をもとに論理的かつ多角的に考えることで食べられるかどうかの判断を自分でできるようになるはずです。小さなことですが，こうして一人一人が食べられる食品を無駄にしないことが，近年，問題になっているフードロスをなくすことにもつながるのです。

2　宣伝広告にだまされる？

先に述べたように，ある商品を販売する際の表示に関するルールは法律で決められています。そこで重要なことが表示の内容を理解するということです。例えば，高橋(2003) は「バランス栄養食」と書かれた食品を見て，これを食べると「バランスのとれた食事の代わりになる」と思う場合は注意が必要であるとし，その理由について以下のように説明しています。

例えば，食事指導における栄養のバランスというのは，たんぱく質（protein），脂質（fat），炭水化物（carbohydorate）のそれぞれの食品から摂取するエネルギー比（PFC 比）を適正に保つことであり，一般的に 18 歳以上ではたんぱく質 13〜15%，脂質 20〜30%，炭水化物 50〜65%の割合で摂取することが望ましいとされています。しかし「バランス栄養食」と書かれた商品の栄養成分表示から実際に PFC 比を計算すると，たんぱく質が約 8 %，脂質が 50%，炭水化物が 42%となり，脂質の割合が上記に示した適正とされる 20〜30%と比べると非常に多いことがわかるのですが，つい「バランス栄養食」という文言に目を奪われてしまい「これを食べるとバランスのとれた食事の代わりになる」と思ってしまうと述べています。

これに関連し「行間を読む」ということがあります。「行間を読む」とは文章に文字では書かれていない筆者の真意や意向を感じとるということで，広告などでよく使われる技法です。よく読めば，決してそれを飲んだり食べたりすることで「痩せる」とも「体脂肪の燃焼を促す」とも書いていないのに，痩せたり体脂肪が燃焼するのだと思わせて商品を購入させるというもので，こちらについても注意が必要であると高橋(2003) は指摘しています。

景品表示法や健康増進法により，いわゆる健康食品の虚偽誇大表示等は禁止されています。したがって健康の保持増進効果が必ずしも実証されていないにもかかわらず当該効果を期待させるような嘘や誤認させるような表示や広告は法律で禁止されてはいるのですが，このような違反事例は後を絶ちません。これはまさに，私たち消費者に「行間を読ませよう」としていると考えるのが妥当でしょう。皆さんは，メーカーの思惑どおり，行間を読んでしまってはいないでしょうか。

例えば消費者庁の公開している資料に，以下のような具体的な違反事例がイメージつきで紹介されてます。

上記事例の①や②は，直接的にこの商品を飲むことで糖尿病改善効果があるということは言っていないが，これらの文言によってそのような効果が得られるかのような印象を消費者に与えるため『食品として販売に供する物に関して行う健康保持増進効果等に関する虚偽誇大広告等の禁止及び広告等適正化のための監視指導等に関する指針』における「暗示的又は間接的に健康保持増進効果等を表示する場合」に該当すると考えられると注意喚起しています。

特にいわゆる「健康食品」と言われるものの中には，このように食品表示上，問題となる恐れのある「疾病の治療または予防を目的とする」ような表示があるため，注意が必要です。具体的な表示例は以下のとおりです。

・本品に含まれる○○○，△△△等の成分は，昔から生活習慣病の予防に効くと言われています
・△△△に含まれる有効成分が，血液中の□□□と結びつき，血液をサラサラにするものと考えられています。……。
・医者に行かなくとも動脈硬化を改善!!
・糖尿病，高血圧が気になる方にもオススメ！
・１日１本飲むだけで，動脈硬化を改善！さらに，糖尿病や高血圧の予防にも最適！　など

高橋（2008）は，このような「健康食品」はむしろ「健康期待摂取食品」と呼ぶべきであり，商品としての食品を選択する際には「宣伝文言の行間は読まず，栄養表示を読むべき」とし，マスメディアを介して提供される食情報の安全性や妥当性が必ずしも十分に吟味されていないということを理解する必要があるとしています。さらに健康の維持・増進の三要素は「栄養・運動・休養」であり，「栄養」すなわち「食」さえ良くすれば，健康が万全と考えること自体がフードファディズムであると述べています。各自に必要なエネルギーや栄養素を，できるだけいろいろな食材から季節や生理的状況などに応じて，柔軟に食べることを基本とし，適度な運動，そして十分な休養の3つがそろって初めて「健康」になるということを忘れてはいけません。

3　消費者の正しい理解の必要性

食物の衛生と疾病のところでも述べましたが，食品由来の健康リスクの中で最大なのは「食中毒」なのですが，そのリスクの低減に貢献している食品添加物の一つである「保存料」の役割についてはあまり知られていないというのが現状ではないでしょうか。例えば，保存料（ソルビン酸）が使用されない場合，時間の経過に伴い，黄色ブドウ球菌が増加しおよそ60時間後には食中毒発症のおそれがある水準にまで達することを松田（1998）は示しています（図9-2参照）。名前からも明らかなように，保存料の役割は食品の保存性を高めることにより「食中毒」のリスクを下げることなのですが，どうしても「添加」という言葉が「何か不要なものを加えている，無添加が

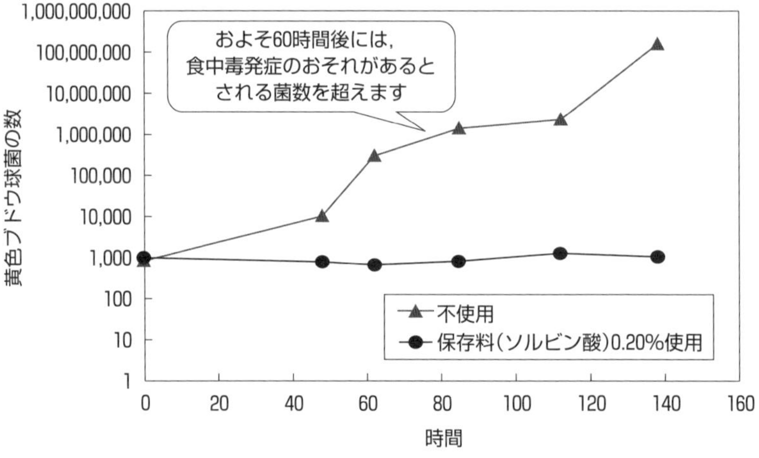

図9-2　ソルビン酸の効果（松田，1998）

表 9-1　鮭しら子たんぱく質の抗菌力試験（大西，1992 による野崎他，1988 のデータの引用）

しら子抽出物濃度（ppm）	*B. subtilis*（枯草菌）	*E. coli*（大腸菌）	*Sal. typhirium*（サルモネラ菌）	*Pichia farinosa*（産幕酵母）	*Strept. lactis*（乳酸菌）
0	＋	＋	＋	＋	＋
200	＋	＋	＋	＋	＋
300	＋	＋	＋	＋	－
400	－	＋	＋	＋	－
500	－	－	＋	－	－
700	－	－	＋	－	－
1000	－	－	－	－	－

－：発育せず，＋：発育あり，トリプトソイ寒天培地（pH6, 5），30 ℃，72 時間
野崎 一彦・菊地 英夫（1992）．日本食品添加物協会報，*7*(6)，16-20．のデータによる。

よい，添加物が加えられているものは不安」といった感情につながるようです。これは添加物に対する情報が正しく消費者に伝わっていないためであると考えられます。また先に述べたように「ソルビン酸」という，化学物質名がさらにその印象をネガティブにしている可能性は大いにあると考えられます。

その影響もあるのか，近年では化学合成品以外の食品添加物として，例えば「しら子たんぱく質」のように「天然抗菌物質」が使われることも多くなっており，実際，表 9-1 にあるように細菌以外にもカビや酵母などにも有効であることがわかります。しかし，一方で高たんぱく質食品や低 pH 食品などで期待した程の保存効果が得られないケースもある（大西，1992）といいます。

ソルビン酸のように従来よりその効果が確認されてきた保存料のような添加物が，市場でその使用を拒否されることによって他の効果の弱い添加物を使うようになった場合，実際にはソルビン酸よりも大量の添加物を食品に加えなければその効果が期待ではない場合もある（佐藤，2008）ことが指摘されています。効果が弱い添加物であるが故に，十分な効果を得るために，結果として大量の添加物を摂ることになるとすればそれは本当に正しい選択なのか，冷静に考える必要があると思います。

天然であれ人工であれ，先に述べたように，保存料だけでなくすべての食品添加物は，厳密な試験の結果をもとに使用できる物質とその量が決定されています。そのため食中毒によるリスクと保存料をはじめとする添加物を摂取することによる健康リスクを比較すると，食中毒によるリスクの方が添加物によるリスクよりもはるかに（天文学的に）大きく，何兆倍，それ以上であるため人と地球の大きさほどの差があるにもかかわらず，消費者が添加物に対して誤解をいだいてしまっている背景には，マッチポンプ商法があると有路（2010）は指摘しています。マッチポンプ商法とは，自ら

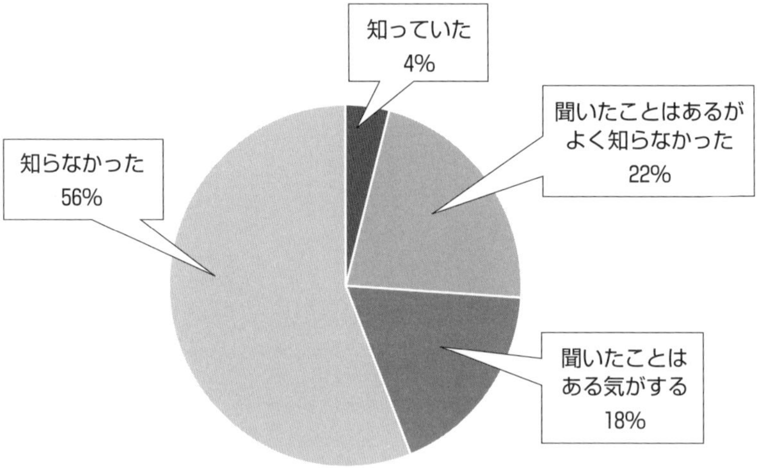

図 9-3　添加物がどのように管理されているか，また使用基準の決め方を知っていたかの問いに対する回答（有路，2010 改変）

マッチをすって火をつけておいて，火を消すための消火ポンプを売りつけるという古くから使われているビジネスの手法です。例えば「添加物は危険」というように消費者を不安にさせておいて，自分の「無添加」の商品を買ってもらおうとする，いわば「人の弱みに付けこむ」やり方がそうです。つまり先に述べたフードファディズムの例でいくと（B）タイプに当てはまります。有路（2010）によると，実際に消費者に食品添加物がどのように管理されて使用基準が定められているかという情報を示し，それを知っていたかどうかを問うたところ，消費者の約 56％は食品添加物がどのように管理され，また使用基準が定められているか「知らない」と回答し（図 9-3 参照），さらに保存料が食品の日持ち向上と食中毒リスク低下のために使われているという機能に関する情報を示してそれを知っていたかどうかについても問うたところ，消費者の約 75％は保存料が食品の日持ち向上や食中毒リスク低減に役立つことを「知らない」と回答したといいます。その結果，消費者のおよそ 60％が食品添加物に対して「不安」を感じているということを指摘し，リスクとベネフィットについて，まずは消費者が正しい情報を得ること，さらに事実を冷静に捉えて判断することが重要であるとしています。さらに，そのためのリスクコミュニケーションの大切さについても言及しています。

引用文献

有路 昌彦（2010）．食品リスクの経済学　第 16 回食品添加物メディアフォーラム
Kanarek, R. B., & Marks-Kaufman, R.（1991）. *Nutrition and behavior*. New York: Van Nostrand Reinhold.
松田 敏生（1998）．食品保存効果を持つ化学的合成品　食品微生物制御の化学　幸書房
大西 隆志（1992）．食品の保存に関わる天然抗菌物質の諸特性について　生活衛生, *36*, 179-196.
日本健康・栄養食品協会　http://www.jhnfa.org/eiyou-0.html（最終閲覧日 2020 年 11 月 5 日）
消費者庁　https://www.caa.go.jp/policies/policy/representation/fair_labeling/pdf/160630premiums_9.pdf（最終閲覧日 2020 年 11 月 5 日）
佐藤 健太郎（2008）．保存料・殺菌剤　化学物質はなぜ嫌われるのか（pp.109-113）技術評論社
高橋 久仁子（2003）．「食べもの神話」の落とし穴　巷にはびこるフードファディズム　講談社
高橋 久仁子（2006）．食の情報とメディア　日本食品添加物協会第 1 回食品添加物メディアフォーラム 講演会資料
高橋 久仁子（2008）．フードファディズムと健康教育　日本健康教育学会誌, *16*(3), 125-130.

第10章 疫学研究について

1 疫学とは

疫学とは，「定義された人口集団において，健康に関連する状態または健康事象の分布およびその規定因子を明らかにして，健康問題の解決に役立てようとする研究」のことであると国際疫学学会は定義しています。またこの「研究に関連する状態または健康事象とは，疾病罹患，死亡，生活習慣（喫煙，飲酒，運動，休息，食生活など），予防対策への参加などを意味し，また分布の内容とは，時間，場所，人々の属性（性，年齢，人種など）を意味します。さらに規定因子の内容は，健康に影響を与える物理的，生物学的，化学的，社会的，文化的，行動科学的な因子を指します。そして研究の具体的な内容は，サーベイランス*，観察研究，介入研究，実験的研究を指します。

また健康問題の解決の具体的な内容には，①宿主（host），②病因（agent），③環境（environment）の面から危険因子を明らかにして，疾病の予防と健康増進を目的とした対策の科学的な根拠を得ること，さらに疾病障害と死亡に及ぼす諸要因の相対的な重みづけを行い，研究と対策の優先順位を明らかにすること，またハイリスク集団を明らかにし，適切な対策をとること，人口集団の健康水準を向上させるための保健サービスの有効性を評価することなどがあります。さらに疫学の対象となる事柄は，それぞれの時代によって異なっています。疫学が始まった当初では，インフルエンザ，コレラや天然痘などの急性伝染病が対象であり，その流行機序を明らかにし，対策を

＊サーベイランスについて：（感染症）サーベイランスとは，インフルエンザを含め，患者の発生情報を統一的な手法で持続的に収集・分析し，得られた情報を疾病の予防と対策のために迅速に還元するものであり，平時から，医療，行政，研究等の関係者の努力と，患者をはじめとする多くの国民の協力により維持されている。サーベイランスを行うためには，サーベイランスに関する啓発と，迅速な情報還元を継続して行いつつ，関係者の理解及び協力を得る必要がある（厚生労働省サーベイランスに関するガイドラインより抜粋）。

立てることが目的でした。これらの疾病が細菌やウィルスによって発症することが研究によって次第に明らかになっていくにつれ，これらの菌やウィルスを弱毒化するなどして作成された新しい予防接種という治療法が確立されました。現在，人類が地球上から撲滅できた最初で（現在のところ）唯一の感染症が天然痘です。また世界的な撲滅には至らないにしても，ポリオ（小児まひ）や麻疹（はしか）は撲滅できた地域もあり，撲滅できていない地域においても昔と比べるとその数は激減しています。また以前はその発症機序がわからなかったために，呪いや天刑などと考えられ社会的烙印（スティグマ）を押されてきたハンセン氏病も，現在は治療薬の開発が進み完全に治る病気になっています（日本財団 HP より）。そして 21 世紀に入ってからは，急速に進んだ高齢化を背景とし，健康寿命の延長，生活の質（QOL: Quality Of Life）の向上，健康増進など積極的に高い水準の健康要因を追求することに重点が移っています。

2　疫学研究の種類

疫学研究の方法には，大きく観察研究（observation study）と介入（intervention study）があります。観察研究は，研究対象となる人間集団の健康状態，疾病罹患状況，生活習慣，社会・経済状態などを観察し，疾病の罹患や予後に関する要因を明らかにしようとするものです。さらに観察研究には横断研究（cross-sectional study），症例対照研究（case control study），コホート研究（cohort study）などがあります。横断研究とは，ある集団のある一時点における健康状態や病気の有無と，その原因と考えられる要因の有無を調べるというものです。例えば，肥満と運動習慣についての調査などは見たことがあるかもしれませんが，この方法では疾病（この例では肥満）と要因（運動習慣）の因果関係については何も言うことができません。たとえ肥満と運動習慣に何らかの関係が示されたとしても，運動しないから肥満になるのか，肥満だから運動をしないのかはわからないからです。しかし，この調査方法では，肥満と関係しそうな運動習慣以外の要因として食習慣や職種など一度に多くの要因との関連を調べることができる，比較的容易に短期間で実施できる，費用が少なくてすむなどのメリットがあります。次の症例対照研究とは，対象とする疾病をもつ人（症例群）とその疾病をもたないが，他の諸条件（年齢，性別，居住地域などが同じ等）が一致する人を対象に，これら 2 つの群において疾病の発生と関連が疑われるリスク要因への曝露状況がどうであったかを過去に遡って調査する研究方法です。疾病の原因を過去に遡って調べることから，症例対照研究は後ろ向き研究ともいわれます。しかしこの方法では，「思い出しバイアス」と呼ばれるバイアスの影響を受けることがあるため注意が必要です。思い出しバイアスとは，過去の出来事や経験を想起させる場合，その思い出しやすさの違いにより生じるバイアスのことです。具体的な例として，ある病気をもつ人は過去の服薬歴などをよく覚えているのに対し，病気でない人は覚えていないなどがあります。そして，最後がコホート研究ですが，これは将来に向かって問題とする疾病の発生状況を観察することから前向き研究とも言われます。これは研究対照疾患に罹患していない対象集団（コホート）を対象とし，その疾病の発症のリスクとなると考えられる要因に曝露された群とそうでない群を一定期間追跡し，両群における罹患率や死亡率を比較して，そのリスク要因がどの程度影響を及ぼすかを見る研究方法を言います。また先ほどこの研究は前向き研究とも言うと紹介しましたが，会社の健康診断データなどを利用し，過去に遡って追跡する「後ろ向きコホート研究」と言うものもあります。

さらに，病気とその要因の因果関係を証明するために，対象疾患に罹患していない人に対し，治療や予防に関する要因を人為的に変化させ，疾病の罹患や治療効果，予後に変化があるかどうかを観察し，その要因の意義をあきらかにしようとする介入研究があります。これは言い換えれば，疾病予防や治療法の改善および因果関係の確定などを目的として，人為的な介入がなされることから倫理的配慮が特に重要となります。介入研究には，健康な一般住民を対象としてワクチン接種などの処置により疾病の流行を防ぐ野外試験（field trial），薬剤の治療的効果判定などを行う臨床試験（clinical trial）などがあります。また実施に際しては，結果に影響するような選択の偏り（selection bias）を防ぐ目的で，参加者の介入群と非介入群の割付に際して無作為割付（random allocation; randomization）が行われ，さらに参加者の行動に恣意的な変化が生じたり，研究者の結果の解釈に影響を与えたりすることを防ぐ多目的で，研究者や参加者に対しても，介入群または非介入群に誰が割り付けられたかが知らされない二重盲検法（double blind assignment）という方法が用いられることが一般的です。

また最近ではEBN（Evidence- Based Nutrition），すなわち科学的な研究成果（エビデンス）に基づく栄養学，すなわち科学性の高い栄養学研究の成果に基づいて信頼できる食物・健康情報を使うことが求められており，食物の栄養や食生活をはじめとする生活習慣や環境と健康との関係を明らかにして，臨床や予防に生かそうとする研究は栄養疫学研究と呼ばれます（佐々木，2015）。

3　因果関係と相関関係の違い

先に述べたように因果関係は疫学研究において重要なキーワードの１つです。因果関係とは「原因とそれによって生じる結果との関係（広辞苑，第６版）」のことを言いますが，因果関係を判断する際には注意が必要です。例えば，ある研究で「ヨーグルトを食べる人は長生きする人が多い」というデータが示された場合，これだけでは「ヨーグルトが長寿のもと」であるといった因果関係までは言えません。ヨーグルトの摂取と長生きに何らかの関係がある，すなわち相関があることは言えますが，因果関係があることを示すためには，長生きするという結果がヨーグルトを食べるという要因の後に起こることや，ヨーグルトの摂取と長生きの関連について，複数の異なる研究デザインで結果が一致するか，さらにはヨーグルトに含まれる成分が長生きに影響するというデータと一致するか等がきちんと確認できるデータが必要になります。

4　有名な疫学研究

公衆衛生学の分野ではとても有名な「７つの健康生活習慣」のことを知っている人もいるかもしれません。具体的には，①喫煙をしない，②適量の飲酒，③適正体重の維持，④朝食の摂取，⑤間食をしない，⑥適正な睡眠時間の確保，⑦習慣的な運動というものです。これはブレスロウら（Belloc & Breslow, 1972; Breslow & Enstrom, 1980）が，1965年からアメリカ，カリフォルニア州アラメダ群に住む20歳以上の住人，約7,000人を対象に，約９年間にわたり生活習慣とその後の健康状態や寿命との関連について調査した結果，上記の７つの健康生活習慣を実践している人たちでは健康状態が概ね良好であり，また長生きであることが示されたことからそう呼ばれています。ブレスロウらの研究では，健康にとって望ましい生活習慣を実践していた群とそうでない群では死亡率に数倍の差があること，さらに上記の７項目の生活習慣のうち，２項目以下しか健康にとって好ましい習慣をもたない群では，全調査対象者の平均の健康度に落ち込む年齢が30歳という若さであるのに対し，７項目すべてを実践している群では，この平均の健康度に落ち込む年齢が60歳であることが示されました。この結果は私たちがどのような生活習慣をもつかが単に長生きできるかに影響するだけでなく，老化のスピードにも影響することを示唆しています。

現在では，長年にわたる日常の生活習慣の蓄積が遺伝や環境要因と複雑に絡み合うことで，肥満，高血圧，糖尿病などのいわゆる生活習慣病の発症や増悪に影響することが広く一般にも知られていますが，1965年という，極めて早い時期にブレスロウらが健康関連要因として生活習慣病予防の視点から，喫煙，飲酒，運動，睡眠，朝食，間食，体重管理といった基本的な日常生活習慣に着目したことは実に驚くべきことではないでしょうか。驚くべきことといえば，ヒポクラテスは，紀元前５世紀頃，すでに「人間の健康には空気，水，場所などの環境要因が関与している。医師は，人々の住む場所が高地か低地か，乾燥しているか，湿っているか，どのような水を飲んでいるかを観察し，その地に多い病気を突きとめ，どう対策を立てたらよいか考えなさい」と言ったそうですから，さらに驚きです。

話を疫学に戻しましょう。塩と高血圧の関係のところで触れたInternational Study on Salt and Blood Pressure（INTERSALT）研究も有名な疫学研究の1つです。この研究は国際共同研究であり，世界32ヵ国52集団における食塩摂取量と血圧の関係を調査したものです。血圧が高いのは遺伝のせいといわれることもありますが，多くは遺伝要因では説明できません。そこでライフスタイルの違いから食塩摂取量と血圧の関係を調べようとしたのです。この研究により，尿中ナトリウム排出量で評価した食塩摂取量と血圧の間に正の相関があることが示されました。なかでも興味深いのは南米のYanomamo族など食塩摂取量が極めて少ない集団では，高血圧の人がいないこと，さらに食塩摂取量が少ないと年を取っても血圧が上がらないという結果が示されたことです。この結果は，血圧は加齢により上昇するといったいわばこれまでの常識を覆すものであり大変興味深いものといえます。またこの研究では測定方法による違いが出ないよう，参加者から集められたすべての尿の検体は，ベルギーの実験室に集められ食塩摂取量を測定することで条件を統一したというところも注目すべき点です。せっかく集めたデータも，分析方法はもちろん，分析条件が異なると正確な比較とならないからです。

日本で実施されている疫学研究では，生活習慣の欧米化による生活環境の変化と，肥満や糖尿病，脳卒中，心疾患，がんなどの生活習慣病の発症との関連について，半世紀以上にわたって検討され，さらに現在も継続中である久山町研究が有名です。この研究は福岡県久山町（人口約8,400人）の地域住民を対象に九州大学医学部によって実施されているもので，この研究で対象となっている久山町住民は全国平均とほぼ同じ年齢・職業分布をもっており，偏りがほとんどない平均的な日本人集団であることから，久山町研究で得られた結果は日本人の生活習慣病の実態を比較的正確に反映していると考えられています。

この研究が始まったきっかけは，1950年代の脳卒中死亡率を世界各国で比較した米国の疫学者が，日本の脳出血による死亡率が脳梗塞の12.4倍と欧米に比べて群を抜いて高いことから，死亡統計の基となる死亡診断書を記載する際の日本人医師の診断習慣に疑問を呈したことによります。しかし，当時はそのことを検証するための科学的データがありませんでした。そこで，当時の九州大学医学部勝木教授はその疑問を明らかにするために日本人の脳卒中の実態解明を目的としてこの研究を始めました。この久山町研究の最大の特徴は死亡例の大多数（約75%）が病理解剖され，死因や隠れた疾病の有無を正確に評価していることです。死亡原因を正確にとらえるためには，病理解剖すること以上に正確な診断方法はないというのがその理由です。さらにこの研究は前向きのコホート研究であることに加え，参加者の健診受診率（約 80%），追跡率（99%以上）が高いことも注目すべき点です。近年では，脳卒中のみならず，虚血性心疾患，糖尿病，高血圧，さらにはがんや認知症を含む生活習慣病全体に，研究テーマが広げられているだけでなく，従来の環境因子に加え，日本で初めてとなる遺伝子解析を加えた生活習慣病のゲノム疫学が開始され，成果をあげています。

また大規模研究の例として，高齢化率が 25%を超えた日本において急激に増加する認知症の高齢者が大きな医療・社会問題となっていることから，先に述べた久山町研究における老年期認知症の研究についても紹介しましょう。認知症は加齢と共に急増するため，認知症の最大の原因が年齢であることは間違いありません。しかし現在では高齢者の認知症が単一の原因によるというよりは，例えばアルツハイマー型認知症では加齢がその一側面に過ぎず，他にも高血圧，糖尿病，肥満，脳卒中といった生活習慣病が原因として存在するという考えが主流となっています。生活習慣病は，食事による影響が発症に大きく関与することはよく知られていますが，認知症の発症にも食の影響は大きいのです。

久山町における認知症の疫学調査は，1985 年に 65 歳以上の全高齢住民を対象とした認知症および日常生活動作（ADL）の有病率調査を皮切りに開始され，その後 1992 年，1998 年，2005 年，2012 年にも同様の調査が実施されました（各調査の受診率はいずれも 92%以上）。認知症の有病率調査の成績をそれぞれの調査年で比較すると，認知症，特にアルツハイマー病の有病率は人口の高齢化を超えて大幅に増加していることが明らかになりました。

実は認知症とは，認知機能の障害によって社会生活が困難になる病気の総称です。最も代表的なものがアルツハイマー型認知症で，他にも血管性認知症，レビー小体型認知症，前頭側頭型認知症などがあります。またアルツハイマー型と血管性認知症など複数の疾患が合併した複合型というのもあります。この久山町研究の追跡調査から認知症発症例の原因別内訳について検討した結果，一番多かったのはアルツハイマー型の 45%で，次いで血管性認知症の 30%，混合型認知症の 12%の順で，純粋なレビー小体型認知症は 4 %であることがわかりました。さらに危険因子について検討した結果，中年期および老年期の高血圧は血管性認知症発症の，糖尿病は主にアルツハイマー型認知症発症の有意な危険因子であることが示されました。

また久山町研究では，認知症の予防につながる食事パターンについても検討しています。これまでに認知症発症との関連が報告された栄養素と関連する食事パターンについては，大豆・大豆製品，緑黄色野菜，淡色野菜，藻類，牛乳・乳製品の摂取量が多く，米の摂取量が少ないという食事パターンが認知症の予防因子となる可能性が示されています。さらに，このような食事パターンの群では，果物・果物ジュース，芋類，魚の摂取量が多く，酒の摂取量が少ないという傾向も認められ，この食事パターンの傾向が強い群ほど全認知症の発症リスクが有意に低いこと，さらに血管性認知症およびアルツハイマー型の発症リスクについても同様の傾向が認められています。一方で，減らすと良いとされた食品の中に米がありました。米を主食にしている日本人にとっては，少し困惑するところですが，ここでも指摘されているのは「量」の問題です。研究では米そのものの摂取量と認知症発症との間に明らかな関連は認められなかったものの，一定の摂取カロリーの中で，白米の摂取量を減らし，さらに予防効果がある他の食品（おかず）の量を増やす食事パターンが良いという興味深い結果が示されました。そして増やすと良いとされた食品群については，牛乳・乳製品のみが認知症発症と有意に関連しており，牛乳・乳製品の摂取量の増加に伴い，血管性認知症およびアルツハイマー型の発症リスクが有意に低下することが示されました。なお，欧米の追跡研究でアルツハイマー型の発症リスクを低下させるとして注目されている地中海式食事法では，牛乳・乳製品の摂取を軽度から中等度に抑えるよう推奨されているのですが，日本人の場合，牛乳・乳製品の摂取量はいまだに欧米人の半分以下と大きく下回っているため，久山町研究においては牛乳・乳製品の摂取が望ましいという結果になったと考えられると研究結果の中では説明されています。このように個々の食品が良い・悪いというように短絡的に考えるのではなく，食事全体のバランスが重要であることがこの研究結果からよくわかるのではないかと思います。

また近年では，私たちの遺伝子の型が糖尿病や高血圧などの生活習慣病の発症とも関連することを示すゲノム研究もなされており，患者と健康な人，それぞれの集団から集められた多数のDNAサンプルを用いて，ゲノム全体に分布する多数の遺伝子多型を網羅的に分析し，関連遺伝子を同定するゲノムワイド関連研究（genome-wide association study: GWAS）という研究がなされています。先述の久山町研究においても2002年に脳梗塞の関連遺伝子を探索するためのGWASが実施され，3つの脳梗塞関連遺伝子のSNP（single nucleotide polymorphism: 一塩基多型）が同定され，将来の脳梗塞の発症を予測するうえで有効な遺伝マーカーである可能性が示されたことから，秦ら（2013）によると将来的には脳梗塞以外にも，このような遺伝的素因に合わせたきめ細かな治療や予防が可能になることが期待されるようです。

参考文献

柳川 洋・坂田 清美（編）（2003）．改定6版 疫学マニュアル　海南堂

引用文献

Belloc, N. B., & Breslow, L. (1972). Relationship of physical health status and health practices. *Preventive Medicine, 1*, 409-421.

Breslow, L., & Enstrom, J. E. (1980). Persistence of health habits and their relationship to mortality. *Preventive Medicine, 9*(4), 469-483.

秦 淳・清原 裕 (2013). 生活習慣病と遺伝子――脳梗塞のゲノムワイド関連研究―― 日本保健医療行動科学学会誌, *28*(1), 123-127.

久山町研究 http://www.hisayama.med.kyushu-u.ac.jp/ (最終閲覧日 2020 年 7 月 10 日)

Intersalt Cooperative Research Group (1988). Intersalt: An international study of electrolyte excretion and blood pressure. Results for 24 hour urinary sodium and potassium excretion. *BMJ, 297*, 30.

日本財団 https://www.nippon-foundation.or.jp/what/projects/leprosy/about (最終閲覧日 2020 年 11 月 7 日)

佐々木 敏 (2015). 佐々木敏の栄養データはこう読む!――疫学研究から読み解くぶれない食べ方―― (p. 327.) 女子栄養大学出版部

第II部

食べる行動についての基礎知識

摂食の開始と停止を決める要因

第11章

1　胃の収縮説

「人はなぜ食べるか」という問いに対し，多くの人が「空腹だから食べる」と答えるかもしれません。しかし実際には私たちが食べ始めたり，食べ終えたりする行動は，単純なようで実はとても複雑です。

例えば「空腹」という状態を考えてみましょう。「空腹」とは一体何によって生じるのでしょう？　おなかがグウグウ鳴るのは，胃が収縮しているためですが，多くの人にとって，おなかが鳴ることと空腹は同義語と考えられているかもしれません。しかし本当にそうなのでしょうか？　生理学者であるキャノン（W. B. Cannon）は，胃の収縮によって空腹感が生じるという胃の収縮説を提唱しました。この胃の収縮説を実験によって明らかにするためには，胃の収縮と空腹の報告を同時に測定する必要があったため，キャノンとともに研究していたウォッシュボーン（L. Washburn）は自ら細い管を食道から胃まで飲みこみ，さらに胃の中に風船も飲み込みむというすごい実験をしています。この実験では細い管から胃の中にある風船に空気を送って膨らませ，さらに胃の収縮による風船の空気圧の変化をグラフに記録するために，管には圧力計が連結されていました。ウォッシュボーンは空腹を感じたらすぐにキーを押して知らせ，これらの結果を記録したのです（Canon & Washburn, 1993）。その結果，キャノンは胃の収縮活動の前に空腹感が報告されるのではなく，収縮活動が始まったことを受け，空腹感が報告される，すなわち胃の収縮によって空腹が生じることを明らかにしました。このキャノンの胃の収縮説は摂食の開始を説明する有力な説として長年にわたって支持されてきましたが，のちにバルーンの代わりにカテーテルを使って胃の収縮を測定する改良した方法を使った研究で，空腹と胃の収縮の関係が極めて弱いことが明らかにされたこと，さらには胃がんなどの疾病などにより胃を切除した人でも同じように空腹を感じることが明らかになったことから，現在ではこのような

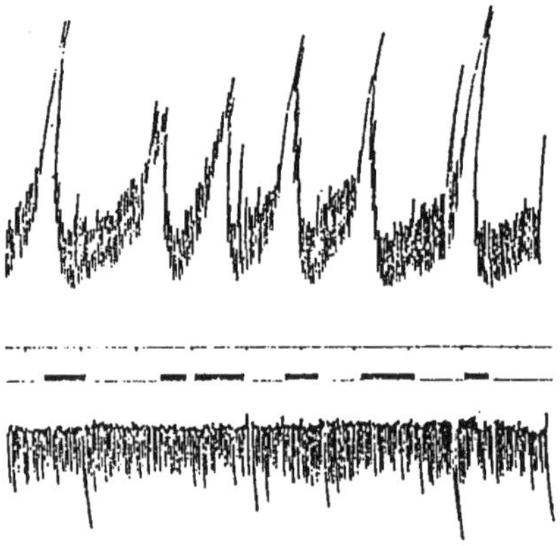

図 11-1　ウォッシュボーンの報告（Cannon & Washburn, 1993）

一番上の記録は，胃内圧（呼吸による小さな振動および胃の収縮に対する大きな振動）を表す（下に向かっている時に胃は収縮）。2番目は時間1分ごとの時間経過（10分間）。3番目の記録は，報告されたウォッシュボーンの空腹感（空腹による痛み）。一番下の記録は，腹部の呼吸器によって記録された呼吸の様子。これらをよく見ると胃の収縮活動の前に空腹感が報告されるのではなく，胃の収縮活動が始まった後に空腹感が報告されていることがわかる。

胃の収縮という末梢の生理反応が空腹感を生み出す直接の原因であるとは考えられていません。

2　血糖値恒常説

繰り返しになりますが，摂食の開始と停止のメカニズムはとても複雑です。しかし，その基本となるのは体内の栄養が不足すれば食べ始め，充足すれば食べやめるという生理的な機構です。私たちが食物を食べると，咀嚼，嚥下，消化という一連のシステムにより，血液中にブドウ糖が取り込まれ，このブドウ糖が私たちのエネルギー源となっているわけです。血液中のブドウ糖の量を示す値を血糖値と言い，食べることで血糖値は上昇します。血糖値は高過ぎても低過ぎても危険であるため，体内の血糖値はだいたい空腹時では60～110 mg/dL，食後は100～140 mg/dL くらいに保たれています。これは，私たちの体内でホメオスタシス（恒常性維持機能）が機能していることによります。このように一定の状態に保たれているのは血糖値だけではありません。心拍数や血圧，呼吸数など非常に多岐にわたります。

食事によって上昇した血糖値は，時間の経過に伴い膵臓から分泌されるインスリン

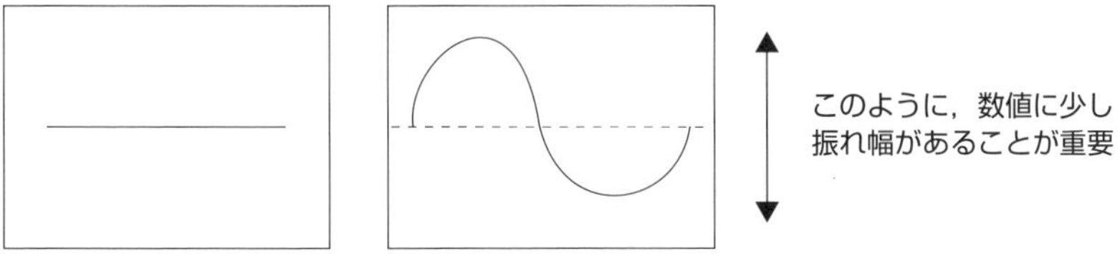

一定とは左のような感じではなく右のような感じ

図 11-2　体内における一定の状態（変動しつつも一定を保つ）**のイメージ**

というホルモンの働きにより，通常は 140 mg/dL よりは上がらないように抑えられ，摂食を停止します。その後，時間の経過とともにさらに血糖値が下降すると，今度はグルカゴンというホルモンの働きにより，摂食を開始することで，再び血糖値が上昇します。このような緩やかに一定に保たれた血糖値の変化によって，食べ始めたり，食べ終えたりするという摂食の開始と停止を説明する説を糖恒常説と言います。末梢で生じる変化に着目している点は胃の収縮説と同じです。このようにホメオスタシスによって保たれる「一定の状態」と言うのは図 11-2 左に示すような一本の直線ではなく，右のように上下に少しずつ幅をもった状態を意味します。実は，この振れ幅があることが大事なのです。一直線では，まったく変化がないことを意味しますが，この場合，少しでもこの基準を超えたり，逆に少なかったりすることは「異常」であると認識されてしまいます。私たちの体内の状態を常にまったく同じレベルに保つことは不可能ですから，この振れ幅があることで多少の過不足についても「誤差範囲」ととらえることができ，一定レベルを保つことで日常生活を問題なく送ることができるのです。

私たちは，普段自分の血糖値の変化を自覚することはないのですが，血糖値のコントロールはとても重要で低過ぎても高過ぎても命に関わるほどです。例えば低血糖の場合は，重症になると意識がもうろうとなり，昏睡に陥る場合もあります。一方高血糖の場合は，空腹時に血糖値が十分に下がらない空腹時高血糖と，食後，通常であれば 2 時間もすれば血糖値は 140 mg/dL 未満に低下するはずの血糖値が低下せず 140 mg/dL 以上の高い値が続く食後高血糖があります。高血糖の場合，250 mg/dL 以上まで値が上昇することもあり，ひどい場合だと先に述べた低血糖と同様に意識がなくなり昏睡状態に陥る場合もあります。ここまでいかなくても血中のブドウ糖濃度が高い高血糖状態が続くことは，決して望ましいことではありません。なぜなら高血糖状態は血管を傷つけてしまうからです。近年では，とりわけ食後高血糖の方が重大な合併症を発症させるリスクを高めることがわかっており，血糖値を適性に保つことはとても重要です。

3　中枢説

さらに現在では先に述べた血糖値のような末梢の変化だけでなく，中枢である脳によっても摂食の開始と停止がコントロールされていることがわかっています。食事によって血糖値が上昇し，インスリンの分泌により血糖値が下がるところまでは同じなのですが，ここからさらにこの末梢での変化が，脳の視床下部の腹内側核のいわゆる「満腹中枢」を刺激することにより摂食が開始するという考え方です。このような満腹をコントロールする脳の部位を特定したのがヘザーリントンら（Hetherington & Ranson, 1940）の研究です。摂食調節の中枢が脳のどこかに存在するであろうことは以前より予測されていましたが，脳は解剖学的に機能を推定することが困難であるため，その所在は長い間わからないままでした。しかし，1901年に進行性に肥満する視床下部腫瘍の少年に関する症例（現在，この疾患はフレーリッヒ症候群と呼ばれています）の報告において，この患者がのちに満腹中枢といわれる部位が損傷されていたために過食が生じていたことが示唆されました。そこで彼らの実験ではネズミの脳の視床下部の腹内側核（VMH：ventromedial hypothalamus）を破壊したところ，ネズミが食べ過ぎるようになったことから，VMHが満腹のコントロールに関係することが明らかになりました。

そして，摂食の停止も同様に，視床下部にあるだろうと考えたアナンドら（Anand & Brobeck, 1951）はネズミの視床下部外側野（LH: lateral hypothalamus）を破壊し，その結果，LHを破壊されたネズミはまったく食べなくなることを示しました。これらの結果を合わせ，ステラー（Stellar, 1954）はVMHが脳の「満腹中枢」であり，LHが「空腹中枢」であるとしました。ステラーによるとこれらの中枢が視床下部にあるブドウ糖受容器や他の近く受容器を通じて情報を集め，それを統合しており，さらに視床下部以外の脳の領域もおそらく摂食の開始と停止に関係していると主張しています。つまりステラーの脳中枢の概念は，末梢説を除外するものではなく，末梢説だけでは摂食の開始と停止を完全に説明することができないことから，視床下部で統合される情報の種類，すなわち，温度，血糖レベル，その他の末梢刺激を統合するためのものであると考えられ，この脳中枢説は，その後何年にもわたり摂食の開始と停止を説明する説として支持され，摂食の開始と終了の動機づけの学説を支配した（Logue, 1991／邦訳，1994）とされています。

しかし，その後，VMHが損傷されたネズミは，活動レベルが損傷を受けていない対照群よりも低いこと，与えられた食物が口に合いさえすれば過食し太ってくるが，もし食物が口に合わなければ食べる量は対照群のネズミと変わらないこと

表 11-1　中枢で作用する主な摂食関連ペプチド（石岡，2009）

摂食促進因子	摂食抑制因子
ニューロペプチド Y（NPY）	α-メラノコルチン刺激ホルモン（α-MSH）
アグーチ関連ペプチド（AgRP）	コレシストキニン（CCK）
メラニン凝集ホルモン（MCH）	副腎皮質刺激ホルモン放出ホルモン（CRH）
オレキシン	ニューロメジン U, S（NMU, NMS）
グレリン	レプチン

(Hetherington & Ranson, 1942)，さらには胃の膨張やブドウ糖などの栄養物の注射などによる抹消操作が，損傷のないネズミの場合と同様に VMH 損傷のネズミの空腹に影響することなど様々な研究知見が示され，必ずしもこの説のとおりの症状が発現するとは限らないと考えられるようになりました。そして最近の研究により，摂食の開始と停止には，種々の神経伝達物質が関与することがわかってきました（表 11-1）。次にこれらの神経伝達物質と食物摂取の関係について見ていきましょう。

4　神経伝達物質の関与

視床下部は摂食・生殖・睡眠など本能行動をコントロールする部位であり，さらに先に述べたように，体全体の代謝を調節する司令塔としての働きがあります。中でも視床下部腹内側核，視床下部外側野は，インスリンやグルカゴンのように末梢の臓器で作られ血中を循環するホルモンや血糖値の変化の情報を脳内で最初に受け取り，摂食の調節や体全体のエネルギー消費を制御し，エネルギー恒常性を一定に保つように指令を出す働きがあります。さらに，上記以外にも，弓状核，室傍核には摂食に関する多くの神経伝達物質や神経ペプチドが存在しており，これらが互いに連絡し，ネットワークを形成して食行動を調節していると考えられています。

この視床下部弓状核には，摂食を誘導するアグーチ関連ペプチド（Agrouti-related peptide: AgRP）を産生する神経細胞神経と摂食を抑制する α-メラノサイト刺激ホルモン（α-melanocyte stimulating hormone: α-MSH）を産生する神経細胞の 2 種類が存在していることがわかっています。このアグーチ関連ペプチド産生神経（AgRP 神経）は，摂食亢進だけでなく，肝臓や脂肪組織などの末梢の神経の臓器に指令を出し，同化作用を高めてエネルギーの体内への貯蔵を促進します。また AgRP 神経は AgRP だけでなくニューロペプチド Y（Neuropeptide Y: NPY）と GABA という計 3 種の摂食亢進ペプチドを産生します。最近の研究ではマウスの AgRP 神経を人工的に活性化させると，空腹でない場合でも，まるで空腹のときのように餌を食べるようになることが示されること，また大人のマウスにおいて AgRP 神経を遺伝学的に除去すると食欲が消失し究極的には餓死に至ることが示されたことから AgRP 神経は摂食行動を誘引する重要な役割を担うと考えられています（中島，2018）。

また一方の摂食抑制については，プロオピオメラノコルチン（Pro-opiomelanocortin: POMC）を発現している POMC ニューロン，ニューロペプチド Y（NPY），POMC から生じるメラノコルチン産生神経（POMC 神経）に食欲を抑える働きがあることがわかっています。さらに最近では，Vglut2 神経という弓状核に存在する別の神経集団も摂食抑制に関与することがわかっています。この Vglut2 神経と POMC 神経の機能的な違いは，摂食抑制の作用時間の違いだそうです。つまり Vglut2 神経が急速に摂食を抑制するのに対し，POMC 神経は長期的（1 日）に摂食を抑制していることから，視床下部弓状核には食欲の亢進・抑制いずれについても短期的（急速な）効果を示す仕組みと長期的な効果を示す仕組みが存在していることになります（中島，2018）。

これらをまとめると脳の視床下部弓状核にあるアグーチ関連ペプチド（AgRP），NPY，GABA という 3 種類の異なる摂食亢進物質を産生する神経（AgRP 神経）が，摂食を引き起こすということ，また NPY と GABA は短期的（数時間）の摂食亢進効果を有するのに対し，AgRP は長期的（数日～1 週間）にわたる摂食亢進効果を誘導する（中島，2018）ということになります。

また脂肪細胞から分泌されるレプチンは視床下部の弓状核において先述の NYP と AgRP の合成を抑制し，摂食を抑制します。また交感神経を活性化させエネルギー消費を促すことから肥満を抑制するとされています。このレプチン発見の契機となったのは，*ob/ob* マウスという特別な肥満モデルマウスと普通のマウスをパラバイオーシスという方法で 2 匹の血管をつなげて双方の血液が行き交うようにした実験でした。その結果肥満している *ob/ob* マウスは，痩せて普通サイズになったのに対し，一方の普通のマウスの方には特に変化は見られなかったことから *ob/ob* マウスはレプチン産

図 11-3　イラスト：循環するホルモンによる体脂肪の調節　遺伝的に肥満である *ob/ob* マウスを正常なマウスと外科的に結合（パラバイオーシス）させると *ob/ob* マウスの肥満は大いに解消される。**同写真：レプチン投与による *ob/ob* マウスの肥満の解消（写真右）** このことから *ob/ob* マウスにはレプチン産生遺伝子の欠損が明らかになった（Bear et al., 1996／邦訳，2007 より改変）。

生遺伝子が欠損しているために肥満になっていることが明らかにされました（図11-3 参照）。

レプチンについては，脂肪組織を除去すると動物の食欲が増加する，つまり脂肪組織から何らかのホルモンが放出されていて，それが脳に働いて食欲を抑制していることが予想されており，レプチンがこのホルモンではないかと考えられていました。その後の研究から，予想どおりレプチンは視床下部に働いて摂食行動を強力に抑制することが明らかになりました。またレプチンは交感神経を刺激して脂肪組織に蓄えられている中性脂肪の分解を促進することから，このレプチンの働きによって私たちの体内の脂肪量が一定に保たれていると考えられています。つまり食べる量が増えて体脂肪が増加すると脂肪細胞で作られるレプチンの量も増え，視床下部にたくさんのレプチンが作用することで食欲が抑制され，食べる量が減ることで体脂肪量が元の量まで減少する。逆に食べる量が減って体脂肪が減少するとレプチンの量も減るため，その結果，視床下部へのレプチンの作用が減少し食欲が増進され食べる量が増え体脂肪量が増加して元に戻るということになります。

レプチンが脂肪細胞から分泌されるなら，太っている（体脂肪が多い）人の方がよく働きそうな気がしますね？　実際，レプチンが見つかった当初はレプチンをやせ薬として使うことで世界中の肥満がなくなると期待されました。しかし，残念ながらそうはいかないのです。体脂肪の多い肥満の人は，レプチンを受け取る受容体が反応しにくい（レプチン抵抗性）ことがわかっています。つまりせっかく作られるレプチンの量が増え，食欲を抑制するサインを出していても，そのサインを受け取る受容体の働きが悪いために食べ続けてしまう⇒さらに太る⇒ますますレプチン抵抗性高まる⇒さらに食欲が抑止されずに食べる，という悪循環に陥ってしまうのです。残念ながらレプチンがやせ薬として使われるという夢はついえてしまいました。

しかし一方では，レプチン抵抗性を解消できる方法が見つかれば肥満を改善できると考えられるため，レプチン抵抗性の形成メカニズムについて精力的な解析が続けられています。例えば，2017 年，基礎生物学研究所の研究グループは，たんぱく質チロシンホスファターゼ受容体タイプ J（以下 PTPRJ）という酵素分子がレプチンの受容体の活性化を抑制していることを発見し，肥満に伴って摂食中枢で PTPRJ の発現が増えること，そのためにレプチンが効きにくくなり，これがレプチンの抵抗性の要因となっていることを明らかにしました（図 11-4 参照）。

現在では弓状核はレプチンやインスリンだけでなくブドウ糖やアミノ酸，脂肪酸などの栄養素の変化を監視する役目も果たしており，これらのホルモンや栄養素の変化に応じて摂食の開始と停止の両方を制御していると考えられています。このように弓状核は満腹中枢と空腹中枢の両方の機能をもつことが明らかになったことから「摂食

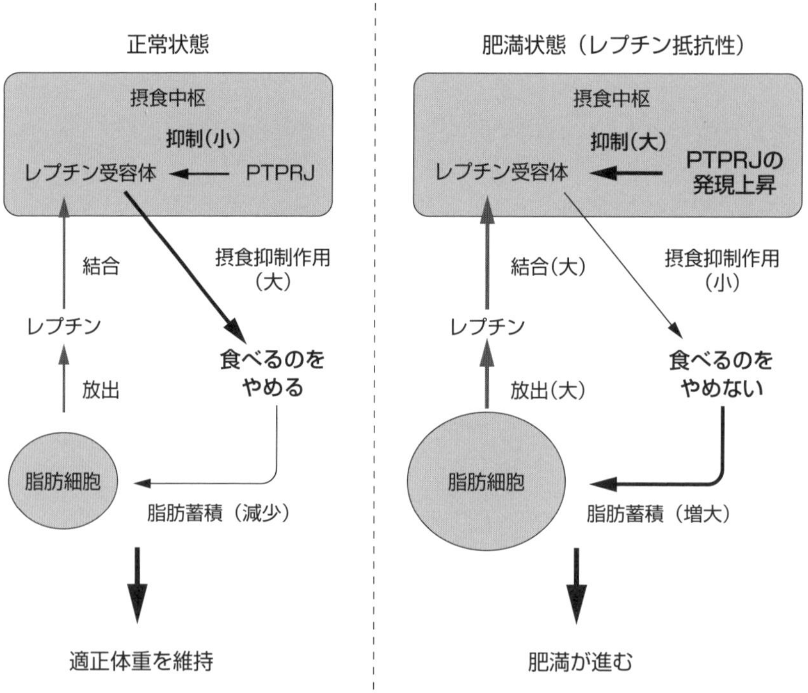

図 11-4　レプチン抵抗性形成のメカニズム（自然科学研究機構・基礎生物学研究所，2017）
PTPRJ はレプチン受容体に働いて，レプチンの働きを抑制する。

中枢」と呼ばれるようになりました。一方，かつて満腹中枢や空腹中枢と呼ばれていた腹内側核と外側核は弓状核と共同することで摂食の制御にかかわっていることがわかっています。

5　外発的摂食

これまでは，体内の栄養不足，つまり空腹感など私たちの体の内側で生じている変化によって生じる摂食の開始と停止について見てきましたが，さらに私たちはこのような内的要因以外に，食べることとは一見，まったく関係のないような「きっかけ」によっての摂食を開始することがわかっています。

これは体の外，つまり環境の要因，例えば食物の見た目や香りなどによって引き起こされる食行動を意味し，外発的摂食と言われています。例えば，パン屋さんの前を通ると焼き立てのパンのいい香りにつられて，ついパンを買って食べてしまったとか，コマーシャルでアイスクリームを見たら食べたくなって食べてしまったなど誰でも一度は経験したことがあるのではないでしょうか？　他の例としては食事時間もそうです。例えば何かに集中していて，特に空腹を感じていなかったにもかかわらず，ふと時計を見て12時だと気づいた途端に昼食の時間だからという理由で，昼食を食べるというのも「時間」という体の内部，つまり生理的な要因ではなく，体の外の要因がきっかけとなって摂食を開始する例の一つです。これまで，だいたい12時頃にお昼ごはんを食べる経験を繰り返すことにより「12時＝お昼ごはんを食べる」という連合が形成されることで引き起こされていると考えられます。

通常，外発的摂食とは，主に摂食障害などを研究する分野で使われる言葉で，以前は肥満者でこの外発的摂食傾向が高いとされていましたが，ハーマンら（Herman & Polivy, 1984）では，摂食抑制者にも共通して見られることを示していますし，程度の差はありますが，先に示したように特に摂食行動に問題がない人にも生じることがわかっています。実際，私たちの食行動は予想以上にこのような「体の外」の要因からも影響を受けているのです。

引用文献

Anand, B. K., & Brobeck, J. R. (1951). Hypothalamic control of food intake in rats and cats. *Yele Journal of Bilogy and Medicine, 17*, 123-140.

Bear, M. F., Connors, B. W., & Paradiso, M. A. (1996). *Neuroscience: Exploring the brain*. Baltimore, MD: Williams & Wilkins.（ベアー，M. F.・コノーズ，B. W.・パラディーソ，M. A. 山崎 良彦（監訳）（2007）．動機づけ　神経科学——脳の探求（p. 398）西村書店）

Cannon, W. B., & Washburn, A. L. (1993). An explanation of hunger. *Obesity Reserch, 1*(6), 494-500.

Herman, C. P., & Polivy, J. (1984). A boundary model for the regulation of eating. *Association For Research in Nervous and Mental Disease, 62*, 141-156.

Hetherington, A. W., & Ranson, S. W. (1940). Hypothalamic lesions to adiposity in the rat. *Anatomical. Record. 78*, 149-172.

Hetherington, A. W., & Ranson, S. W. (1942). The spontaneous activity and food intake of rats with hypothalamic lesions. *American Journal of Physiology, 136*, 609-617.

Logue, A. W. (1991). *The psychology of eating and drinking* (2nd ed.). New York: W. H. Freeman.（ローグ，A. W. 木村 定（訳）（1994）．食の心理学　青土社）

中島 健一郎（2018）．摂食行動を制御する脳内神経システム　脳研究による食品機能性の理解　化学と生物，*56*(4), 255-261.

Shintani, T., Higashi, K., Suzuki, R., Takeuchi, Y., Ikaga, R., Yamazaki, T., Kobayashi, K., & Noda, M. (2017). PTPRJ inhibits Leptin signaling and induction of PTPRJ in the hypotharamus is a cause of the development of leptin resistance. *Scientific Reports*, DOI:10,1038/s41598-017-12070-7.

Stellar, E. (1954). The physiology of motivation. *Psychological Review, 61*(1), 5-22.

Teitelbaum, P., & Stellar, E. (1954). Recovery from the failure to eat produced by hypothalamic lesions. *Science, 120*, 894-895.

石岡 克巳（2009）．摂食調節と生理学と比較医学——レプチンとグレリンを中心に——　ペット栄養学雑誌，*12*(1), 7-16.

どれだけ食べるか，摂食量を決める要因

第12章

私たちの摂食の開始や停止を決める要因が意外と複雑でよくわかっていないように，どれだけ食べるかといった摂食量を決める要因も実はたいへん複雑です。おいしいものはたくさん食べて，おいしくないものは食べないに決まっている，という声が聞こえてきそうですが本当にそうなのでしょうか？　さらに「おいしいもの」と「おいしくないもの」は何によって決まるのでしょうか？

1　アリエステージアと感性満腹感

「空腹は最高の調味料」という言葉を聞いたことはありませんか？　おなかが減って食べ物を食べ始めた時はとても美味しく感じたのに，おなかがいっぱいになるにつれ，最初の一口に感じたような「おいしさ」を感じなくなる。このように同じ食べものという刺激に対するおいしい（快）やまずい（不快）といった感情が個体の内的な（栄養）状態によって決定されるという現象を，キャバナック（Cabanac, 1971）は，アリエステージア（alliesthesia）と名づけました。つまり，空腹で身体エネルギーが枯渇している時は食物をよりおいしく感じ，逆に食べることによって身体のエネルギーが満たされると同じ食物でもあまりおいしいと感じなくなるということで，先に述べた「空腹は最高の調味料」と言われるのはこのためです。これはとても単純なことのようですが，子どもの好き嫌いを減らすうえで重要なポイントになります。つまり，子どもがしっかり活動して空腹感を感じたうえで食事をすると，基本的にはなんでもおいしく感じるということになるため，食事の前には十分に体を動かし，空腹感を感じさせてから食べさせることが大切です。また，せっかく動いて空腹を感じさせても肝心の食事の前におやつを与えてしまってはいけません。エネルギーが満たされることで，次に食べる食物のおいしさの評価が下がってしまうからです。このように理論上は，空腹時にあまり好きでないような食物を食べることは，エネルギー枯渇状態で食べることになるのでよりおいしく感じることになり，好きになる可能性も高く

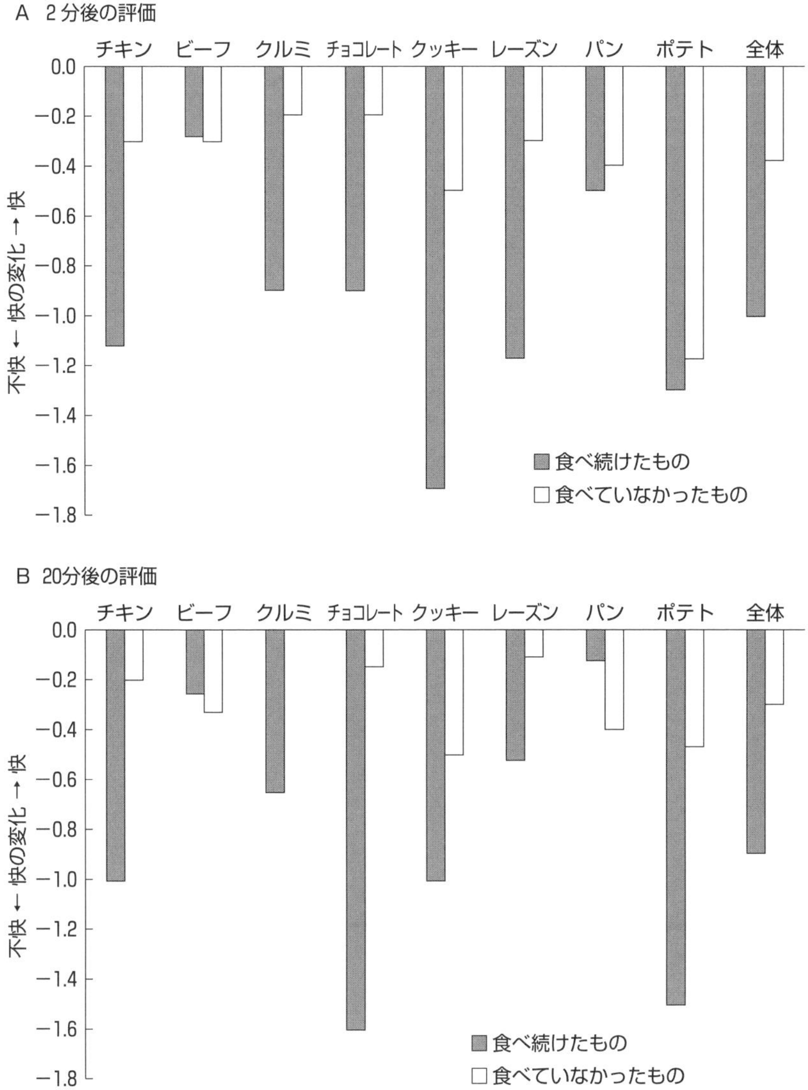

図 12-1　1 つの食物を満腹になるまで食べ続けることが，食べ続けた食物と食べなかった他の食物の主観的な快感情に及ぼす影響（Rolls et al., 1981 より改変引用）

参加者（N=32）は，非常に快（＋2）からが非常に不快（－2）で 8 つの食品を評価した。上図 A は最初の評価の後，参加者が 8 つの食物のうちの 1 つを満腹になるまで食べた（個々の食物あたり 4 人の実験参加者）2 分後にその食品を再度味わったときの主観的な快適さの評価の平均変化を，下図 B は同様に 20 分後に 8 つの食品を再度味わったときの主観的な快適さの評価の平均変化を示す。

なると考えられますから，食物を食べる「タイミング」も実は重要な要素であるということを覚えておくと良いかもしれません。

さらにロールズら（Rolls et al., 1981）はキャバナックの説を補足し，「感性満腹感（sensory specific satiety）」という考えを提唱しました。これは食物の見かけ（視覚），風味（味覚＋嗅覚），食感（触覚）などが繰り返し提示されると快感（すなわちおいしさの感じ方）が徐々に減少していくというものです。キャバナックの発見をベースとしてロールズら（1981）は，満腹になるまで食べ続けた食べもののおいしさは食べ続けるに従い減少し，もう食べたくないと感じるのに対し，そうでない他の食べものではおいしさを感じたり，もう少し食べられるのではないかと考え，以下のような実験をしました。

参加者は32人の健康な18～19歳の男子（N=17），女子（N=15）で，8種類の食品（チキン，ビーフ，クルミ，チョコレート，クッキー，レーズン，パン，ポテト）それぞれについておいしさを評価し（この時は飲み込まず，食品ごとに水で口をすすいで評価），その後，昼食としてこれらの食品のうちランダムに割り当てられた1種類を満腹になるまで食べ続けるよう指示されました。さらに食べ始めてから2分後と20分ごとの2回，再び8種類の食品について，それぞれおいしさを評価するように求められました（なお，それぞれの食品はチキンとビーフが高たんぱく質食品，クルミとチョコレートが高脂肪食品，クッキーが高炭水化物および高脂肪食品，レーズン，パン，ポテトは高炭水化物食品として選定）。評価は＋2（とても快＝おいしい）から－2（とても不快＝まずい）で行われ，結果は図12-1に示したとおりです。おいしさの評価のマイナスの変化は，その食品のおいしさの評価が下がった（おいしくないに変化した）ことを意味します。2分後の再評価では，ビーフ以外のすべての食品で，食べる前よりもおいしさの評価が低下していました。さらに20分後の再評価でもビーフとパン以外の食品では，食べる前よりおいしさの評価が有意に下がっていました。したがって，満腹になるまである食品を食べ続けた場合には，食べ続けた食品のおいしさの評価は低下するが，食べ続けていない食品のおいしさの評価については，同じように満腹（個人の内的な状態が同じ）であっても，おいしく感じられる（＝おいしさの評価の低下が少ない）ことが示されました。

このロールズらの提唱した感性満腹感によって，例えば私たちがフルコースの料理を食べて，すでにおなかがいっぱいになったとしてもデザートのケーキは食べられる，といったいわゆる「別腹」現象を説明することができます。さらにこの時，必ずしも「満腹」である必要がないこともわかっています。例えば「おやつ」で考えてみましょう。チョコレートをおやつに食べていたとします。いくらチョコレートが好きでも，それほどたくさんは食べられないでしょう？　しかし，例えばチョコレートとポテトチップスの組み合わせだったらどうでしょう？　チョコレートだけ食べる時よりも，たくさん食べられるのではないでしょうか？　お菓子に限らず，食事でも同じことが言えます。例えば，ハンバーグ定食を食べる時のことを考えてみましょう。この時ご飯に付け合わせのサラダやポテト，人参のグラッセ，さらに味噌汁などがあると彩りがよくなることも関係しますが，いろいろな味や食感，匂いを感じることができます。そしてこれらの食材を少しずつ，順番に味わうことで最後までおいしく食べることができるのだと考えられます。

この「感性満腹感」というシステムが備わっている理由としては，私たち人間は，他の動物と比べ体内で合成できる栄養素が少ないため，できるだけ多くの栄養素を多くの食物から摂取する必要があるためではないかと考えられています。

2　体重の安定値説・設定値説

私たちの体重は，通常，短期間ではさほど大きな変動がなく一定に保たれています。中高年以降になれば，気がつけば 10 kg 以上増えていた，というケースもありますが，それでもそのような変化は数日で起こることではありません。このように体重が保たれる理由について，これまでに体重の安定値説と設定値説というのが提唱されています。

第Ⅱ部第 11 章の摂食の開始と停止のところで，血糖値の上昇と下降といった末梢の変化を受けて，脳の VMH が満腹信号，LH が空腹信号の働きをするという説明をしました。これは，よく以下のようなエアコンの例で説明されます。エアコンは，設定された温度よりも室温が上がると冷気を出して室温を下げ，逆に設定された温度よりも温度が下がり過ぎると冷気を出すのをストップするということを繰り返すことで，室温を設定された温度を一定に保っています。この仕組みは，サーモスタットという温度を調節する装置によるのですが，摂食の開始と停止が，まさにこの仕組みを使って同じように説明できるのです。つまり体内のエネルギーが不足するとエネルギーを得るために摂食を開始するスイッチが入り，食べることで体内のエネルギーが充足されると摂食を停止するスイッチが入り食べやめる。つまり VMH や LH が体内のエネルギー量を調節するサーモスタットであり，体内のエネルギー量を示す末梢の変化が室温に相当します。

この体重の設定値説では食べ始める，または食べ終わるスイッチが入る値が一定に保たれるという前提により，エネルギーを取り込む量が一定に保たれているということになり，その結果として体重が一定に保たれるという考えで，またこの設定値はほぼ遺伝によって決められるとされています（今田，2005）。

しかし，皆さんの周りには「昔は細かったのに，今は倍くらい（?）体重がある」という人はいないでしょうか？　逆も然りです。「昔はとても太っていたのに今はほっそりしている」などですが，これらの場合体重の設定値説では説明がつきません。このように遺伝的要因を重視する体重の設定値説に対し，環境要因を重視するのが体重の安定値説です。ピネル（Pinel, 2002）がこのモデルを模式的に示すのに用いたものが図 12-2 に示す体重の水漏れ樽モデルで，今田（2005）はこのモデルを用いていかに現代人が過食に陥りやすい環境下にあるかを次のように説明しています。

図中の水道の蛇口につながったホースに流れる水は食物（エネルギー）を表します。そのホースは人の体を表す樽につながっており，体内に水を注ぎ込んでいます。しかしよく見るとそのホースの一部は樽に踏みつけられています。ホースの先端には栓があり，栓が締め付けられると水の出は悪くなり，緩むと水の出は良くなります。この栓は，食物の誘因価（食べる行動を引き起こすきっかけとなるような食物のもつ魅力）を表します。したがっておいしい食物では栓は緩み，水が出やすくなると考えられます。樽にたまった水は体重を表しています。樽の下部には水漏れのする穴が開いていて，そこから絶えず水が漏れており，この漏れ出る水は消費エネルギーを表しています。水が注ぎ込まれると樽の重みが増すので，踏みつけられているホースからの水の通りは悪くなります。この時の踏みつける圧力がいわゆる「満腹信号」にたとえられます。樽に水が注がれることで，水圧が高まり穴から漏れ出る水の量も増加します。そして時間の経過により水の量が減るとホースの水の通りは回復し（すなわち「満腹信号」が消失する），再び，樽の中に水が入るようになり，結果として樽の中の水量（すなわち体重）は，ほぼ一定の安定になるにすぎないのだと説明しています。

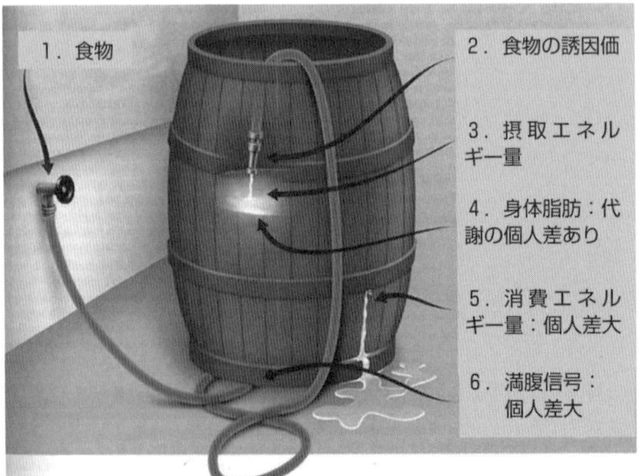

図 12-2　ピネル（Pinel, 2002）の水漏れ樽モデル（今田，2004, 2005）

今田（2005）は，この安定値説は，必ずしも広く受け入れられているものではないものの，遺伝によって決まる設定値という概念を必要とせず，さらに近年，問題となっている肥満者の増加もうまく説明できるとし，さらに飽食社会における肥満について以下のように説明しています。

現代社会においては生きるために必要と考えられる量をはるかに上回る量の水が供給されていおり，その水は，水栓奥に存在するであろう貯水タンクへ水を溜め込みます。そうすると貯水タンクの水圧は高まり，タンクに溢れかえった水を排出するための新たなホースを生み出しますが，この新たなホースはネガティブな感情によって容易に開栓され，その結果，樽の中へ水が注入されてしまいます。また飽食社会においては，食品・飲料企業は商品である食物に対する消費者の購買意欲，消費意欲を高めようとし，さらに魅力的な商品を日々開発します。その結果，まわりは買いたくなる・食べたくなるような食品で満ちあふれることになってしまいます。このような環境下では，本来の水ホースの栓は緩みっぱなしになってしまい，樽に入ってくる水の量が増量してしまうため，満腹信号が出ても食べる勢いが止まらなくなります。今田（2005）のいうように，この繰り返しによって，少しずつ樽に入る水量が増加すると考えれば，気がつけば10 kg増ということが起こり得ることも納得がいくのではないでしょうか。

3　食器の影響

［1］ポーションサイズ効果

ワンシンク（Wansink, 2007）は，私たちが食べる食物について「see food」という表現を使っています。これは，私たちが「見たものを食べる」という意味で，私たちの食行動がいかに視覚の影響を受けているのかをうまく言い表していると思います。例えば，次に紹介するポーションサイズ効果というのはものすごく単純なのですが，その効果の頑健性が多くの実験によって示されており，現在の肥満率の増加にも関係していると考えられます。

大きい食器で食べるとたくさん食べるという，この単純な効果のことをポーションサイズ効果（portion size effect; Rolls et al., 2002）と言います。このポーションサイズ効果についての研究はたくさんあります。例えばロールズら（Rolls et al., 2002）では，500 g，625 g，750 g，1,000 gの4つの異なる量の昼食（チーズマカロニ）を提供した場合，最も大きい1,000 gのサイズで提供された場合，最も小さい500 gサイズで提供された場合よりも約30％（約162 kcal）多く食べることが示されました。アメリカでは近年増え続ける肥満が問題となっていますが，日本でも同様に肥満は増え続けており，問題になっています。近年，大盛りを超えたメガ盛りの登場により，ポーションサイズが大きく変化したことが，増え続けている肥満の原因の1つである可能性は高そうです。実際，アメリカでは1970年代から食器が大きくなる傾向が見られ，現在に至っていますが，肥満率はこのポーションサイズの増大とリンクしているといわれています。

さらにワンシンクらは，私たちが「いつ食べ終わるか」を決定する合図は「皿をカラにすること」だと指摘しています。大抵の人は，「いつ食べ終わるか」と聞かれたら「お腹がいっぱいになったら」と答えると思います。が，実際はそうでななく「皿の状態」が食べ終わりのサインとなっているということを示す面白い実験（Wansink et al., 2005）がありますのでそれを紹介しましょう。

それは「底なしスープ」の実験です。ワンシンクらはあらかじめ，スープを入れるボウルとそのボウルをのせるテーブルそれぞれに穴を開け食品用のゴムチューブを通しボウルの底に固定し，ゴムチューブのもう一方の端はスープが入った鍋につなげて

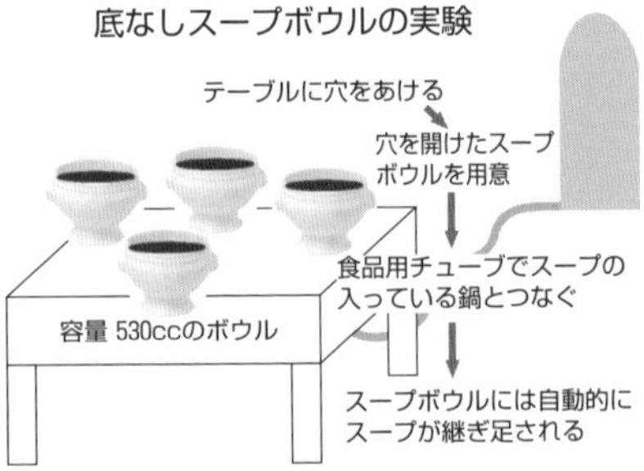

図12-3　底なしボウルの実験の様子（Wansink et al., 2005）

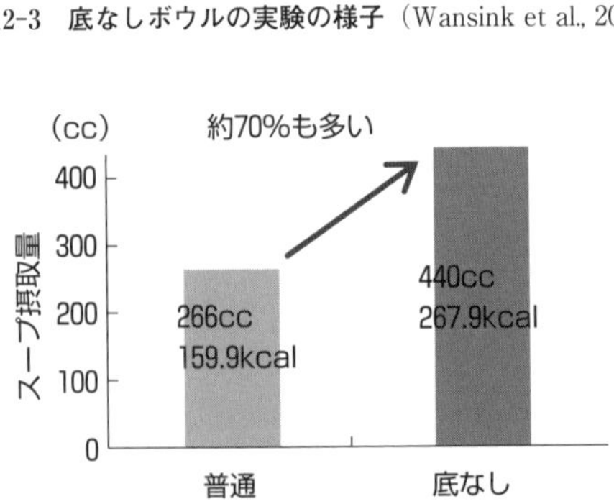

図12-4　それぞれの群におけるスープ摂取量の結果
（Wansink et al., 2005）

自動的にスープが少しずつ注ぎ足されていくという仕組みを作りました。この実験は，参加者である大学生4人が同じテーブルで20分間，自由に会話をしながらスープを飲むという設定で，4人のうち2人は通常のスープボウルに，残りの2人は先述の底なしボウルに，530 cc のトマトスープがそれぞれ注がれました。20分後，スープを飲むのをやめるよう声をかけ，参加者に自分が何カロリー分くらいのスープを飲んだと思うか，また何 cc 飲んだと思うかを大まかに計算し，さらに満腹度を9段階で答えるよう求めました。その後，実験者は各人がどれだけ飲んだかをスープの残量から正確に計算しました。その結果，通常のスープボウルに注がれたスープを飲んだ参加者は，だいたいスープ皿に残っていたスープがボウルの半分程度であったことから，彼ら自身は123 kcal 分程度のスープを飲んだと思うと回答しました。実際，通常のボウルで飲んだ参加者は平均して約266 cc のスープを飲んでおり，実際の彼らの摂取カロリーは155 kcal でした。一方，底なしボウルに注がれたスープを飲んだ参加者は平均して約440 cc のスープを飲んでいましたが，中には1リットル以上を飲んだ参加者もいました。しかし驚くべきことに底なしボウルでスープを飲んだ参加者達は，実際には通常ボウルで飲んだ参加者よりも3倍近く飲んでいたにもかかわらず，127 kcal 分程度のスープを飲んだとしか思っていませんでした（図12-4）。つまり，このことは底なしボウルで飲んだ参加者の推定値が，通常ボウルの参加者の推定値とほぼ同じだったということを意味します。さらに満腹感についても，底なしボウルで飲んだ参加者と通常のボウルで飲んだ参加者で差はありませんでした。なぜなら底なしボウルで飲んだ参加者も通常ボウルで飲んだ参加者も，「見た目」では同じように「ボウルの半分程度」まで飲んでいたからです。底なしボウルで飲んだ参加者は，実際には73%も多く飲んでいたにもかかわらず，通常ボウルで飲んだ参加者と同じくらいの摂取カロリーだと推測し，さらには同じくらいの満腹感を感じていたというわけです。この結果はまさに私たちは「胃」ではなく，「目」で食べていることを示しているといえます。そしてこのポーションサイズ効果は，特定の人に起こるというわけではなく，年齢，性別，人種などに関係なく生じる，かなり頑健な効果であることがわかっています。

ポーションサイズ，すなわち料理を盛り付ける皿が大きければ大きいほど，たくさん盛りつけることにつながり，そして，それらをカラにすることが食べ終わりの合図になるということによって大きな食器を使うほど摂食量も多くなってしまうということがよくわかるかと思います。しかし，このような行動傾向は，必ずしも悪いことばかりとは限りません。例えば，野菜の摂取などは，多い方が好ましいことはわかっていても，どのくらい食べれば十分なのかがわからない人も多いのです。そこで，野菜料理には大きなお皿を使うようにすれば，自然と盛り付ける量が多くなり食べる量が多くなると予測されます。逆に小さい皿を使えば，当然，盛り付ける量が少しになりますから摂食量は減ると考えられます。例えば糖尿病などで食事の制限が必要とされているような場合は，白米など減らしたい食材を盛りつける場合は少し小さめのお茶碗を使い，たっぷり食べたい野菜類を盛りつける場合は大きめのお皿を使うというように使い方を工夫することで，食事のコントロールがうまくいく場合があります。ただ，この時に大事なことは，「少し」小さめというところです。極端に小さなお皿を使ってしまうと，逆にものすごく少ししか食べられないような気がしてしまい満足感までが減ってしまいますから注意が必要です。

［2］セグメント効果

ポーションサイズ効果は，皿の大きさだけでなく，例えばパッケージなどでも同じ効果が見られます。逆に，総量が同じであれば，お得用のビッグサイズのポテトチップス1袋と，小さく小分けされたパックの場合では，小分けされたパックで食べる方が，摂食量が減るということになります。例えばケラミースら（Kerameas et al., 2015）では，女子大学生を対象とし，2種類の大袋（30 g，90 g それぞれ1個入り）と小袋（10 g× 3個入り，30 g× 3個入り）を用意して，これら4つの条件で参加者のクッキーの摂食量を比較しました。その結果，30 g，90 g いずれの場合でも，1つだけ入っている大袋よりも3つ入りの小袋の方が，クッキーの摂取量は少ないことが示されました。これをセグメント効果（segment effect）と言い，ポーションサイズ効果を抑制すると考えられています。ワンシンクとパーク（Wansink & Park, 2000）は，消費者自身，実際，小さいパッケージが自分たちの食行動をコントロールするのに役立つと考えていると述べています。

しかし，この効果は，ポーションサイズ効果とは異なり，万人に共通するわけではないので注意が必要です。例えばケーロ・ド・バルら（Coelho do Vale et al., 2008）は，魅力的な食品が大袋ではなく小袋で提供された場合，実際には「小袋だと小さな誘惑や小さな罪は気づかれにくいため（つまり食べ過ぎに気づきにくい）逆効果となる（＝すなわちたくさん食べてしまう，食べるのをがまんするという目標の下を飛ぶ＝“fly under the radar”）のではないかという仮説のもとに実験を行いました。その結果，予測どおり食べ過ぎないように注意している場合（自分の摂食量をコントロールしている場合）は，小さなサイズよりも大きなサイズの方が，食べ過ぎないようにする注意が保たれ，その結果として摂食量が少なくなり，逆に小さいサイズの方を選んだ方が摂食量が増えてしまうという，いわゆるセグメント効果の逆転が生じることを示しています。

言い換えれば，この結果は，自分たちの摂食量をコントロールしたいと思っている人たち（いわゆる「ダイエッター」）は，小さいサイズの方が摂食量をコントロールするのに役立つと思って小さいサイズを選んでいると考えられるわけですが，実際にはこのように日常的に食べることを我慢している場合は，皮肉にも小分けにしてある方がたくさん食べてしまう可能性があるということを示しています。この理由として，ダイエッターは日常的に自分自身の食べる量について，食べ過ぎないように監視する傾向が強く，また食べ過ぎてしまうことに対し罪悪感をもつことが考えられます。そのため，逆に量が少ない場合には，罪悪感をあまり感じなくなると考えられ，さらにダイエッターにとっては「小さい量を選んだ」ことそれ自体が，すでに「食べることを我慢した」という満足感につながってしまい，食べ過ぎに対する警戒や注意力が弱まってしまったり，自分自身の食べる量をモニターする努力も弱まるからではないかと考えられます。

4　他者の影響

［1］共　食

他者の存在が摂食量に与える影響については，デ・カストロとデ・カストロ（de Castro & de Castro, 1989）以来，デ・カストロとブルワー（de Castro & Brewer, 1991），デ・カストロ（de Castro, 1994）等の研究が，共食という枠組みから，孤食時に比べ共食時には社会的促進（Zajonc, 1965）により摂食量が増えることを示しています。例えば，デ・カストロとブルワー（1991）では18歳から67歳（平均年齢33.8歳）の男性49名，女性104名に対し，連続した1週間にわたり，可能な限りの詳細な食事記録（①食べたもの，飲んだもの，②それぞれいつ，どのくらいの量か，③どのようにしてそれらの食物を用意したか，④何人と一緒に食べたか）をつけてもらうという方法で，食事状況による摂食量の違いを検討しました（図12-5）。

結果のグラフから，社会的促進により人数が増えるにつれ摂食量が増えるという仮説を支持していることがわかります。

このような社会的促進は，人数が増えることで，摂食時間が長くなる，食事内容が豊富になることが理由で生じると考えられています。

また長谷川ら（2011）では，3～5歳児の子どものいる核家族世帯の母親を対象に1週間のうち連続しない3日間（平日2日，休日1日）の母親のふだんの食事を携帯電話のカメラを使って撮影し，その食事内容等をメールしてもらって分析したところ，「主菜」や「副菜」といったいわゆる「おかず」に関しては，孤食よりも共食時に種類が増えることが示され，人数が増えると摂食量が増加するとしたデ・カストロら（de Castro et al., 1991）の結果と一致した結果が得られました。しかし，一方，アルコー

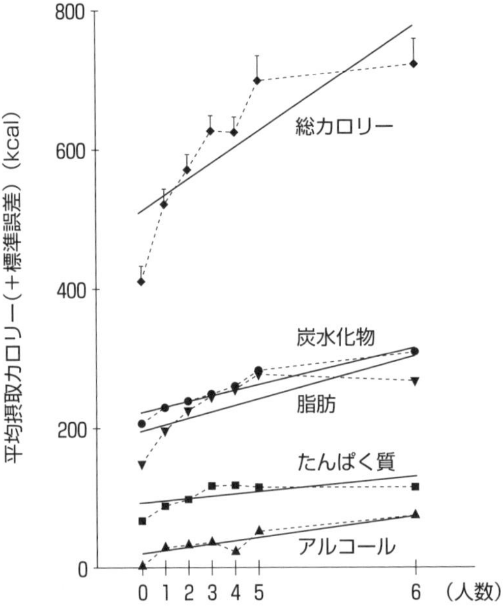

図 12-5　一緒に食べる人数と摂食量の変化と総カロリー

（de Castro & Brewer, 1991）

グラフ横軸は共食者の人数（それぞれ 0，1，2，3，4，5，6 人以上）。縦軸は平均摂取カロリー，グラフは上から総カロリー，炭水化物，脂肪，たんぱく質，アルコールの摂取カロリーを表す。

ルと菓子類については共食時の方が減少するという結果も示されたことから，日本では，単純に摂食量が増えるというだけでなく，増えるのは主菜や副菜といった，たんぱく質や野菜の摂取減となる「おかず」類であり，摂取を控えることが望ましい菓子やアルコールなどの摂取は減るという，デ・カストロら（1991）では示されていない新たな共食によるメリットの可能性が示されています。

［2］抑制的規範説

先述のように，一人ではなく誰かと一緒に食べると摂食量が増えるというのとは逆に他者と食べることによって摂食量が減る場合があります。例えば仕事で役職の高い人と一緒に食事したりする場合や，好きな人と初めて食事をする場合などもそうです。

本来，食べることは空腹や満腹によってコントロール統制されていると考えられますが，現在では，私たちの食べるという行動がこのような生理的なコントロールのみによって行われているわけでないということについては，これまでに見てきたとおりです。ハーマンとポリビィ（Harman & Polivy, 2005）は，日常生活での食事に対する主な統制要因として「規範（norm）」を仮定しました。ここでいう「規範」とは 信念（belief）や認知構造（cognitive construct）を意味しています。具体的に，食事の文脈において統制的な役割を果たす規範を「何をどのくらい食べるのが適切か，ということに関する信念，また人がどのようにふるまうべきかについて，文化的に共有された信念」として定義しています。

つまり私たちにとっては特別な状況でなくても他者と一緒に食事をする場合，「他者にどう思われるか」ということは大変重要であると考えられます。もちろん，他者には良く思われたいわけですから，良く思われるためにはどうすればいいか。その答えは簡単で，「人に食べ過ぎだと思われないように，一緒に食べている他者の食べている量を上限として，自分の食べる量をコントロールすればいい」ということになります。このように私たちの摂食量を抑制する要因として社会的な規範を仮定したのがハーマンら（Herman et al., 2003）の「抑制的規範説」ですが，ここで面白いのは，「他者」が必ずしも一緒に同席している（つまり食事を共にしている）必要がなくても生じるというところです。例えば山﨑・青山（2008）では，他者と一緒に食べさせるのではなく，前に実験に参加した他者がどのくらい食べたかを表示する「他者摂食量情報」として，わざとアクシデントを装って「前の参加者（＝他者）の食べ残し」を参加者に見せるという実験操作によって，提示された「他者の食べ残しが多い場合（少食情報条件）」と「少ない場合（多食情報）」，さらに統制条件としてこのような他者の食べ残しを見せられなかった「情報なし」の３条件で，クッキーの味覚評定という名目で，参加者には好きなだけクッキーを食べるよう指示し，参加者のクッキーの

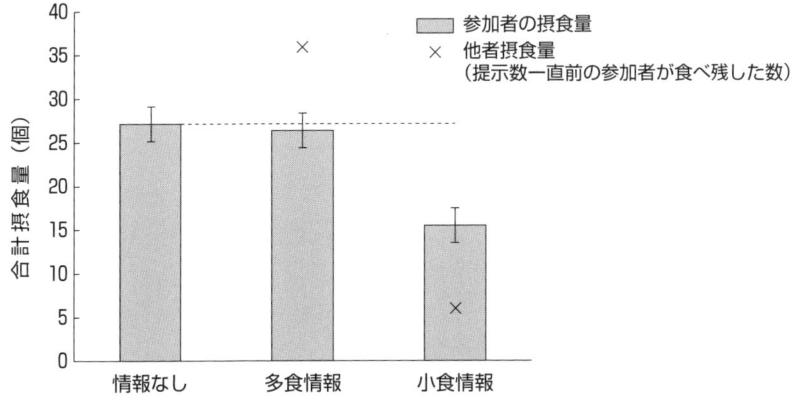

図 12-6　他者摂食量ならびに参加者の合計摂食量の平均値（＋標準偏差）（山﨑・青山，2008）

摂食量が変化するかを検討しました。その結果，予測どおり少食情報条件の参加者では，多食情報条件の参加者と比べ，有意にクッキーの摂食量が少ないことが示されました（図12-6参照）。ハーマンら（Herman et al., 2005）のいうようにこのような規範の影響は，かなり強力なようです。

5　食べたものの記憶

みなさんは食事の時，どのくらい食べることに集中しているでしょうか？　現代における食の問題として，テレビを見ながら，携帯電話を見ながら，などの「ながら食べ」がありますが，これらはマナーの問題だけでなく，私たちの摂食量にも影響します。つまり，食事の際に自分が食べている内容に集中せず，自分の食べた食事の内容が記憶できていないと私たちの摂食量は増えることが研究により示されています。

ロジンら（Rozin et al., 1998）は，人間の食事の開始と終了の原因として多くの研究がなされているなか，以前に食べたものの記憶について注意が払われていないとし，私たちの摂食の開始と停止の主な決定要因は「最後の食事をいつ，どれだけ食べたのかといった記憶である」と仮定しました。そしてこれらを確かめるため，1分以上前に発生した出来事についてほとんど明確な記憶をもたず，特に食事を食べたばかりであることを覚えていないという2人（B.R. および R.H.）の記憶喪失患者を対象として検討しました。この研究は午前11：30から午後1：00の間で3回（1日3セッションで3日＝計9回）実施され，空腹感の評価は食事の前後でそれぞれ評価されました。参加者が食事を終了，または「もういらない」というと皿を片付け，空腹感の評価後，10～30分間会話をしました。その後，再度，1回目（上記）と同様の手順で2回目の食事，3回目の食事と続けられました。食事は，それぞれの参加者の好きなものについてインタビューをした結果に基づき，それぞれ好みのものが用意されました。結果は以下の表12-1に示すとおりです。

記憶に障害のない2人が対照群として参加しましたが，この2人は2日とも1回目のセッションの食事については完食したものの，その後，2回目のセッションでの食事は完全に拒否しました。しかし驚くべきことに記憶喪失患者の2人のうち，B.R. は1日目の3回目のセッションは食べることを拒否したものの，残りのセッションについては3回目のセッションの摂食量は微量だったとしても食事を拒否することはありませんでした。さらにもう一人の R.H. は，食事を一度も完食することはなかったものの，2回目と3回目の食事の3つすべてを容易に受け入れ，3回のセッションのうち2回で1,000 kcal をはるかに超えて消費しました。計6回の2回目または3回目の食事全体で，彼は提供されたすべての食物の81％から87％（重量ベース）を消費し，常にメインディッシュの肉は完食しました。両方の記憶喪失患者は，最近食事をしたという漠然とした不確かな記憶を時々示しましたものの，いつ，何を食べたかについては示すことはなく，さらにR.H.は2回目または3回目の食事を与えられたときに「食べたばかりだ」とコメントしたことはなかったといいます。

これらの結果は，2人の記憶喪失者が「さっき食べた」という意識的な記憶がない状態では，食後わずか数分後に複数の食事を摂ったことを示しており，少なくともこのような特定の状況下では，食事の記憶と目下の食事状況が，直近の食事から生じる生理的な信号（すなわち満腹感）よりも次の摂食量を予測することを示唆しています。この研究は，記憶障害という少し特殊な例ではありますが，それでも食事中の記憶が私たちの摂食量に影響を与えるということがよくわかる例だと思います。

またこのような特殊な場合だけでなく，記憶に問題のない人を対象にした研究においても同様に，すでにとった食事の記憶が，のちの摂食量に影響を与えることが

表12-1　参加者の食事セッションの結果（Rozin et al., 1998）

	B.R.			R.H.[b]		
食事	摂取カロリー（Kcal）	状態	空腹度の評価[a]	摂取カロリー（Kcal）	状態	空腹度の評価[a]
1日目						
セッション1	537	完食	7/8	236	部分的	7/6
セッション2	537	完食	2/5	255	部分的	7/7
セッション3	0[c]	拒否	3[c]	333	部分的	7/7
2日目						
セッション1	703	完食	6/5	356	部分的	7/6
セッション2	703	完食	5/3	356	部分的	7/6
セッション3	—[d]	部分的	5	354	部分的	7/6
3日目						
セッション1	672	完食	7/3	354	部分的	7/6
セッション2	672	完食	2/3	345	部分的	7/6.5
セッション3	—[d]	部分的	5/3	330	部分的	7/5

注

a　空腹度の評価は1（かなり満腹）から9（かなり空腹）で評価。もし参加者が完食または一部を食べた場合，食事の前後2回で評価（表中の数字は，食前／食後の各評価）

b　この参加者は一度も完食しなかった。彼はいつもメインディッシュ（七面鳥または子牛のパルミジャーナ）と他のほとんどの食べ物を食べた。摂取カロリーは消費された総重量のパーセンテージに総カロリーを掛けて推定。

c　3回目の食事はアップルパイのみ。

d　参加者は3回目の食事を始めたが，スプーン数杯のスープを食べた後，実験者によって中止された。

示されています（例えば，Higgs, 2002; Higss, Williamson, & Attwood, 2008; Higgs & Woodward, 2009）。

例えば，テレビを見ながらといった（現在なら，携帯を見ながらもあるでしょう），食事中に気を散らすような環境の中で食べる，いわゆる「ながら食い」の状態では，自分がどのくらい食べているのかが意識されないため，摂食量が増えることはこれまでにも指摘されていました。しかし，その後の食事の摂取量に対するこのような「ながら食い」の影響については明確ではありませんでした。そこで次に「ながら食い」によって，その時に食べた食事の記憶が阻害されることにより，その後の食事の摂取量が増大するという仮説を検証したオーダム＝クーパーら（Oldham-Cooper et al., 2011）の研究を紹介します。具体的には，提供された昼食を食べる間のソリティア（コンピュータ化されたカード仕分けゲーム）のプレイが，昼食の記憶と食物摂取に及ぼす影響を評価するというもので，参加者は食事中に気を散らす「ゲームあり群」と気を散らすものがない「ゲームなし群」に分けられました。いずれの参加者も同じ昼食を食べ，その後，その昼食の満腹感と味覚評価として，提供されたビスケットの摂取量が比較されました。その結果，仮説を支持し，ゲームをプレイすることで食事中に気を散らされたゲームあり群では，昼食後の満腹感が低く，さらに味覚評価時のビスケットの摂食量もゲームなし群（平均 27.1 g）と比べ，有意に多くのビスケットを食べた（平均 52.1 g）ことが示されました。またこの研究では，提供された昼食に何があったか（アイテム数）や提供された順番についても参加者に質問しているのですが，アイテム数についてはゲームあり群とゲームなし群で有意な差はなかったものの，順番については有意にゲームあり群の方がゲームなし群よりも正確でないことが示されました。これらの結果は食事中に，気を散らす「ながら食い」によって阻害された記憶が，その後の食事にまで影響する可能性があることを示唆しています。マナーの問題だけでなく，「ながら食い」は食べすぎにつながるという点でも良くないようです。

上記以外にも食事の記憶についての研究には，ヒッグス（Higgs, 2002），ヒッグスら（Higgs et al., 2008）の事前の食事の記憶を強めることでその後の摂食量は減少することを示した研究，ヒッグスとウッドウォード（Higgs & Woodward, 2009）の事前の食事の記憶を弱めることでその後の摂食量が増加することを示した研究というのもあります。

ヒッグス（2002）では，参加者にビスケットの味覚を評定させる前に，昼食想起群に対しては実験当日または実験参加前日の昼食の内容について，また統制群に対しては何でも良いので好きなことについて考えて書くよう求めました。そして，その後の味覚評定では，参加者に対し好きなだけビスケットを食べるよう伝え，上記の3条件

（当日の昼食想起，前日の昼食想起，統制群）でビスケットの摂食量を比較しました。その結果，実験当日の昼食を想起した群の摂食量が，前日および統制条件よりも有意に少ないことを示しました（ただし前日の昼食を想起した群は統制群と摂取量に違いは見られず）。さらにヒッグスとウッドウォード（2009）では逆に記憶を妨害する目的で，テレビを視聴しながら昼食を摂取した場合とテレビの視聴をせずに昼食を摂取した場合で，その後のクッキーの摂取量を比較し，テレビを視聴した場合の方が摂取量が多いことを示しました。

さらに日本人女子学生を対象とした同様の研究には山﨑ら（2014）があります。山﨑ら（2014）の実験1では記憶を強めた場合として，参加者が昼食内容（各自が自由に摂食）を摂取する時に携帯電話のメモ機能を使用し記録することで，その後の菓子摂食量が減少するかを検討しました。実験では3種類の味（チョコレート，ホワイトチョコレート，バター）のクッキーが用意され，参加者はこれらのクッキーを自由に好きなだけ食べて味覚評定するよう求められました。これら3種類を合計した総摂取量について，昼食を記録した群と統制群（記録なし）で比較したところ，昼食内容を記録した群では有意に摂取枚数が少ないことが示されました（図12-7）。

以前に，レコーディングダイエットという，食べたものをメモするだけで痩せるというダイエット方法が流行ったことがありますが，これはまさにこれまで見てきたように食べたものを記録することで自分が食べたものについての記憶を強めることにより，その後の摂食量が減るという知見を利用したものだと思います。しかし残念ながら，メモをする場合，少し注意がいるようです。例えば，先述の山﨑ら（2014）では，実験2で逆に記憶を弱める場合として，味覚評定場面でテレビを視聴させて同様の検

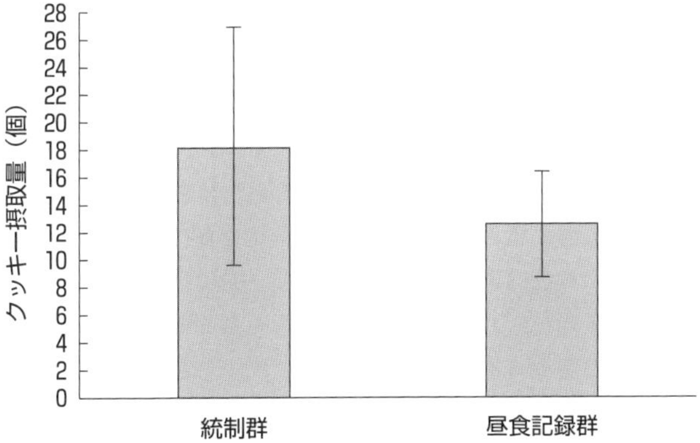

図12-7　昼食記録群（右）と統制群（左）におけるクッキー摂取量の比較
（山﨑ら，2014）

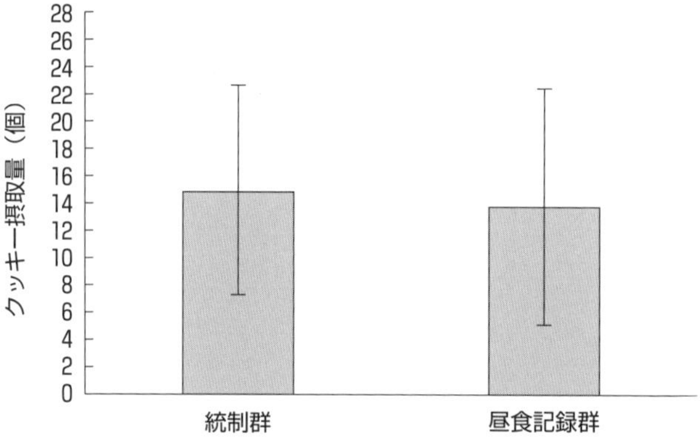

図 12-8　記録内容を想起することを妨害した場合の昼食記録群（右）と統制群（左）における平均クッキー摂取量効果（山﨑ら，2014）

討を行っています。テレビの視聴は昼食を記録した群，統制群の両方で行ったのですが，その結果，昼食記録群と統制群でクッキーの摂食量に有意な差は見られませんでした（図 12-8 参照）。この結果は，テレビを視聴しながら自由に摂食できる状況では，昼食の内容の記録（記憶）することによってその後の摂取量が減少するという効果は生じない，つまり，昼食を記録するよう指示された参加者はテレビ視聴によって，記録をした昼食の記録内容を想起することを妨害された結果，クッキーの摂食量を抑制する効果が生じなかった可能性があると山﨑ら（2014）は考察しています。レコーディングダイエットをやってみようと思った人は，せっかく記録をしても，やり方によっては効果が得られない場合もあるということも覚えておいた方がいいかもしれません。

6　入手しやすさ

美味しいものはたくさん食べる，おなかが減っていればたくさん食べる，逆にまずいものは少ししか食べない，おなかがいっぱいであればたくさん食べない，さらにはみんなと食べるとたくさん食べるが，一人だとあまり食べないなど，私たちがどのくらい食べるかを決める要因はたくさんありますし，先に挙げた例は経験したことがある人も多いかもしれません。しかし，まさか食物の摂取量が，単純にその食物がどこに，どのような状態で置いてあったかが原因で変化するということを想像する人は少ないのではないでしょうか。

実はこの食物の入手しやすさ（accessibility）が，私たちの食物の摂取量を左右することを示した研究は多く，その影響が想像以上に強いことを示しています。例えばニスベット（Nisbett, 1968）は，冷蔵庫にサンドイッチがある場合，太っていない人では冷蔵庫の位置が遠いかどうかは摂食量に影響しないにもかかわらず，肥満者では冷蔵庫の位置が遠い場合は食べる量が減ること示していますし，さらにレビッツ（Levitz, 1976）は，肥満者もそうでない人もカフェテリアのアイスクリームクーラーにカバーがされている場合は，そうでない場合よりもアイスクリームの摂取量が減ることを示しています。

「入手しやすさ」と対極にあると考えられる「手間がかかるかどうか」も同様に私たちの摂食量に影響します。例えば，中華料理店で欧米人の客のうち，肥満者の方がそうでない人よりも箸を使うことが少ないことが示されています（Schachter et al., 1974; Wansink et al., 2008）。これは，おそらく欧米人にとって箸を使うことは，より多くの努力を要する，すなわち手間がかかるということを意味しており，肥満者は食べるのに手間がかかる箸を使わなかったためたくさん食べたと考えられます。同様にロジンら（Rozin et al., 2011）は，カフェテリアのサラダバー（セルフサービス，グラムでの量り売り形式）のレイアウトを約 10 インチほど操作し，同じ食材でも中央の手の届きにくい場所（中央条件）に置いた場合と，端の手の届きやすい場所（端条件）に置いた場合（図 12-9A）では，手の届きにくい場所に置いた方が摂食量が減ることを示しています（図 12-9B 参照）。さらにサラダバーで食材を取り分ける際にトングを使うか，スプーンを使うかといった道具の使いやすさの違いによっても摂取量が変化することを示しています。具体的には，1 cm 角に切ったチーズやプチトマトのような食材をトングとスプーン，それぞれを使った場合の摂取量を比較し，スプーンを使った場合の方が，トングを使った場合よりも摂取量が多くなることを示しました。さらにエンゲルら（Engell et al., 1996）は，水の入ったピッチャーがテーブルの上にある場合と少し離れたところにある場合では，テーブルの上にある場合の方がより多くの水を飲むことを示しています。

このように私たちは，「手間がかかることを避け，手間がかからないことは促進される」という行動傾向を有しており，その結果，普段，気に留めないような些細な変化によって食べる量は変化がすることがわかります。さらに興味深いことに，その変化に大抵の場合は気づいてもいない場合が多いのです。

実は，摂取量を減らすためにあえて使いにくい道具を選ぶことは，特に目新しい方法というわけではありません。このテクニックは，栄養指導においても昔から行われている方法の 1 つです。例えば，食べ過ぎを防ぎたい人には，魚や鶏肉などはあえて骨のついた状態で出すことを勧めます。食べるのに手間がかかるようにすることで，摂食量を減らすためです。当然，逆も然りです。子どもは骨のある魚は食べにくいため，食べる量が減る場合があります。そこで骨を取り除くことで，食べやすくすると

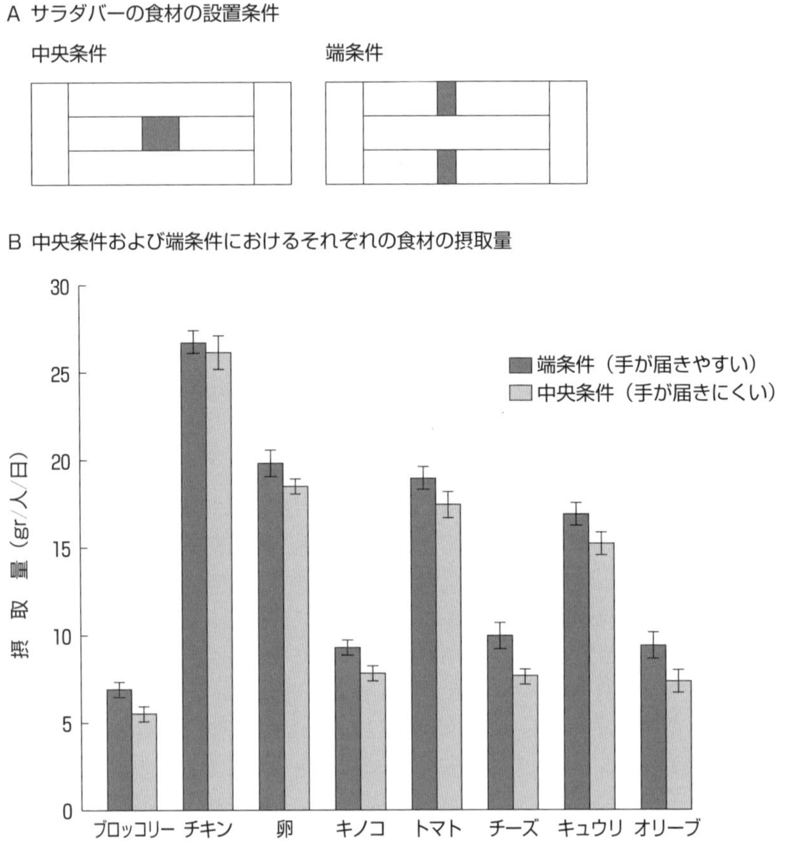

図 12-9　サラダバーの食材の設置条件と両条件におけるそれぞれの食材の摂食量（Rozin, et al., 2011）

嫌がらずに食べることができ十分な量を摂取できるようになります。これらはとても単純ですが，実は摂食者に意識させることなく状況に応じて，摂取量を増やすことも減らすこともできる有効な手段の一つだといえます。

7　種類の豊富さ

今も昔も，実に様々なダイエット法が紹介されていますが，〇〇ダイエットというように何か一つの食物だけを食べるというのは，食品の種類を変えてよく用いられる手法です。例えば，かつて流行した「りんごダイエット」では，3日間毎食リンゴだけを食べるというもので，基本的にリンゴであれば，食べる量は好きなだけ食べてよいとされたため，通常，ダイエットにありがちな「制限」がないというところが受け入れられやすかった理由かもしれません。実際，このようなダイエットで，ある程度効果が見られる理由は，先述の「感性満腹感」によるものだと考えられます。つまり，選択できる食物の種類が少ない状態，すなわち同じ食品ばかりを食べ続けるという状況では，味に飽き，感じられるおいしさが減少することにより，摂食量が減るからです。したがって摂食量を減らそうと思えば，単純に摂取できる食物のバラエティを減らすことが有効だということになります。このことは，逆に食物のバラエティが多いと摂食量が増えることを意味します。例えば，ロールズら（Rolls et al., 1981）では，一つのフレーバーのヨーグルトが提供される場合とフレーバーのバラエティが豊富な場合では，バラエティ豊富な場合の方が，23％も摂食量が増えることが示されています。

さらにカーンとワンシンク（Kahn & Wansink, 2004）は，この「種類の効果」は単に感性満腹感によるものだけではなく，私たちは種類が多いと思い込むだけで摂食量が増える，つまり視覚情報によって種類が豊富（＝選択肢が多い）と思えばそれだけで，多くの量を食べると仮定し（図 12-10 参照），以下の実験を行いました。

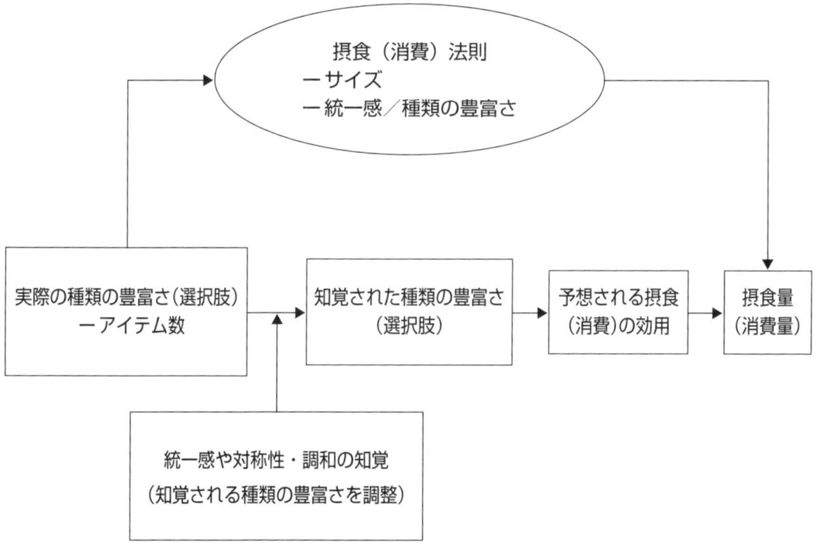

図 12-10　種類の豊富さの構造がどのように摂取量（消費量）に影響するかの概念図（Kahn & Wansink, 2004 改変）

具体的な実験内容は以下のとおりです。彼らは6種類のゼリービーンズと24種類のゼリービーンズを用意し，それらが色別にきちんと整理（色を統一）されて提供された場合と，全部まとめてごちゃ混ぜ（色はバラバラ）で提供された場合で，摂取量が異なるかどうかを検討しました。その結果，図12-11に示すとおり，色が統一されて提供された条件では子どもも大人も，色の種類が豊富（6色から24色）になると，摂取量が有意に増加することが示されました（子どもの場合：5.9個から14.0個，$p=.001$，大人の場合：12.7個から28.3個，$p=.003$）。色が統一されずバラバラで提供された場合は，そのような傾向は示されませんでした（子どもの場合：10.7個から8.7個，*n.s.*，大人の場合：22.2個から22.6個，*n.s.*）。

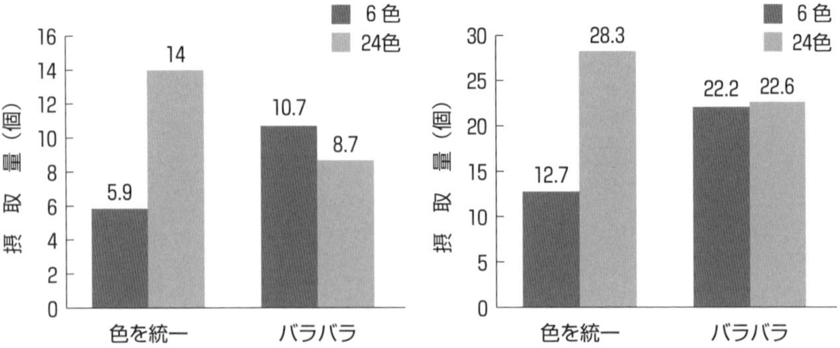

図12-11　種類の多さがゼリービーンズ摂取量に与える影響（左が子ども・右が大人を対象とした結果を示す；Kahn & Wansink, 2004 改変）

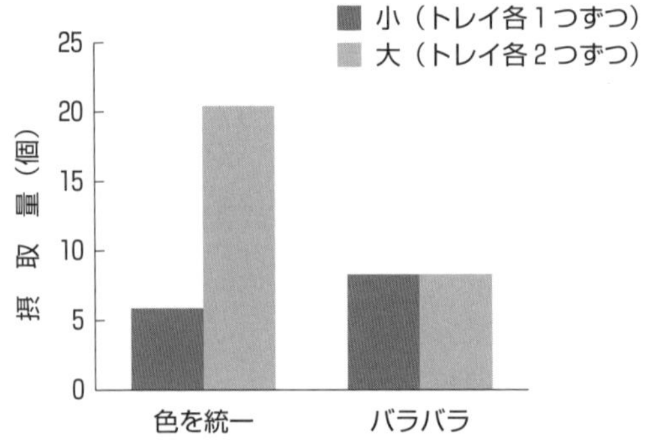

図12-12　トレイのサイズと色の統一の有無が摂取量に与える影響（Kahn & Wansink, 2004 改変）

ゼリービーンズは，色の違いによって添加される香料も異なるため，色の豊富さが味の豊富さとして感じられた可能性があります。そこで，カーンとワンシンク（2004）は，M&M というカラフルな色で糖衣されたチョコレート菓子を使い，つまり味は変えずに色だけを変えるという条件で同様の実験を行いました。ここでの条件は，種類の豊富さ（統一されている vs バラバラ）と提示する数（小：1 つずつ 6 分割されたトレイ vs 大：同じ色が 2 つずつ 12 分割されたトレイ）の 2 つでした。その結果，先述のゼリービーンズ の場合と同様，色を統一した場合では，2 つずつ入れたトレイで提示された大の条件で，倍以上に摂取量が増えることが示されました（図 12-12)。これらの結果は，カーンとワンシンク（2004）らが仮定したように，本当は実際の種類の豊富さ（選択肢）は同じであっても，その見た目から得られる情報によって，種類が豊富（選択肢が多い）と感じるだけで，摂食量が増えることを示しています。

これらの結果についてワンシンク（2007）は，限られた数のスナックやオードブルをそれぞれ小さめのトレイに並べ，それらを部屋のあちこちに置くことで，客は量も種類もたくさんあると錯覚し，満足度が高くなると述べています。種類や量は同じでも客側の満足度を向上させることができるという。予算が少ない時などにも有効なアイデアですね。

8　拡張現実感による満腹感の操作

先に紹介したように，私たちが食べやめる際の重要なサインであると信じている「満腹感」でさえ，現在では食物の見た目の量によって簡単に操作されることがわかっています。近年では，技術の進歩に伴い，「拡張現実感」を利用した食品の見た目の操作によって満腹感をコントロールしようという新たな試みがなされていますので，次に紹介したいと思います。

鳴海ら（2012）は，私たちの食体験が複数の感覚が相互に影響しあう複雑な知覚から生じること，さらにその要因の 1 つに「食品の見た目」があることから，リアルタイムに食品の見た目のサイズを変化させ，食事そのものの量を変化させることなく，その食事から得られる満腹感を増加させたり，減少させたりすることを試みました。なお，この研究の肝ともいえる「拡張現実感」とは，コンピュータで作り出した情報を，現実の環境のコンテクストに即して提示することで，人間の能力や知覚を強化したり変化させたりすることができる技術の体系（鳴海ら，2012）とされています。つまり，この研究では食品のサイズ感を拡張現実感によって変化させることで，拡張現実感を利用した満腹感の操作，すなわち「拡張満腹感」を実現することが目的でした。サイズ感が知覚され，満腹感に影響を与えるためには，周囲にあるものと対象となる物体の大きさの相対関係が重要となります。そこで，この研究では対象の食品だけを自然に変形させる拡張現実感構成法を実現するために，以下のようなシステムが構築されました（図 12-13 参照）。そして下の図は，実験参加者が，このシステムを使って実際の食品のサイズ感を変化させている様子です。

このシステムでは，参加者はビデオシースルー HMD というものを装着し，これを通して食品のサイズを知覚するわけですが，食品（例えばこの場合だとクッキー）の

拡張満腹感システムを利用するユーザ

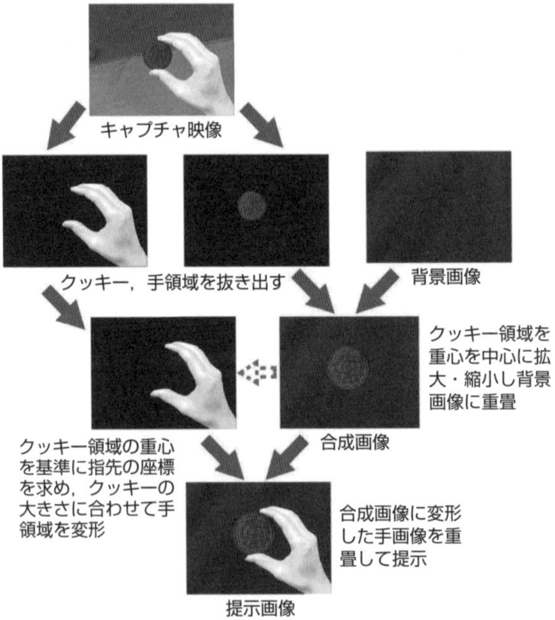

視覚的に食品サイズを変化させる画像処理の流れ

図 12-13　鳴海ら（2012）の研究で使われたシステムの概要（鳴海ら，2012）

サイズを変化させると同時に，まるでその大きさのクッキーを実際に持っているかのように手を変形させた映像を提示することで，参加者自身が持っているクッキーの大きさが変わったかのように感じさせることができるといいます。その結果，残念ながら有意差は示されなかったものの拡大条件では等倍条件より平均で約 9.3%クッキーの摂食量が減少したことが示され，視覚的に大きい食品を食べる条件下では，視覚的に小さく見える食品を食べる条件下よりも食品の消費量が減ることが示唆されました。この研究は同じ参加者が異なる条件で実験するという被験者内計画で実施されているのですが，実験後のアンケートでは実験日ごとの実験条件（クッキーのサイズ）の違いに気づいていなかった参加者が多かったということが示されており，このことは参加者が食品の見た目のサイズを意識していなくても，このように拡張現実感の操作により満腹感を変化させる一定の効果を上げることができるということと，一方で，参

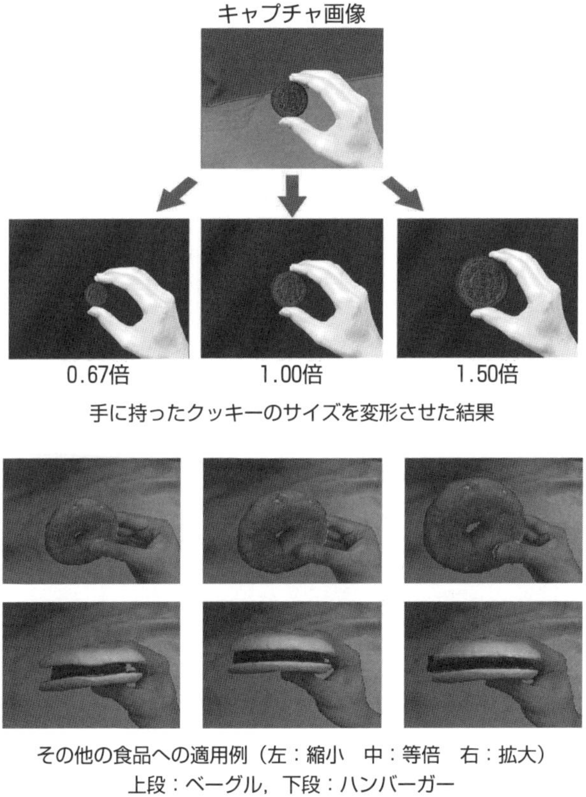

図 12-14　**拡張現実感による刺激**（鳴海ら，2012）

加者が気づかないほどわずかな変化であったために満腹感を変化させるための手がかりとして十分に効果が発揮できなかったということを示していると考察されています。

これらの研究から私たちが食物を食べ始めたり，食べ終えたりする行動の背景には，単に空腹とか満腹といった生理的な要因があるだけでなく，実際にはむしろ，それ以外の要因の影響が大きく働いており，食行動はとても複雑な行動であることがよくわかります。今後もこのようなデジタル技術を駆使した新しい研究によって，これまでの「ガマンさせる」方法とは異なり，無理をさせず，そして効果的な方法の研究が出てくることが期待されます。

引用文献

Cabanac, M. (1971). Physiological role of pleasure. *Science, 173*, 1103-1107.

Coelho do Vale, R., Pieters, R., & Zeelenberg, M. (2008) Flying under the radar: Perverse package size effects on consumption self-regulation. *Journal of Consumer Research, 35*(3), 380-390.

de Castro, J. M. (1994). Family and friends produce greater social facilitation of food intake than other companions. *Physiology & Behavior, 56*(3), 445-455.

de Castro, J. M., & Brewer, E. M. (1991). The amount eaten in meals by humans is a power function of the number of people present. *Physiology & Behavior, 51*, 121-125.

de Castro, J. M., & de Castro, E. S. (1989). Spontaneous meal patterns in humans: Influence of the presence of other people. *The American Journal of Clinical Nutrition, 50*, 237-247.

Engell, D., Kramer, M., Malafi, T., Salomon, M., & Lesher, L. (1996). Effects of effort and social modeling on drinking in humans. *Appetite, 26*, 129-138.

長谷川 智子・今田 純雄・田崎 慎治・山中 祥子 (2011). 幼児と母親の食行動に関する研究（2）──母親の日常的な食事についての基礎的分析──　健康心理学会第28回大会　発表論集

Herman, C. P., & Polivy, J. (2005). Normative influences on food intake. *Physiology & Behavior, 86*(5), 762-772.

Herman, C. P., Roth, D. A., & Polivy, J. (2003). Effects of the presence of others on food intake: A normative interpretation. *Psychological Bulletin, 129*, 873-886.

Higgs, S. (2002). Memory for recent eating and its influence on subsequent food intake. *Appetite, 39*, 159-166.

Higgs, S., Williamson, A. C., & Attwood, A. S. (2008). Recall of recent lunch and its effect on subsequent snack intake. *Physiology & Behavior, 94*, 454-462.

Higgs, S., & Woodward, M. (2009). Television watching during lunch increases afternoon snack intake of young women. *Appetite, 52*, 39-43.

今田 純雄（編）(2005). 食べることの心理学　有斐閣

Kahn, B. E., & Wansink, B. (2004). The influence of assortment structure on perceived variety and consumption quantities. *Journal of Consumer Research, 30*, 519-533.

Kerameas, K., Vartanian, L. R., Herman, C. P., & Polivy, J. (2015). The effect of portion size and unit size on food intake: Unit bias or segmentation effect? *Health Psychology, 34*(6), 670-676.

Levitz, L. (1976). The susceptibility of human feeding behavior to external controls. In G. A. Bray (Ed.), *Obesity in perspective* (pp. 53-60). Washington, DC: Government Printing Office (DHEW Publication No. NIH 75-708).

鳴海 拓志・伴 祐樹・梶波 崇・谷川 智洋・廣瀬 通孝 (2012). 拡張満腹感：拡張現実感を利用した

食品の見た目の操作による満腹感のコントロール　情報処理学会インタラクション 2012, 25-32.

Nisbett, R. E. (1968). Determinants of food intake in obesity. *Science, 159*, 1254-1255.

Oldham-Cooper, R. E., Hardman, C. A., Nicoll, C.E., Rogers, P. J., & Brunstrom, J. M. (2011). Playing a computer game during lunch affects fullness, memory for lunch, and later snack intake. *The American Journal of Clinical Nutrition, 93*, 308-313.

Pinel, J. P. J. (2002). *Biopsychology* (5th ed.). Boston, MA: Allyn & Bacon.

Rolls, B. J., Rolls, E. T., Rowe, E. A., & Sweeney, K. (1981). Sensory-specific satiety in man. *Physiology and Behavior, 27*, 137-142.

Rolls, B. J., Morris, E. L., & Roe, L. S. (2002). Portion size of food affects energy intake in normal-weight and overweight men and women. *The American Journal of Clinical Nutrition, 76*, 1207-1213.

Rolls, B. J., Rowe, E. T., Rolls, E. T., Kingston, B., Megson, A., & Gunary, R. (1981). Variety in a meal enhances food intake in man. *Physiology & Behavior, 26*(2), 215-221.

Rozin, P., Dow, S., Moscovitch, M., & Rajaram, S. (1998). What causes humans to begin and end a meal? A role for memory for what has been eaten, as evidenced by a study of multiple meal eating in amnesic patients. *Psychological Science, 9*, 392-396.

Rozin, P., Scott, S., Dingley, M., Urbanek, J. K., Jiang, H., & Kaltenbach, M. (2011). Nudge to nobesity Ⅰ: Minor changes in accessibility decrease food intake. *Judgment and Decision Making, 6*(4), 323-332.

Shachter, S., Friedman, L. N., & Handler, J. (1974). Who eats with choposticks? In S. Shacter & J. Rodin (Eds.), *Obese human and rats* (pp. 61-64). Potomac, MD: Lawrence Erlbaum Associates.

Wansink, B., & Payne, C. R. (2008). Eating behavior and obesity at Chinese buffets. *Obesity, 16*, 1957-1960.

Wansink, B., Painter, J. E., & North, J. (2005). Bottomless bowls: Why visual cues of portion size may influence intake. *Obesity Research, 13*, 93-100.

Wansink, B. (2006). *Mindless eating: Why we eat more than we think*. New York: Bantam Books. (ワンシンク，B. 中井 京子（訳）(2007). そのひとクチがブタのもと　集英社)

Wansink, B., & Park, S. B. (2000). Accounting for taste: Prototypes that predict preference. *Journal of Database Marketing, 7*, 308-320.

山﨑 真理子・青山 謙二郎 (2008). 他者摂食量が女性の食行動に及ぼす影響　日本心理学会第 72 回大会論集，103.

山﨑 真理子・高木 悠哉・齋藤 瞳・佐藤 豪・青山 謙二郎 (2014). 昼食内容の記録がその後の間食の摂食量に及ぼす影響　心理学研究，*85*(5), 455-463.

Zajonc, R. B. (1965). Social facilitation. *Science, 149*(3681), 269-274.

第13章 食物の好き嫌いを決定する要因

1 基本味に対する生得的好悪

食物の好き嫌いにおける，大事な要因の1つに，その食物の「味」があります。味を感じる味覚とは，舌だけでなく，口腔内に広く分布する味蕾に存在する味細胞の受容体で受容された化学物質によって生じる感覚のことを言います。人間が感じられる味覚は「甘味」「塩味」「酸味」「苦味」「旨味」の5つで，これら5つを「基本味」と言います。ちなみにトウガラシに代表される「辛味」は，「味」と表現しますが，実は味覚ではありません。辛味は英語でhotと表現されるように味蕾ではなく痛覚や温度といった体性感覚，つまり触覚で受容される感覚なのです。辛味以外では渋味も同じように触覚で受容される感覚ですが，「味」という表現をします。渋みの代表的な成分は，赤ワイン，渋柿，お茶に含まれるタンニンなどです。

タンニンに関係することとして干し柿は砂糖を加えているわけでもないのに，なぜあのように甘いかご存知でしょうか？　実はタンニンが水溶性の場合は，口に入れると唾液の水分によってタンニンが溶け出すため渋みを感じるのですが，タンニンが不溶性であれば渋みを感じることはありません。そのタンニンを不溶化するための手段の1つが「干し柿」なのです。タンニンを不溶化するためにはアセトアルデヒドという物質と結合する必要があります。柿の中でこのアセトアルデヒドを発生させるには柿の実が嫌気性呼吸といういわゆる「酸素のない状態での呼吸」をさせる必要があります。果物は収穫後も細胞が生きていますから，果皮を通じて呼吸をしています。そこで干し柿ではこの皮をむくことにより，表面に薄い膜ができて酸素を通さなくなる（＝嫌気状態）ことを利用しています。皮をむいた果実内ではエタノールが発生し，さらにこれがアセトアルデヒドに変化してタンニンと結合し不溶化した結果，渋みを感じなくなるというわけです。「渋抜き」といいますが，実際には渋み成分であるタンニンがなくなっているわけではありません。

話を味覚に戻しましょう。これら5つの基本味に関する好みが，食物の好き嫌いに影響すると考えられますが，実はこの基本味に対する好みは生得的であることがわかっています。まず砂糖に代表される味である「甘味」や，食塩に代表される味である「塩味」，さらに日本人には欠かせないダシの味に代表される「旨味」の味を私たちは生まれつき好むようになっています。そして「酸味」や「苦味」については，私たちは生まれつき避ける（嫌う）ようになっています。その理由についてそれぞれの「味」のもつ意味を見てみましょう。

［1］甘　味

今でこそ「甘味」の代表とされる砂糖ですが，これはサトウキビやテンサイから作られた加工食品ですので，生得的という話をする場合では少しイメージを変える必要があります。ここでいう「甘味」を代表する食物というのは，熟した果物や蜂蜜を意味します。熟した果物の主な甘味は，果糖とブドウ糖です。さらにこれらの果物にはビタミンCが豊富に含まれていることも重要です。また，蜂蜜の主な甘味は，果糖，ブドウ糖，麦芽糖です。さらにビタミンC，ビタミンB_1，ビタミンB_2，ナイアシンなどのビタミン類に加えて，カルシウム，カリウム，マグネシウム，銅，亜鉛などのミネラルも豊富です。つまり甘味の代表である果物や蜂蜜を食べるということは，果糖やブドウ糖などから得られるカロリー以外にビタミン類やミネラルも同時に摂取できることを意味しており，生きるための食物として，果物や蜂蜜を食べることは大変栄養効率が良いということになります。したがって，私たちが甘味に対して生まれつき好むような傾向を備える，つまり甘味のする食物を積極的に摂取するように進化してきたことは，実は，大変，理にかなったことなのです。

［2］塩　味

先のミネラルのところで述べたように，ナトリウムは私たちの体内の細胞外液に欠かせない成分であり過剰に不足すると死に至ることもあるほど重要なミネラルです。そのため，私たちは，塩味のする食物についても生まれつき好むようです。「塩味」の代表は食塩ですが，一度に大量に摂取すると死に至ることがありますから，量の加減が非常に重要です。

［3］旨　味

「旨味」の主成分はグルタミン酸などのアミノ酸で，この発見者は日本人の池田菊苗博士です。ドイツ留学で，応用化学の展開と社会への貢献を目の当たりにしていた池田菊苗博士は，「味覚」に着目し，当時（1900年頃）の生理学や心理学で考えられていた酸味，甘味，鹹味（塩味），苦味以外に，少なくともかつお節や昆布などの煮出汁から得られる「うまい」と感じられる一種の味があるはずだと考え，その呈味物質の探索を開始した（福江，2008）といいます。その後，1908年に，昆布からアミノ酸の一種である「グルタミン酸」の結晶化に成功し，現在では，「umami」として，世界中で通じる日本語の一つになっています。日本人には昆布の旨味成分としてよく知られていますが，旨味を感じる物質はアミノ酸，すなわちたんぱく質を含むことを意味しています。たんぱく質は体をつくる材料になる栄養素であり，さらに栄養源（カロリー）にもなることから，やはり生まれつき好まれる味になっているのです。

［4］酸　味

「酸味」はレモンやミカンなどの柑橘類に代表される酸っぱい味ですが，このような柑橘類のもつ酸味以外に，腐ったものや未熟な果物の味でもあります。腐ったものは食べるとおなかをこわす可能性がありますから，生きていくうえでは避けた方が好ましいといえます。また未熟な果物は，熟した果物よりも栄養価が低い場合も多いですし，さらにウメなどでは完熟状態では毒はないのですが，未熟な状態である青梅の場合，アミグダリン（青酸配糖体の一種）という毒の成分が含まれているため，生で食べると危険な場合がある場合もあることから，未熟な果物を避けるために，生まれつき避けるような傾向をもっていると考えられます。ちなみに梅酒などにつけてある青梅は，アルコールに漬け込むことで解毒されるため，食べても安全です。

［5］苦　味

苦味は毒があるサインとして，生まれつき避けるようになったと考えられています。先に述べた青梅に含まれるアミグダリンや，じゃがいもに含まれるソラニンのように植物性の毒には主にアルカロイドという物質が含まれているのですが，このアルカロイドという物質は苦味をもつものが多いため，苦味を毒があるというサインとして利用してきたと考えられます。

このようにヒトが生きていくうえで不可欠な栄養素を含む食物については生得的に好むように，逆に食べると危険を伴う可能性があるようなものは生得特に好まないように，「味」が信号の役目を果たしてきたと考えられます。このように考えると，子どもがピーマンの「苦い味」を嫌いなのは，先に述べたような生得的な（生まれつきの）好み（この場合は嫌悪）によるもので当然のことであり，たとえ小さな子どもがピーマンを食べられないとしても，それほど心配する必要はないということが理解できるでしょう。成長するに従い，たとえピーマンやゴーヤなど苦味ある食物であっても

「毒」ではないのだという経験を繰り返すことで，そのうち食べられるようになることはよくあります。また，もしピーマンを食べさせたい理由が，ビタミンAの摂取のためというのであれば，わざわざ苦味の強いピーマンを食べさせなくても甘みの強いニンジンやカボチャでもビタミンAは摂取できますから，私たちが生まれつき好む「甘み」を上手に利用して，まずはこれらの野菜を食べさせる方がより効率的でしょう。とにかく色々な食物を食べるという経験を，なるべく小さいうちから多くさせてあげることが好き嫌いを少なくするためには有効だと考えられています。

また苦味については，PROP（6-nプロピルチオウラシル）という苦味物質に対する感受性を調べることにより，人が他の人よりも味覚に敏感に（強く）反応するスーパーテイスター（超味覚者），ノンテイスター（無感覚型），テイスター（中間型）の３種類に分類され，そしてこの感受性の違いが，摂取する食品の幅を狭める可能性があるということをバートシャックら（Bartoshuk et al., 1994）が指摘しています。具体的には，PROP味覚検査という検査で，PROPをしみ込ませた試験紙を舌の上に乗せ，その感じ方を調べるというものです。ノンテイスターの人では基本的に何の味も感じず，テースターの人では不快な苦味に気づく程度であるのに対し，スーパーテイスターの人では強烈な苦味を経験するといいます。どのくらい強烈かを１から100までの尺度を用意し（100はこれまでの人生で経験したなかで最も強烈な感覚，例えば分娩痛などに相当し，次が骨折に相当）評価してもらうと，骨折に相当する60～80の間に位置づけるスーパーテイスターが多く，不快極まりないそうです。つまり，このことはスーパーテイスターの人は風味の強い食物の刺激を避けようとするために無難な味，決まりきった味，苦味のある野菜などは避ける（Holmes, 2017／邦訳，2018）という傾向があるといいます。敏感に感じられることは，一見良いことのように思えますが，味覚に関してはそう単純でもないようです。

また味を感じる味覚受容体は，舌だけでなく軟口蓋や咽頭などに存在することは知っている人も多いかもしれません。しかし，ホルムズ（Holmes, 2017／邦訳，2018）によると，近年では先述のような口腔内のみならず，腸や脳，肺にまで存在することが明らかにされているといいます。例えば，先ほど，肺にも味覚受容器があることを紹介しましたが，ホルムズによると，呼吸路全体に苦味受容体が存在するといいます。しかし，なぜ呼吸する空気の苦味を知る必要があるのかはピンときませんよね。その答えは「細菌」がいるからだそうです。細菌同士が連絡を取り合うために使う化学物質の１つが苦味物質であり，副鼻腔や気管支内膜に存在する苦味受容体は，その化学物質を感知することで細菌の存在を感知し，免疫系が働くということで，実際にPROPを感じない人は副鼻腔炎にかかりやすいことが示唆されています（Lee & Cohen, 2013）。詳細についてはまだ明らかにされていないことも多いようですが，味覚は私たちが考えている以上に大きな働きをしているようです。

2　基本味以外の味に対する好み

［1］辛　味

先に述べたように，実は辛味というのは味覚ではなく「痛み」として触覚で知覚される感覚です。トウガラシで味つけされたものは英語では「hot」と言いますが，これはトウガラシと熱が同じ受容体に作用する，つまりトウガラシに含まれるカプサイシンという成分によって熱いという信号が脳に伝わるためです。しかし，世の中にはこの唐辛子の「辛味」を好む人もいます。では，このように体にとって危険な信号であるにもかかわらずトウガラシで味つけされた食品を食べる理由は何なのでしょうか？この問いについてアメリカのロジン（Rozin, 1980）は，トウガラシの辛味（＝痛み）に対する好みは，まさに遊園地でジェットコースターに乗るというちょっとしたスリルやリスクを楽しむことと同じだと述べています。

［2］脂肪の味

「脂」の味については，これまでは「脂肪味の受容体」なるものは発見されていないため，「味覚」としては取り扱われていませんでした。しかし，油脂を食べると「麻薬」や「アルコール」と同じように脳内の報酬系で「快」が生じ「やみつき」になることはすでに研究によって示されていました（伏木，2005）。そして2015年，アメリカのランニングら（Running et al., 2015）らが第6の味覚として脂味（脂肪味）の存在を確認したとし，この味覚に対し，油を意味する「オレオ（oleo）」と味覚を意味するラテン語の「ガスタス（gustus）」と組み合わせたオレオガスタス oleogustus と呼ぶことを提案しています。

油脂は1gあたり9kcalと他の栄養素よりも効率よくカロリーが摂取できます。すなわち，油脂を積極的に摂取してきたことが生存につながったと考えられることから，脂質を含む食物についても生まれつき好むように進化してきたと推測できます。さらに最近，アメリカのイェール大学のスモールら（Small et al., 2018）の研究によって，ヒトの脳が本能的に脂質と糖質の組み合わせを好み，脂質と糖質のいずれかを多く含む食品よりも，ファストフードや加工食品などのように脂質と糖質の両方を含んだ食品のほうが，脳内の報酬系のシグナル伝達を増強することが示されています。この結果は，現在，肥満や糖尿病が蔓延していることの説明に役立つ可能性が示唆されています。

さらに2018年には，九州大学五感応用デバイス研究開発センターの研究グループにより，脂肪酸が第6番目の基本味である証拠となる神経が発見されました。さらにこの研究では，普段から脂肪をたくさん摂取するほど，脂肪の味に対する感度が鈍る可能性があることが示されたことから，今後の摂食行動や消化吸収との関連の解明や食品開発に大きな影響を与えるのではないかと期待されています。

実際，2011年に，オーストラリアのスチュワートら（Stewart et al., 2011）のグループが行った研究では，脂肪酸の1つであるオレイン酸（C18:1 炭素数18で9番目の炭素が二重結合）に対する経口感受性，すなわち口の中でのこの脂肪酸の感じ方が，習慣的な脂肪の摂取量や，食品中の脂肪の知覚と関連し，さらには体重にも影響を及ぼし得るという興味深い結果が示されています。この研究の参加者は，51人の健康な男女（うち女性41人）で，この研究に参加する前の日常の食事の記録，身長，体重などを回答しました。調べたところこの51人のうち25%（13人）がオレイン酸を敏感に感じることができる参加者（以下敏感群）でした。参加者の日常の摂取エネルギーを比較したところ，敏感群が平均1,719（±189）kcalであるのに対し，そうでない参加者の平均摂取エネルギーは2,238（±129）kcalであったことから，敏感群の日常の摂取エネルギーがそうでない群に比べ有意に低いことが示されました。さらに日常の脂肪の摂取量についても比較したところ，敏感群は平均62（±5）gであったのに対し，そうでない参加者では76（±6）gと有意に低く，総摂取カロリーにおける脂肪摂取割合も低いことも明らかになりました。肥満ややせの判定に用いられる体格指数であるBMI（Body Mass Index）についても，敏感群の女性の平均BMIは20.4（±0.6）kg/m^2に対し，そうでない群の女性では21.8（±0.6）kg/m^2），同様に敏感群の男性の平均BMIが22.3（±0.7）kg/m^2）であるのに対し，そうでない群の男性では23.9（±1.3）kg/m^2と敏感群の方が有意にBMIの値が小さいことを示しています。さらに太り過ぎ（過体重）や肥満の人についても敏感群ではゼロであったのに対し，そうでない群では6人（16%）が太り過ぎ，1人（3%）が肥満であったことから，口の中で脂肪酸を感知する程度の違いが，体重およびBMIを決定するエネルギー摂取や脂肪の摂取量を調節する役割を果たす可能性を示唆しています。そして摂取している食品についても，敏感群に比べ，そうでない群では低脂肪チーズの摂取が少なく，肉，乳製品，バター，卵などの動物性脂肪の摂取量が多いことが示されていました。

また日本においては，ヒトではなくマウスを対象とした研究ではありますが，松村（2018）が油脂の嗜好性の脳内メカニズムについて検討しています。この研究の目的は，マウスは油脂に対し，非常に高い嗜好性を示すこと，加えて非常に強い執着が見られることから，マウスの油脂摂取時に脳内のどこで何が起こっているのかを明らかにすることでした。そこで，これまでに嗜好性の高い甘みやアルコールの摂取は脳内でβエンドルフィンの分泌を促進させることが知られていることから，マウスに油脂を摂

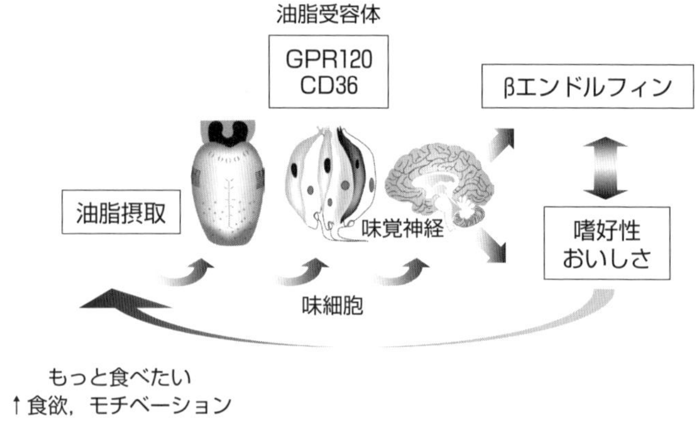

図 13-1　味細胞の脂肪受容体とβエンドルフィンを介した油脂の嗜好性のメカニズム（松村，2018）

取させ，実際に脳内でβエンドルフィンニューロンが活性化されるのかを検討しました。βエンドルフィンは，脳内で作用する神経伝達物質の一種で，鎮痛効果や気分の高揚，多幸感などをもたらすとされています。モルヒネ同様の作用を示すことから，脳内麻薬と呼ばれることもあり，いわゆる「やみつき」に関与する物質とされています。先に述べたように，味細胞における「脂肪味」の受容体については，まだ明らかにされていない点も多いものの，これまでの研究で脂肪酸のセンサーのような働きをしていると考えられるCD36（脂肪酸トランスポーター）とGPR120（脂肪酸特異的Gタンパク質共役受容体）の存在が明らかにされています。そこで松村（2018）では，マウスに油脂を摂取させた後，神経が活性化しているかどうかを示す神経活動マーカーの1つであるc-fos（核に局在するリン酸タンパク質）の発現の上昇が確認されたことから，油脂の摂取がマウスの脳内のβエンドルフィンニューロンを活性化することを示しました。さらにこの時，味覚神経を切断したマウスでは油脂の摂取によるβエンドルフィンニューロンの活性化は起こらず，また胃内投与でも変化が見られなかったことから，油脂はCD36とGPR120を介して味細胞を刺激し，味覚神経を介して脳内でβエンドルフィン分泌を引き起こすこと，さらにこれが快感を生み出し，油脂に対する高い嗜好性の発生を引き起こす可能性を示唆しました（図13-1参照）。

3　新奇性恐怖と新奇性嗜好

食物の好き嫌いは，心理学的にいえば「学習」の結果によってかなり影響されるといえます。つまりある食物を食べた経験が多い，さらには美味しいと感じた経験が多いほど，その食物を好きになると考えられます。したがって，逆に「食べず嫌い」は，食べた経験がない＝その食物の味を経験（＝学習）していないことを意味し，食物を食べる，すなわち味の学習する機会を多くもつことがその解決につながると考えられます。しかし，ここで問題になるのがヒトの生物学的な食性です。

例えば，コアラはユーカリしか食べない単食動物ですから，もし何らかの事情でユーカリが手に入らなくなれば，コアラは死んでしまいます。しかしヒトは雑食動物なので，例えば日本人の場合，主食の米が何らかの事情で入手できない状況になっても，代替物となる麦や芋などを食べることで生存できます。この場合，これまで慣れ親しんできた「米」の代わりに「麦」や「芋」を食べることが必要になるのですが，これらの見慣れないものを食べるかどうかの判断は，とても重要で危険を伴うものになります。なぜなら，毒があるかもしれないからです。安易に見慣れないものを食べた場合，毒があったら大変です。そのため，私たち雑食動物は，進化の過程で見慣れない新奇なものに対して警戒する「新奇性恐怖」を有するようになったと考えられます。しかし，一方では，もし毒がなかった場合，新奇なものを回避した結果，生存のために必要なエネルギーが得られず死ぬかもしれません。そのため，新奇なものを恐れる「新奇性恐怖」と新奇なものに積極的に近づこうとする「新奇性嗜好」という相反する行動傾向を併せもつように進化したと考えられます。ちなみに，この相反する行動傾向は「雑食動物のジレンマ」と呼ばれています。

先述の「食わず嫌い」は，新奇なものを恐れて食べないという新奇性恐怖の方が優った状態によって生じていると考えられます。しかしヒトには，生後4ヶ月から6ヶ月頃にかけて，様々な味覚を積極的に受け入れる時期，すなわち新奇性恐怖が弱まる時期があることをハリス（Harris, 2008）は示しています。この時期は，ちょうど赤ちゃんの離乳食への移行期にあたることから，この時期になるべく幅広く色々な食物を食べる機会を（少なくとも数回以上）与えることが，食わず嫌いを減らすためには有効だと考えられます。

幼児期になるべく幅広く多くの食物にふれることの重要性を示す，興味深い前向き研究があります。ニクラウスら（Nicklaus et al., 2005）は，2歳から3歳を対象に1982年から1999年にかけて行った研究の参加者に対し，2001年と2002年の間に再度参加を呼びかけ，多様な食物を求める傾向（food variety seeking）が年齢を重ねることでどのように変化するかについて検討しました。その結果，食物新奇性恐怖は，個人差もありすべての場合に当てはまるわけではないものの，概ね年齢を重ねることで減少する傾向が見られること，そしてこのような食物新奇性恐怖による影響を考慮しても，4歳までに様々な食品にふれる機会を多くもつことが，その後の食物レパートリーの獲得に影響することを示し，子どもが幼い頃から様々な食品を経験することの重要性を強調しています。

4　学習による食物の好き嫌い

心理学では，「学習」とは経験による行動の変容を意味します。したがって，ある食物を好きになったり嫌いになったりすることは，その食物を食べた経験によって形成されるため，まさに「学習」であるといえます。

[1] 摂取頻度による好き嫌い（単純接触効果）

先に述べたように食物の味は，私たちがその食物を好きになるかどうかに大きく影響することは明らかですが，味そのものに加え「食べ慣れる」すなわち摂取頻度というのも食物の好き嫌いを決定する重要な要因になることがわかっています。心理学では，このように繰り返し何度も接触することで好きになるという現象を単純接触効果と言います。例えば，プリナー（Pliner, 1982）が新奇な風味のする飲料を用いて食物に対する好みの単純接触効果を検討した研究では，参加者はそれぞれ用意されたジュースを20カップ，10カップ，5カップ飲み，好みの評定をすることを求められるのですが，その結果，20カップ飲んだジュースの評定値が一番高く，ついで10カップ，5カップと評定値が順に下がっていました。この結果から，摂取回数が多いほど，飲料に対する好みが増すことが示されたということになります。

また日常生活における例では，地域の特産品は食べる頻度が高いことから好きになる可能性が高くなると考えられます。また，いわゆる「おふくろの味」を美味しく好きだと感じるのは，お母さんの作る料理（味）を，小さい頃から一番食べ慣れている，すなわち摂取頻度が高いためだと考えられます。

ウォードゥルとクック（Wardle & Cooke, 2008）は，子どもがその食品が嫌いかどうかは，その食品を食べることを試した数と強く負の相関があるとしています。つまり匂いや外観が特異な食品などの場合では，親が与えることを避ける傾向があり，子ども達は試す機会すら与えられないことがあるというのです。好き嫌いを少なくするためには，様々な食材を使って，なるべく多く食べる機会をもつこと，そして美味しいという経験を積むことが大事であることを忘れず，大人自身が，様々な食物を食べてみるという経験をすることが必要なのかもしれません。また，子どもの好き嫌いは，その食べ物を味わった際の（感情）経験が影響することもわかっています。つまりその食べる場面で，無理強いされたり，何か嫌なことがあったりするなどでネガティブな感情を経験すると，それがその後の食べ物の好き嫌いに結びついてしまうことも少なくないため，楽しく食べる，ということも忘れないようにしなければいけません。

［2］観察学習

ヒトは，集団で生きる社会性動物であり，自分自身が経験しなくとも他人の行動を見てまねる（模倣する）ことで，学習することができます。これを観察学習と言い，この観察学習によって食物の好き嫌いが変化することがわかっています。バーチ（Birch, 1980）が行った子どもを対象とした観察学習による好き嫌いの変化を示した研究があります。この研究では2～4歳児を対象に，9種類の野菜を提示し，それぞれの好みの順番を聞き，その後，好みの野菜の順番が反対の仲間（3～4人）と同じテーブルで4日間食事をさせました。そうすると最初は好きでなかった自分は好まないが仲間が好む野菜を，好んで食べるようになることが示されました。つまりこの結果から，普段の生活で仲間が美味しそうに食べる姿を観察することで模倣が生じ，実際の好みが変化した，つまり観察学習によって食物に対する好き嫌いが変化したということが示されたことになります。また，このような観察学習はヒト以外の動物でも成立します。有名なのが宮崎県幸島にある京都大学野生動物研究センターに付属する幸島観察所のニホンザルの「芋洗い」行動です。

このサルの芋を洗う行動というのは生まれつきではなく，母サルが芋洗いをするのを見て，子ザルがまねをして覚えていくということで，まさに観察学習だといえます。また芋洗い行動が発見された当初は，泥付きの芋を与えたために，泥を落とす意味があったようですが，現在は泥がついていないにもかかわらず，こうして洗う行動が続いているということは，おそらく海水で塩味をつけているのではないかと考えられています。実際に甘味は塩味によって，より強く感じられるという対比効果があることから，このサルの行動はかなり理にかなった学習行動の結果であると考えられます。

5　出生以前の経験

味の好みが，出生より前の経験と関係することは一般的にはあまり知られていませ

図13-2　幸島の芋を洗うサル

ん。しかし味蕾という味覚を受容する器官は，妊娠7～8週頃から形成され始め，13～15週頃には成熟するため，胎児は羊水を味わうことができることがわかっています。さらにその経験が記憶されることで胎児の頃からすでにこの味に対する学習が始まっていることを示す研究があります。アメリカのモネル化学研究所のメネラら（Mennella et al., 2001）は，母親が日常的に摂取する風味に対する赤ちゃんの好みを検討しました。この研究では，妊娠後期3ヶ月と授乳開始の2ヶ月にわたってニンジンジュースを飲んだ母親の赤ちゃんは，ニンジンの風味を好む傾向を示し，母親は離乳を始める数ヶ月前にニンジンジュースを飲むことをやめていたにもかかわらず，赤ちゃんは水で柔らかくしたシリアルよりもニンジンジュースをかけて柔らかくしたシリアルを好んだことが示されています。さらにシャールら（Schaal et al., 2000）の研究でも同様の結果が得られています。フランスのアルザス地方は，甘い香りをもつアニスというスパイスを使ったパン・デピス（pain d'épices）というお菓子が有名なのですが，この研究では妊娠中も定期的にアニスを食べ続けた母親のグループとそうでない母親のグループ，それぞれの赤ちゃんにアニスの香りを嗅がせ，その好みを検討しています。検討した時期は，出生直後と生後4日目という，ミルク以外のものを口にしたことがない時期であったにもかかわらず，アニスを食べていた母親の赤ちゃんは，アニスの香りのする方向に顔を向け，舌を出して吸う仕草を見せるというように，アニスに対する明らかな好みを示すことがわかりました。

上記の研究から，羊水であれ，母乳であれ，ごく早い段階で経験した風味は赤ちゃんに記憶され，その後の好みの形成に影響することがわかります。一般的に妊娠中の母親は，色々な食材を食べることが推奨されています。もちろん，様々な食材からバランス良く栄養を摂取するためなのですが，このことは栄養面だけでなく，様々な風味を経験する機会を増やすことで，将来的，好き嫌いを減らすことにもつながると考えられます。

また二宮・鳥居（2005）は，食の欧米化により離乳期から動物性脂肪の多い食事や加工食品に慣れている子どもが増えてきており，このことは昔の日本人にとって慣れ親しんだ「だし」の味への好みの低下につながっている可能性があると指摘しています。その一方，世界では日本型の食生活が健康的であるとして世界から注目され，「旨味・だし」の概念が取り入れられており，よりヘルシーな料理のスタイルを求める欧米のシェフが増えてきていると述べています。先に述べたように私たちは「味わう」経験を通して食物に対する嗜好を形成します。したがって日々，口にする様々な風味の中に，これまで日本人が培ってきた「だし」の味を再評価し，それを積極的に取り入れることで，健康食として注目されている伝統的な日本食，つまり玄米などを含む食物繊維，魚類，植物性脂肪，発酵食品を基本とした食事への嗜好が高まることが期待されます。

引用文献

Bartoshuk, L. M., Duffy, V. B., & Miller, I. J. (1994). PTC/PROP tasting: Anatomy, psychophysics, and sex effects. *Physiology & Behavior, 56*(6), 1165-1171.

Birch, L. L. (1980). Effects of peer models'food choices and eating behaviors on preschoolers'food preferences. *Child Development, 51*, 489-496.

DiFeliceantonio, A. G., Coppin, G., Rigoux, L., Thanarajah, S. E., Dagher, A., Tittgemeyer, M., & Small, D. M. (2018). Supra-additive effects of combining fat and carbohydrate on food reward. *Cell Metabolism, 28*, 33-44.

Holmes, B. (2017). *Flavour: The science of our most neglected sense*. New York: W. W. Norton. (ホルムズ, B. 堤 理華 (訳) (2018). 風味は不思議：多感覚と「おいしい」の科学　原書房)

福江 紀彦 (2008). 「うま味」を解明した池田菊苗　理論化学と応用化学を地涌に往来　近創史, No.5, 3-13.

Harris, G. (2008). Development of taste and food preferences in children. *Current Opinion in Clinical Nutrition and Metabolic Care, 11*(3), 315-319.

伏木 亨 (2005). コクと旨味の秘密 (pp. 100-106)　新潮新書　新潮社

京都大学野生動物研究センター　https://www.thats.pr.kyoto-u.ac.jp/

Lee, R. J., & Cohen, N. A. (2013). The emerging role of the bitter taste receptor T2R38 in upper respiratory infection and chronic rhinosinusitils. *American Journal of Rhinology and Allergy, 27*, 283-286.

松村 成暢 (2018). 油脂の嗜好性のメカニズムに関する研究　日本栄養・食糧学会誌, *71*(5), 231-235.

Mennella, J. A., Jagnow, C. P., & Beauchamp, G. K. (2001). Prenatal and postnatal flavor learning by human infants. *Pediatrics, 107*, E88.

Nicklaus, S., Boggio, V., Chabanet, C., & Issanchou, S. (2005). A prospective study of food variety seeking in childhood, adolescence and early adult life. *Appetite, 44*, 289-297.

二宮 くみ子・鳥居 邦夫 (2005). 味覚の形成と次世代への継承――だしの文化とアミノ酸の味―― 醸協, *100*(7), 468-477.

Pliner, P. (1982). The effects of mere exposure on liking for edible substances. *Appetite, 3*(3), 283-290.

Rozin, P., & Shiller, D. (1980). The nature and acquisition of a preference for chili pepper by humans. *Motivation and Emotion, 4*, 77-101.

Running, C. A., Craig, B. A., & Mattes, R. D. (2015). Oleogustus: The unique taste of fat. *Chemical Senses, 40*, 507-516.

Schaal, B., Marlier, L., & Soussignan, R. (2000). Human foetuses learn odours from their pregnant mother's diet. *Chemical Senses, 25*,729-737.

Stewart, J. E., Newman, L. P., & Keast, R. S. J. (2011). Oral sensitivity to oleic acids is associated with fat intake and body mass index. *Clinical Nutrition, 30*, 838-844.

Wardle, J., & Cooke, L. (2008). Genetic and environmental determinants of children's food preferences. *British Journal of Nutrition, 99*, 15-21.

第14章 おいしさに関する要因

おいしさは「味」に関することであるので「味覚」がおいしさを決めるに決まっていると思っていませんか？　実はそうではないのです。むしろ「味覚」そのものよりも，それ以外の視覚，嗅覚，触覚，聴覚の影響の方が大きいことを示す研究が多くあります。マルチセンソリー（multi-sensory）と呼ばれ，現在，研究がさかんな分野です。

ところで味覚以外に，どのような感覚が私たちの「おいしさ」に関係するのでしょうか。食物を食べる時，私たちの口腔内ではどのようなことが起こっているのかという口腔内過程（Food Oral Processing: FOP）について考えてみたことのある人は少ないのではないでしょうか。この過程では当然，食物のもつ特性も影響します。そこで，まずはじめに食物の特性と口腔内での過程が，最終的に私たちの食物に対する知覚にどのように影響するのかについてみていきましょう。

1　口腔内過程（FOP）

私たちが食物を食べるときには，口の中では一体どのようなことが行われているのでしょうか。普段あまり意識しないかもしれませんが，食物の口腔内での過程は，食物の摂取や消化だけでなく，食物の風味やテクスチャー（食感）を楽しんだり，判断したりするために欠くことのできない重要な過程であり，食物そのものの特徴（特に構造や含まれる成分）も考慮する必要があります（図 14-1）。

おいしさには，主に食品の味や匂いの成分が関与する化学的な風味，さらに温度やかたさ，粘り気や滑らかさなどの物理的な成分が関与する食感といった食品側の特性とそれを感じる人間側の心理的な要因などが関与します。中村（2019）は，なかでも食品のおいしさは咀嚼による食品構造の破壊に伴う変化であるとし，食感を図 14-2 に示すように知覚レベルと認知レベルの２つに分類しています。知覚レベルは生得的で生まれながらにもっている感覚であり，これらは硬さや粘りに対応するレオロジー，

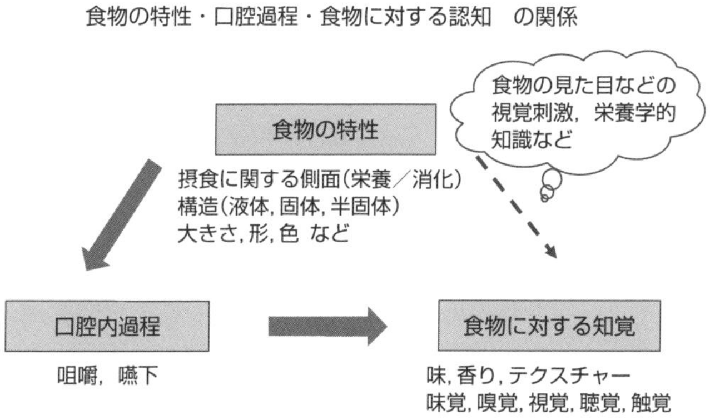

図 14-1　食物の特性・口腔過程・食物に対する認知の関係

すなわち力学特性と，大小や粗滑に対応する構造状態に対応するトライポロジーを基盤としています。一方の認知レベルは，人間は，外部情報を感覚（sensation）⇒ 知覚（perception）⇒ 認知（cognition）のボトムアップと逆方向のトップダウンの２つのルートで処理するという認知心理学の考えに基づき，感性的な食感表現を具体化するためには，食感の発現を，人間の刺激として感覚・知覚・認識の流れに沿って意識化し，解析する高次情報処理を必要とすると考えます。つまり私たちは，咀嚼によって食品の構造を破壊する過程でかたさ，粗さ，粘りといった食感を知覚し，さらにこのような複数の要素の組み合わせるということで，もちもちやクリーミーといった食感

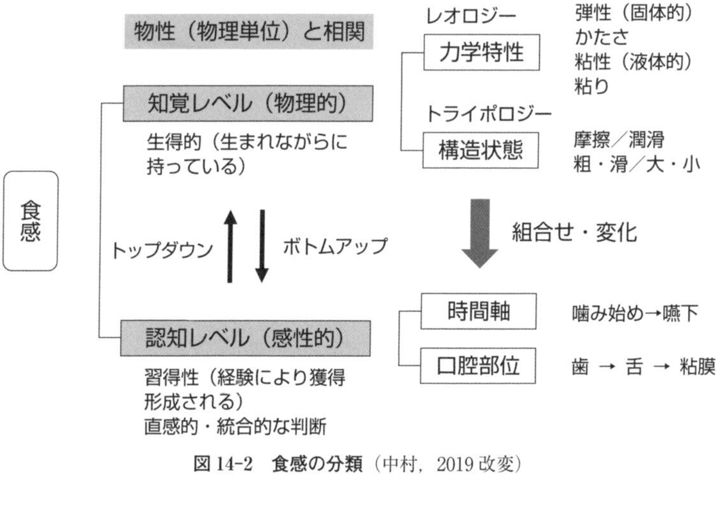

図 14-2　食感の分類（中村，2019 改変）

を認知し，おいしさを表現するとしています。

では，実際に食物を食べる際の口の中では，具体的にどのようなことが行われているのでしょうか。私たちが食物を食べる場合，口の中では食物を噛むという作業が行われるわけですが，このときに重要な役割を果たすのは「歯」と，咀嚼のための口や顎まわりの筋肉の動きです。ちなみに歯の数は成人では32本，子どもでは20本です。また一言で「歯」といっても前の方と後ろの方では，役割が異なりますから形が違います。噛むためには，もちろん歯そのものだけでなく，歯を支える歯茎の部分も重要です。また歯根膜（periodontal ligament）では食物を噛む感覚や食物が歯に触れた感覚などが知覚されます。また実際に食物を噛む際には，噛み合わせもとても重要です。噛み合わせが悪いときちんと噛むことができないため嚥下や消化にも問題が生じるからです。

口の中で噛み砕き，飲み込める大きさまで細かくなった食物は，次は嚥下しやすいよう唾液によってひとまとまりの食塊（bolus）にされます。唾液はこの食塊をまとめる役割と，さらに飲み込みやすいように滑らかさを与える役割があります。さらに唾液にはアミラーゼという酵素が含まれており，食物に含まれるデンプンを分解し胃で消化されやすくする働きもあります。また，私たちが食物の味を感じることができるのも唾液のおかげです。なぜなら食物の呈味成分が唾液に溶けることで舌の味蕾にある味細胞の味神経を刺激するからです。

そしてこの唾液の分泌にはかなり個人差があることがわかっています。また年齢に

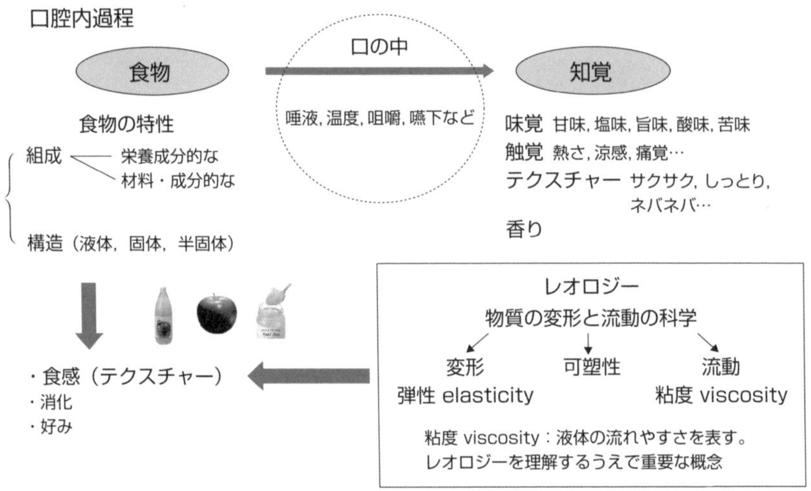

図14-3　口腔内過程における食物と認知の関係

よる変化もあり，一般的に加齢により唾液の分泌は減少することがわかっています。

図 14-3 で示したように，食物そのもののもつ特性として，栄養素も重要ですが，ここでは食物の知覚に大きく関与する構造に着目します。食物の基本的な構造の違いとしては，液体なのか，固体なのか，半固体なのかが重要で，これらの形状の違いにより感じられるテクスチャー（食感）は大きく異なります。

先ほどから何度か出てきているテクスチャー（食感）ですが，これは西成（2005）によると，テクスチャー（texture）は，口当たり，舌触り，歯ごたえ，喉越しなど口腔内で感知される物理的性質のことを意味し，さらに ISO ではテクスチャーは「力学的，触覚的，および適切であれば視覚的，聴覚的な方法で感知できる食物の力学的，幾何学的，表面的属性の総体」であるため，いくら機械によって検知できても人が感知できなければテクスチャーとは言わないとしています。さらにテクスチャーに関係する食物のレオロジー（rheology）は，おいしさの決め手であり，また食物を安全に消化管に届けるための決め手であると述べています。さらにこのレオロジーを理解するうえで欠かせないのが粘度（viscosity）です。これは簡単に言うと流体（液体）の流れにくさを表しています。例えば，コーヒーと蜂蜜をコップに入れて傾けると，粘りのある蜂蜜の方がサラサラした液体であるコーヒーよりも流れにくいですね。したがってこの場合の粘度は，コーヒー＜蜂蜜となり，蜂蜜の方がコーヒーよりも粘度が高くなります。では，蜂蜜とマーガリンではどうでしょう。先程と同じようにコップに入れて傾けた時は，蜂蜜＜マーガリンですが，例えばナイフでパンに塗るという場合はどちらも同じくらいの力で塗ることができますから，この場合は，蜂蜜＝マーガリンとなります。さらに泡立てるという場合はどうでしょう？　マーガリンは案外，力を入れなくても攪拌できるのですが，蜂蜜はかなり力が必要です。このように与える力によって粘度が変わらないものをニュートン流体（例えば水，油など），与える力によって粘度が変わるものを非ニュートン流体（例えば，生クリーム，ヨーグルトなど）と言います。

またこの粘度の違いによって，同じ砂糖濃度の液状食品でも，粘度が高くなると感覚的に評価される甘味強度は低くなることが知られています。さらに口腔内で感じられるテクスチャーは，初めの一口から，最後飲み込むまで同じではなく，ダイナミックに変化することがわかっています。

レオロジーは粘性だけでなく弾性（elasticity）にも関係します。いわゆるプルンとした食感というとわかりやすいかもしれません。例えば，このような弾性をつくるものとしてゼラチン（gelatine），アガー（agar），寒天がありますが，それぞれ弾性に違いがあります。主に牛や豚などの骨や皮から抽出されるゼラチンは口溶けがよく，弾力性と粘性が強く柔らかくプルンとした食感が特徴です。アガーは，カラギーナンという紅藻類から抽出される多糖類で，ゼラチンよりも透明度が高く，ゼラチンよりは弾力性と粘性が弱く，ほとんど弾力性のない寒天とゼラチンのちょうど間くらいのプルッとした食感が特徴です。デゥブゾウ・ドゥ・ラベーニュら（Devezeaux de Lavergne et al., 2016）は，この2つの素材を使い6種類の異なる食感のゲル（①低ゼラチン（LG）＋高ゼラチン（HG），②低ゼラチン（LG）＋低アガー（LA），③低ゼラチン（LG）＋高アガー（HA），④高ゼラチン（HG）＋低アガー（LA），⑤高ゼラチン（HG）＋高アガー（HA），⑥低アガー（LA）＋高アガー（HA））を作成し，4つの参照ゲル（①低ゼラチン（LG）＋低ゼラチン（LG），②高ゼラチン（HG）＋高ゼラチン（HG），③低アガー（LA）＋低アガー（LA），④高アガー（HA）＋高アガー（HA））と，口の中の食感の評価について Temporal Dominance of Sensations（TDS）という感

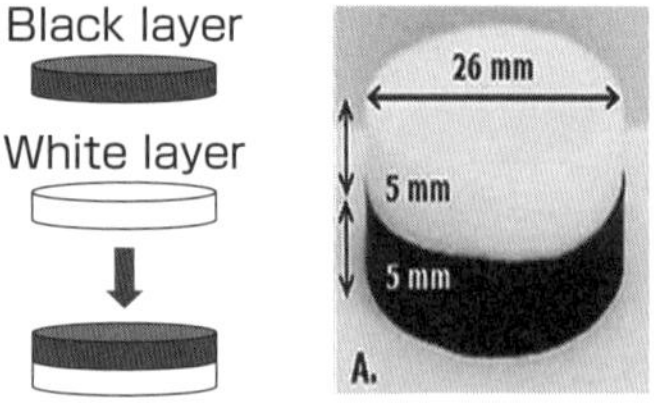

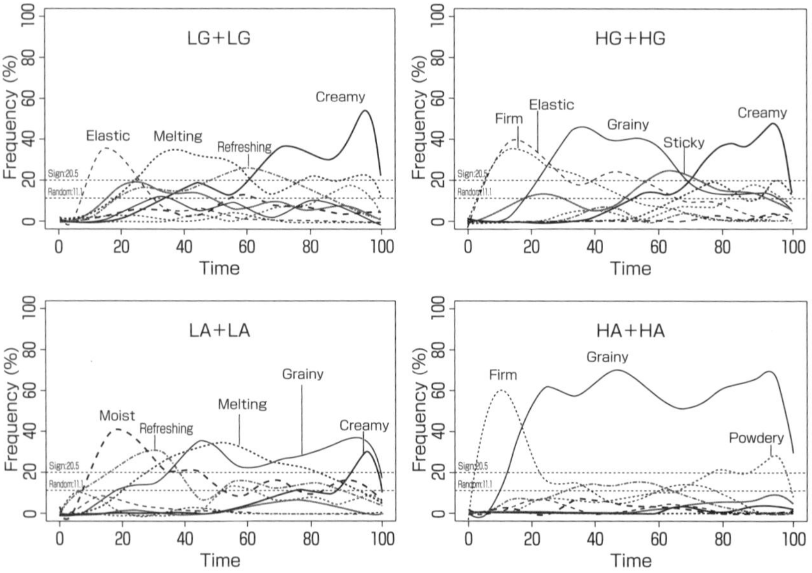

図14-4　4つの参照ゲルのTDSによる食感の評価曲線（Devezeaux de Lavergne et al., 2016）

覚の経時変化を測定する方法を用いて比較検討しています。

先述のように，私たちが食物を食べる時は，口腔内で知覚される味覚や嗅覚，触覚からの情報が脳に伝えられるわけですが，これらの感覚について，これまでは例えばチョコレートであれば，その「甘み」や「風味」といった「質」とその強さ（intensity）が評価されていました。しかしTDSでは，「質」の強さではなく，何に対して，いつからいつまでの間，最も注意を引かれて（dominantに）感じているかという「時間」経過を考慮した評価方法です。つまりTDSでは感覚の「強さ」ではなく，「最も注意

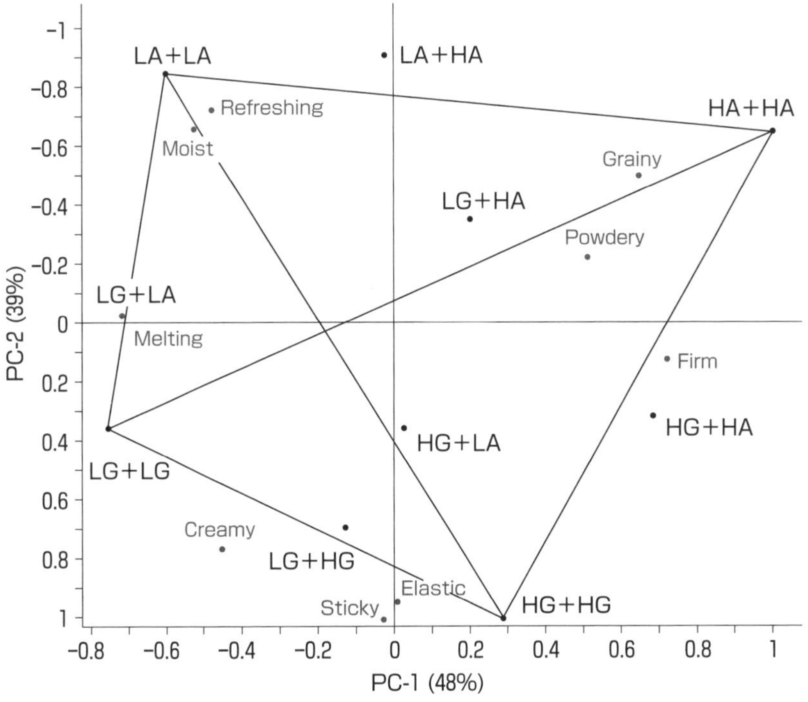

図 14-5　口腔内過程（FOP）に対する 10 種類のゲルの主成分分析（PCA）のバイプロット
（Devezeaux de Lavergne et al., 2016）

PC-1（第1主成分）とPC-2（第2主成分）でデータの87%が説明できている。PC-1（X軸）はゲル化の濃度の違いを表す（高濃度は固く（firm）感じられ，低濃度は溶ける（melting）感じとして感じられる。PC-2（Y軸）は使用するゲル化剤のタイプの違いを表す（アガーゲルは粒子状で，粉末状またはしっとり，濃度によっては爽やか。ゼラチンゲルは，クリーミーで弾力性があり，粘着性がある）。異なる食感のゲルは，同じ素材で構成されるゲルのTDSスコアの間に配置される（例えば，HG+HAはHA+HAとHG+HGの間に配置される）。つまりこれらの結果は，一口めで明確に異なる食感をもつゲルの組み合わせは，2つのゲルの感覚特性の平均として認識されることを示す。

が向けられていた，気になる感覚」が重要であり，それは必ずしも強いとは限らないと考えられています。

具体的にはコンピュータスクリーンを使い，以下のように実施します。画面には刺激（食品）に関する特性用語（例えば，弾力性がある，ネバっとしている，しっとりしている，粉っぽい，クリーミーなど）が示されており，評価者は刺激（食品）を口に入れるとすぐにスタートボタンを押して，どの特性用語が最も注意を引かれて（dominantに）感じられるかを直感的に判断し，順番に選択していきます。そして最も注意を引かれている（dominantな）特性用語が変化したと感じたら，新たに当てはまる特性用語を同様に選び，その感覚がなくなるまで続けるというものです。またこの時，同じ特性用語は何度選択しても良いし，また必ずしもすべての特性用語を選択する必要もありません。なお，評価中の参加者が選んだ特性用語の順序と時間は自動的に記録されます。評価終了後，単位時間ごとに各特性を選んだ評価者の割合（dominant rate: DR）を算出し，経時的にプロットすることでTDSカーブが得られます。この時DRが大きいことは，評価者の評価が一致していることを意味します。食品の複雑な風味は，様々な個別の味や風味の組み合わせであり，組み合わさったときに初めてどのような風味となるのかがわかるため，TDSは複雑な風味の経時変化と相互作用を表現する手法であるといえます（川崎，2015）。そして，このような口腔内の感覚がどのように生じて，どのように変化するのか，食物そのもののもつ特性による違いも含めて理解することはとてもおいしさを考える上で大切な要素です。

また口腔内での刺激については，「辛味」や「渋味」を紹介しましたが，それ以外にも例えば，メントールなどのスーッとする感じ（清涼感）や，コーラやシャンパン，ビールなどの炭酸飲料に入っている炭酸ガスのプチプチとした弾ける感じなども「味覚」ではありませんが，口腔内で感じられるおいしさに関する大事な感覚といえます。

とはいえ，実際に食物のテクスチャーがそこまで美味しさに影響を及ぼすのか？と疑問に思った人もあるかもしれません。しかし合谷（2007）は，例えばおいしいと評判のロールケーキを食べる際に使われる言葉は，単に甘いとか酸っぱいといった味覚による表現ではなく「口の中でスポンジがとろける」といったような食感による表現であること，さらに独特の食感がおいしさの特徴である讃岐うどんでは，たとえ同じだし汁であっても，延びてしまってコシのなくなった讃岐うどんをおいしいと感じることは少ないなど，化学的な物質に差はないにもかかわらず，感じられるおいしさがまったく異なることを示し，いかにテクスチャーがおいしさの感じ方に影響を及ぼすかを説明しています。また近年，よく使われる「もっちり」などの表現も食感によるのですが，この他にもプリプリのエビやとろとろのオムレツなど，実は日本語は英語などに比べて擬音語や擬態語が多く，食感表現においても例外ではないことから，日本人はテクスチャーに対して繊細である（早川，2009）と考えられます。このように日常生活において，私たちは特別に意識していなくてもテクスチャーを意識し，さらにそれを利用しているようです。

2　嗅覚による影響

視覚・味覚・嗅覚・聴覚・触覚という私たちの五感はすべて大事な感覚ですが，もし，私たちに備わっている五感のうち，どれか１つ犠牲にしなければならないと言われたら，あなたは何を犠牲にするでしょうか。実はこの質問で犠牲にすると回答される感覚のトップは嗅覚だそうです（ちなみに聴覚６％，視覚４％，触覚13%，味覚21%，嗅覚56%　図14-6参照）。この結果から，どうも私たちの嗅覚はあまり重要視されていないように思われます。その理由として，おそらく「人間は視覚優位に進化したので，他の動物のように嗅覚があまり必要でなくなり退化した」というのが最も多い回答ではないかと思います。確かに人間は視覚に依存しているところが大きいことは間違いありませんが，実は嗅覚が退化しているという点は間違っています。2017年，Science誌に「Poor human smell is a myth of the 19th century（人間の嗅覚が乏しいというのは19世紀の神話）」という論文が掲載されました。この論文によると，人間の嗅覚が乏しいとする根拠は，脳のブローカ野を発見したブローカ（Pierre Paul Broca）が，人間の脳の中で嗅覚野の容積が他の部位よりも小さいことに言及したためだと考えられています。実際に嗅覚情報を処理する嗅球が脳全体に占める比率は，人間ではわずか0.01%であるのに対し，ネズミでは２％もあるそうです。しかしその後，嗅球の神経細胞の数は動物と人間の間にはあまり差がなく，また人間の嗅球のサイズは他の動物よりもサイズが大きいことや，嗅ぎ分ける匂いの種類が異なること（例えば，人間はバナナの香りに対してはイヌよりも敏感である）などもわかってきたといいます（図14-7）。

また，ポーターら（Porter et al., 2007）は，人間もイヌと同じように臭いの痕跡をたどることができるということをユニークな実験で明らかにしています（図14-8参照；イヌはキジの匂い，人間はチョコレートエッセンスオイルを使用）。

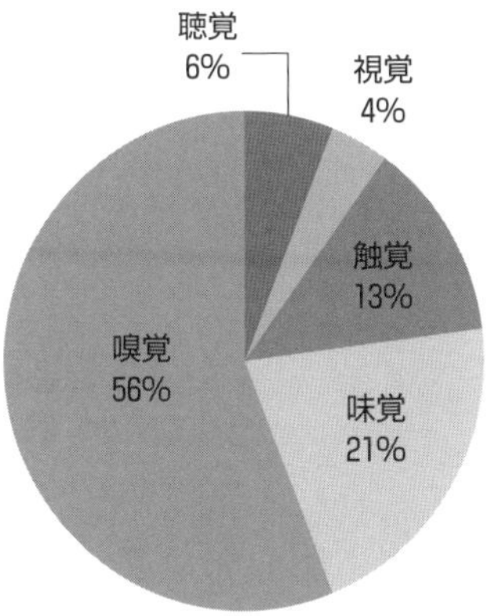

図14-6　五感（視覚，味覚，嗅覚，聴覚，触覚）のうち，一つと犠牲にしなければならない場合に，犠牲とすると回答された感覚（%）

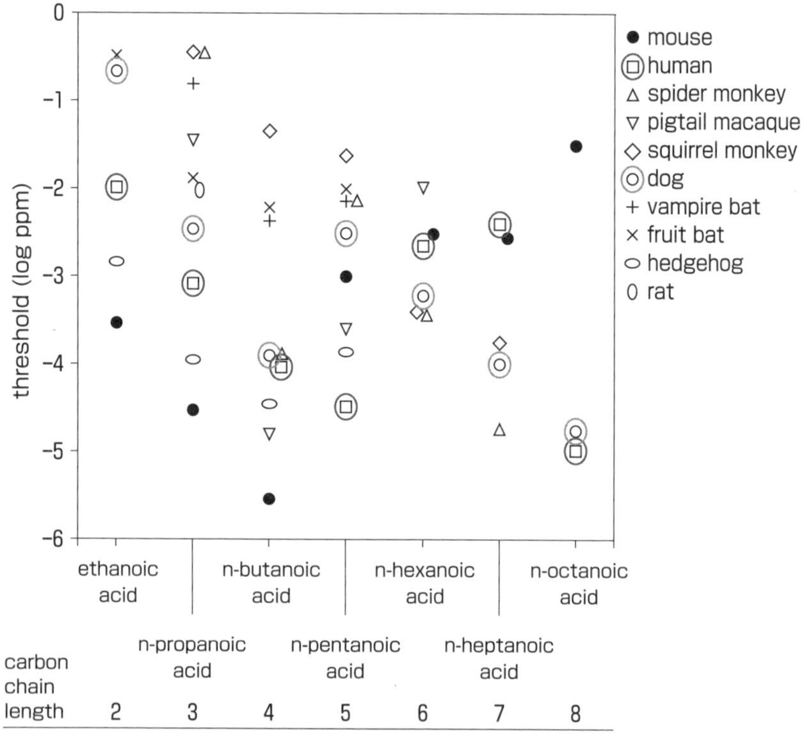

図 14-7　マウスと他の哺乳類の脂肪族カルボン酸に対する嗅覚検出閾値の比較（Can Güven & Laska, 2012)。⊡がヒト，◎がイヌのデータを示す。（ヒトデータ：[Van Gemert, L. J. (2003). *Compilations of odour threshold values in air, water and other media.*, Zeist, The Netherlands: BACIS.]; サルデータ：[Laska, M., Wieser, A., Rivas Bautista, R. M., & Hernandez Salazar, L. T. (2004). Olfactory sensitivity for carboxylic acids in spider monkeys and pigtail macaques. *Chemical Senses, 29,* 101–109. ; Laska, M., Seibt, A., & Weber, A. (2000). “Microsmatic” primates revisited: Olfactory sensitivity in the squirrel monkey. *Chemical Sense, 25,* 47–53.]; イヌ，コウモリ，ハリネズミおよびラットのデータ：[Passe, D. H, & Walker, J. C. (1985). Odor psychophysics in vertebrates. *Neuroscience Biobehavioral Reviews, 9,* 431–467.]）。すべての動物種のデータポイントは，文献で報告されている個々の動物（および本研究ではマウスの場合）の最低閾値を表す。人間のデータポイントは，文献で報告されている最低平均閾値を表す。

実は，嗅覚というのは私たちが「味」を感じるためにはとても重要な感覚であることがわかっています。風邪をひいて鼻が詰まっている時に，何を食べても味を感じない，という経験をしたことはないでしょうか。このことは，私たちの嗅覚が味の感じ方に影響を与えているということを実感させてくれます。実際に，味覚の低下を訴えて来院した患者を対象とした調査では，味覚の低下を訴える患者の多くは，味覚異常

(a)　(b)

図 14-8　香りの道筋を追う人間と犬の道筋との比較（Porter et al., 2007）（a）キジを引きずった香りの道筋を追う犬の道筋（太い白線は香りの道筋，細線は犬の道筋）。（b）チョコレートのエッセンシャルオイルの香りの道筋を追う人間の道筋（白い実線は香りの道筋，黒の曲線は人の道筋）。

ではなく嗅覚機能が低下していたと報告されていた（Deems et al., 1991）そうです。実際，私たちが，例えば鼻をつまんでコーヒーを飲んでもあのおいしさは感じられないのですが，鼻をつまんでいる手をはなし，コーヒーの匂いを感じた途端に「美味しい」と感じることはみなさんもご存じのとおりです。

このことは嗅覚によってコーヒーの味を感じていることをよく表しています。実は私たちが食物を食べる際に匂いを感じるルートが2つあることがわかっています。1つは，前鼻腔経路（orthonasal route）と呼ばれるルートで，食べる際に鼻孔から入ってきた匂い分子の情報が鼻腔から嗅球へ，そこから脳へ伝達されるのに対し，もう1つの後鼻腔経路（retronasal route）と呼ばれるルートでは，匂い分子は口の中を通る際の咀嚼，嚥下の作用によって咽頭部を経て鼻腔へ抜けていきます（図 14-9 参照）。それぞれ入ってくる匂い分子は同じものであっても，感じ方は異なるといわれており，いわゆる「風味」は後者の後鼻腔経路で感じられることがわかっています。しかし，実際のところ，ほとんどの場合，自分の舌で感じていると考える味覚のうち，どの程度の情報量が，実際には後鼻腔経路でもたらされているのかはまったくわかりません。なぜなら食物の匂いの大部分は，鼻ではなく口，すなわち舌そのもので知覚されているかのように感じられるからであり，この現象は「オーラル・リファラル（oral referral）」と呼ばれています（Spence, 2017／邦訳，2018）。

またロジン（Rozin, 1982）は，大学生を対象に行った調査において，匂いの強い

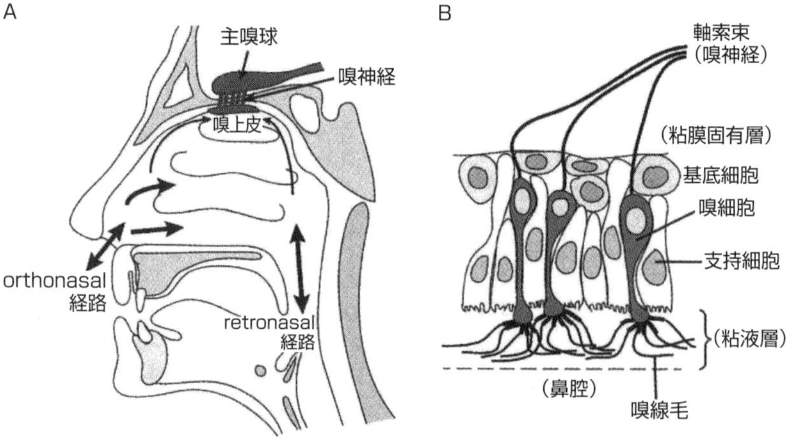

図 14-9　におい受容器（嗅上皮）と感覚細胞（嗅細胞）（村本，2015）

A　嗅上皮の位置と鼻腔内へのにおい分子の２つの流入経路。

B　嗅上皮の拡大図。嗅上皮は３種類の細胞で構成される。基底細胞は，細胞分裂をして嗅細胞を新生する。嗅細胞は外環境に直接曝されるという人体で唯一の特殊な神経細胞であり，さらに神経細胞は，一度分化すると細胞分裂せず再生されないのが一般的な性質だが，嗅細胞は約１ヶ月の寿命で新生される。

チーズや魚，卵などについて，それらの匂いは嫌いだが，その味は好きであるとする人が多いことを見出し，先に述べたいわゆる「風味」というのが，後鼻腔経路で感じられることから，前鼻腔経路で知覚された場合は好まれなくても，後鼻腔経路で知覚されると好まれる匂いがあることを示唆しました。

また匂いによって甘みの感じ方が異なることを示した研究もあります。坂井ら（2002）は，まったく同じ濃度に調整した砂糖水を用意し，１つにはバニラの香料を添加，もう一方には何も添加しない（無臭）という２つの砂糖水を準備し，参加者にそれぞれの甘みを評価してもらいました。その結果，バニラの香料を添加した砂糖水の方が，有意に甘みを強く感じることが示されました。同様に同じ濃度に調整した砂糖水に，今度はレモンやグレープフルーツなどの香料を添加し，何も添加しない無臭の砂糖水とで甘味の評価をしてもらったところ，今度は何も添加しない無臭の砂糖水の方が甘みを強く感じることが示されました。私たちは，日常生活を通して，バニラ＝甘い，レモン＝酸っぱいという経験を重ねることで，バニラの匂いに対しては甘味，レモンの匂いに対しては酸味が強く結びついています。坂井ら（2002）は，さらに砂糖水に加え，クエン酸という酸味のある物質を用いて酸っぱい溶液であるクエン酸水を作成し，それぞれにバニラの匂いを嗅ぎながら，またはレモンの匂いを嗅ぎながら，

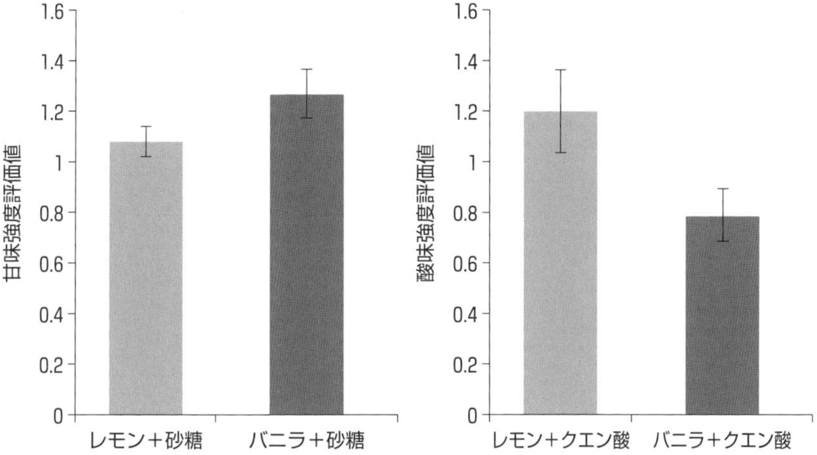

図 14-10　嗅覚と甘味の評価（坂井ら，2002 改変）

砂糖水については甘さを評価，クエン酸水については酸味を評価させ，評価中に嗅いだ匂いの違いによって評価が異なるかを検討しました。その結果，バニラの匂いを嗅ぎながら砂糖水の甘さを評価した場合には，甘みを強く感じ，一方ではレモンの匂いを嗅ぎながらクエン酸水の味を評価した場合には，バニラの匂いを嗅ぎながら評価した時よりも酸味を強く評価することを示しました。これらの結果は，匂いに関するイメージ（バニラ＝甘い，レモン＝酸っぱい）と味覚が一致した場合には味覚は増強されますが，逆に匂いに関するイメージと味覚が一致しない場合には，味覚が抑制されるということを示しています。これらの結果から，私たちが感じる「匂い」と「味」が強く結びついていることがわかります。

例えば，クッキーにはバニラの香料が使われることが多いですが，これは私たちが日常生活で繰り返しバニラの匂い＝甘いという経験をすることにより，バニラの匂い＝甘い，という匂いと味の連合が形成されているため，バニラの香りのするクッキーは甘いに違いないという味に対する予期によって，甘味を強く感じさせる効果をねらっていると解釈できます。

また，近年，レストランでは，食物からの直接的な香りではなく「背景としての香り」の効果が注目されています。例えば，《ザ・ファット・ダック》というイギリスの有名なレストランでは苔の香りのする「ウズラのゼリー，アカザエビクリームとオークモスを添えて」という料理があり，この料理が提供される際には，テーブルの中央に置いた苔ののった木箱から苔の香りの蒸気が立ち込め，この香りの演出により，食事客の食体験をより良いものにする役に立っている（Spence, 2017／邦訳，2018）といいます。今後ますますこのような香りとおいしさに関する研究は注目されるのではないかと思います。

3 視覚（色）による影響

私たちの味覚は，視覚によって大きく影響されることが知られています。ジョンソンら（Johnson et al., 1983）では，3段階（低・中・高濃度）の甘さの砂糖水にそれぞれ5段階の着色濃度でピンクがかった赤色に着色した砂糖水を15個用意し，それぞれの濃度で甘みを比較しました。すると3段階（低・中・高濃度）のいずれの濃度であっても，ピンクがかった赤色が濃いものは甘みが強く評価され，逆に色の薄いものは甘みが弱く評価されました。この結果は，私たちの視覚が甘味の感じ方に影響することを示しています。またこのことは私たちがピンクがかった赤色に着色された食物や飲み物の味を甘く感じるということを意味しています。

では，色を足すことで心理的に得られる甘さの効果と，砂糖を足すことで化学的に生じる甘さの効果は異なるものなのでしょうか。このことについて調べたスペンス（2018）実験を紹介しましょう。スペンスの実験では正しく甘味に適する色づけをされたドリンク（ピンクがかった赤色）を飲んだ人は，甘味に適さない色（例えば緑色）で着色されたドリンクを飲んだ人よりも同じ飲料を甘く感じることがあることが示されました。さらに，少なくとも甘味に適さない色のドリンクに糖分を10%増やしても同じ結果が得られることもあるとして，場合によっては心理的に感じられる甘さと実際の甘さとは区別がつかないという可能性を示唆しています。

このような視覚による味覚への影響は甘味に限ったことではありません。例えば日常生活において，煮物では色が濃いと濃い味だと感じ，逆に色が薄いと薄味に感じることがあります。日本だと第2章で述べた醤油の色がまさにそうです。淡口醤油は，濃口醤油よりも塩分濃度が高いにもかかわらず，色がうすいために塩分濃度が低く感じられるというものです。またアメリカにおいては，あるマウスウォッシュに関して有効成分が同じであるにもかかわらず，オレンジ色の商品の方が，青色の商品よりも「渋味を感じない」（スペンス，2018）ことが示されています。

またスペンス（2018）によると，白い皿と黒い皿で，まったく同じフローズン・ストロベリームースを食べ比べてもらったところ，参加者は白い皿の方が10%甘く，フレーバーについても15%強いと感じ，黒い皿よりも有意に高く評価したことを示しました。この結果は食物そのものの色だけでなくそれを入れる器の色によっても味の感じ方が影響を受けることを示唆しています。

4 聴覚による影響

食物の味と聴覚というのは一般的にあまり関係がないと考えられていたのですが，イグ・ノーベル賞の栄養学賞を受賞したチャールズ・スペンス（Charles Spence）のポテトチップスが砕ける音を変えるだけでその新鮮さや歯応えに対する人の印象が変わることを示した研究の成果でしょうか，近年，音と食物に関して多くの研究がなされています。このポテトチップスの研究は，私たちがポテトチップスのようにクリスピーな食品を食べる時に生じる，自らの「咀嚼音」を操作することで，よりおいしく，さらに新鮮に感じるということを示した画期的なものです。具体的には条件を一定にするために形とサイズがすべて同じであるポテトチップスを使い，このようなクリスピーな食物を食べる時に生じる咀嚼音に含まれる高周波音を増幅した場合と除去した場合とで，それぞれの条件におけるポテトチップスの味と新鮮さの評価を比較しました（この研究で形とサイズが同じであるポテトチップスを使用したのは，もし人の反応が変わった場合に，その理由が個々のポテトチップスの形やサイズの違いではなく，音の操作によるものであることを示すためであったといいます）。その結果，予測通り高周波音を増幅した条件の方が，そうでない条件よりも 15%，サクサク感が増し，新鮮に感じるということが示されました。

さらにリンゴを使った研究でも，同様にかじるときの咀嚼音を操作することで 3 種類のリンゴの新鮮さや噛みごたえに関する評価が変わることが示されています（Dematte et al., 2014)。このクリスピー感については，音のピッチ高い方が，クランチー（バリバリ，ボリボリ）感よりもクリスピー（サクサク，パリパリ）感を高めることがすでにわかっています（例；Vickers, 1981, 1984)。また，なぜサクサクやパリパリといったクリスピーな音に対し，新鮮さが関連するかについては，これまで新鮮な野菜や果物を食べる際に，繰り返しこれらの音を聞いた経験を通し，これらの音が新鮮な野菜や果物であるということを学習したためであると考えられます（古くなってしなびた野菜を食べても，このような音はしないからです)。

その他の音による味覚の変化を示した研究では，例えば，大きな音またはバックグラウンドミュージックを使ったものがあります。これらの研究では大きな音によって，より甘い飲み物を好ましく感じる（Ferber & Cabanac, 1987)，アルコール飲料をより甘く感じる，塩味の食物（チップス＆チーズ）の塩味を薄く感じるなどがありますが，これらの結果は単に大きな音によって，参加者の注意力が失われているだけ，または食べ物に対する集中力が阻害されているためではないかという指摘もあり，一貫した研究結果が得られていない状況です。しかし単なる大音量ではなく，食事の雰囲気と一致した音を聞かせるという場合では，より食事が心地よくなるというポジティブな効果があることが示されています（Spence, 2012）。“The sound of the sea”という先に紹介した《ファット・ダック》の名物料理があるのですが，この料理は，提供されるときに「海の音（かもめの鳴き声と波の音）」も一緒に提供されます。これを海の音ではなく，料理と一致しないような「農場の音（農場にいる動物たちの鳴き声）」にすると，海の音を提供されながら食事をした場合の方が，農場の音を提供された時よりも，より心地よいと評価したといいます。したがってこの結果は，食事の際の周りの音が人が食事をする際の認知に影響することを示しているといえます。

さらには，コーヒーを淹れる準備の際に聞こえてくるコーヒーマシンの音が高級（high quality）である方が，より低い品質のコーヒーマシンの音と比べて，コーヒーの評価が高くなる（Knöferle, 2011）など，食事を準備する際の音までが，私たちの味の感じ方に影響するということを示す研究もあり，味と音の関係は今，とても注目されている研究分野の１つです。

このように，これまでは味は味覚，音は聴覚というように，私たちの五感はそれぞれが役割分担をしているように捉えられることが多かったのですが，近年ではこのように，それぞれの五感が相互に影響し合って私たちの感覚を形作っているという，マルチセンソリーという考えが主流になっています。

●コラム●　触覚

美味しさに影響する触覚として，サクサク，パリパリといった食感以外に温度の影響がある。

塩味　塩味は温度が高いほど感じ方が柔らかになる。例）ぬるいお吸い物や冷めたお味噌汁は塩辛く感じる。

甘味　体温くらいが最高の甘み。シュクロース（砂糖）の甘味度は温度による影響を受けない（前橋，2011）。果糖は低温で甘く高温では甘さの感じ方が低下する。冷やすと甘くなるフルーツがあるのはこのため。理由：果糖はαフルクトース，βフルクトースがあり，冷やすことで果物中のα型フルクトースがβ型へ変換。果糖全体に占めるβ型フルクトースの比率が増える。

酸味　温度による変化はほとんどなし。

苦味　温度が高くなるほど柔らかく感じられる。そのためコーヒーは冷めると苦味が出る。温度が低い時と体温くらいの時は変化はほとんどなし。

5　認知的な影響

［1］ラベルの効果：食事への期待

果物や野菜であれば「有機」や「無農薬」と書いてある野菜の方が，魚であれば「養殖」よりも「天然」と書いてある方が，なんとなくおいしそうな感じがする，ということはないでしょうか？　実は，普段，私たちは食品を購入する際に目にする様々な「ラベル」から，思っている以上に影響を受けることがわかっています。このような認知のプロセスによって喚起されるおいしさは「頭で食べるおいしさ」で，「有機野菜はおいしい」といった信念によって方向づけられています。「有機野菜はおいしい」と言った認知が，実際に食べる際にも「おいしいに違いない」という期待につながり，その結果おいしさを感じる可能性が高いため（今田，2005）です。

実際に，ラベルから受ける「期待」によって，私たちの食べる量までもが影響を受けることをアメリカのワンシンクら（Wansink et al., 2007）が示しています。彼らは，レストランで中身がまったく同じワインに対しラベルの産地を操作した研究を行いました。この研究では，レストランに来た客を無作為に2つに分け，安いワインのラベルを剝がし，一方にはワインの産地として有名なカリフォルニア州の新しいワイナリーに模したラベルを，もう一方にはまったくワインの産地ではないノースダコタ州の新しいワイナリーに模したラベルを貼り付け，「今日は，一杯，サービスで新しいワイナリーで作られたカベルネ・ソーヴィニオンをお出ししています」と言ってそれぞれ提供し，これらのワインの摂取量に加え，料理の摂取量についても比較しました。その結果，ワインについては，両グループで摂取量には差はなかったのですが，ノースダコタ産だと言われた群よりも，カリフォルニア産だと言われた群のほうが料理を11％多く食べていたことが示されました。つまり，この結果は，まったく同じワインに同じ料理が提供されたにもかかわらず，カリフォルニア産だと言われたグループは魅力的なサービスを受けたことによって，このレストランでの食事に対する期待が高まり，その後の食事に対する満足感も高まった結果，摂食量が増えたのに対し，一方のノースダコタ産だと言われたグループでは，ノースダコタ産という聞いたことのないラベルであったために，さほど魅力的とは感じられず，その後の食事に対する期待も高まらなかったと考えられます。このように中身はまったく同じワインであっても，そのラベルの違いがワインそのものの美味しさを左右するだけでなく，料理の美味しさや摂食量にまで影響する可能性があることがこの研究で明らかにされました。

また，ブランド名がおいしさの評価に影響することを示した研究もあります。アメリカのロビンソンら（Robinson et al., 2007）は，ハンバーガーで有名なマクドナルドのロゴが付いているかどうかで，おいしさの評価が影響されるかどうかを3歳から5歳の子どもを対象に実験しました。この実験では，実際にマクドナルドで販売されているハンバーガー，ナゲットやフライドポテト，ミルク以外に，実際には売られていないベビーキャロットを加え，実際はまったく同じ商品に対し，ロゴが付いているものと付いていないものでおいしさの評価を比較したのです。すると，ハンバーガーのおいしさは，ロゴの有無による有意な違いは見られなかったのですが，それ以外の商品については，すべてマクドナルドのロゴが付いた方がおいしいという評価が示されました。実際に売られていないベビーキャロットについても！です。また家にテレビが多い子どもたちとマクドナルドの商品をより頻繁に食べている子どもほど，このブランドの影響が大きいことも示されたといいます。ロビンソンらは，このようなブランドの影響を，より健康的な食物に対する好みを促進することに使うことで，子どもの肥満を予防する可能性についても述べています。実際，アメリカのマクドナルドでは，サラダ類のラインナップを強化するなどいくらか健康に良い方向にメニューを変えようとしている（Popkin, 2009／邦訳，2009）という動きもあるようで，今後，このような変化がより多くの国や企業で広まることが期待されます。

［2］健康とおいしさ

健康的な食べものをと言われたら，どのような食物をイメージするでしょう？　多くの場合は，例えば野菜や果物などのカロリーが低い食物や鶏胸肉やささみ，赤身の肉のような脂肪の少ない食物をイメージしたのではないでしょうか？　では，これらの食物のおいしさについてはどうでしょう。先に挙げた野菜や果物，鶏胸肉のような，いわゆる「健康的」だと考えられている食物とハンバーガーやピザ，ドーナツのようないわゆる「健康的でない」と考えられている食物のおいしさについての興味深い研究があるので紹介します。

1つはアメリカでラグナサンら（Raghunathan et al., 2006）が実施したものです。ラグナサンら（2006）は，「不健康」な「脂質」や「糖質」を減らし，「健康的な」野菜の摂取を増やすといった栄養指導がなされるものの，これらを実際に行うことは容易ではない理由について，私たちが「不健康な食物はおいしく，健康的な食物はおいしくない」という直感をもつからではないかという仮説を立てました。そこでこの仮説に基づき，野菜や果物，赤身の肉などのいわゆる「健康的な食物」とハンバーガーやドーナツのような高脂肪で砂糖を多く含む，いわゆる「不健康な食物」と「おいしさ」がそれぞれどの程度強く結びついているかについて検討しました。その結果，彼らの予測を支持し，アメリカ人の参加者では有意に「健康」と「おいしさ」の連合よりも「不健康」と「おいしさ」の連合が強いことが示されました。しかし，その後，フランス人研究者であるワールら（Werle et al., 2012）により，フランス人を対象にラグナサンら（2006）と同様の検討がなされましたが，ワールら（2013）では，ラグナサンら（2006）の結果とは逆に「健康」と「おいしさ」の概念の連合の方が「不健康」と「おいしさ」の概念の連合よりも強いことが示されました。このようにまったく逆の結果が得られた理由として，ワールら（2013）は，アメリカとフランスの食文化の違いを挙げています。フランス人は，ワインやチーズ，バターをたっぷり使った料理などを好むにもかかわらず，（年々増加傾向ではあるものの）アメリカ人よりも肥満率が低いことは聞いたことがある人も多いかもしれません。この理由についてアメリカ，フランス，ベルギー，日本の4ヵ国の参加者を対象に食物に対する態度を検討したロジンら（Rozin et al., 1999）は，フランス人（特に男性）は，食べることを楽しむ傾向が強いことを指摘しています。フィシュラーとマッソン（Fischler & Masson, 2007）も同様に，フランス人は昼食にたっぷりと時間をかけること（大抵は2時間，最低でも1時間半）を挙げ，フランス人にとって食事は社会的な意義も大きいとしています。一方アメリカでは「sad desk lunch」に象徴されるようにデスクでパソコンに向かいながら食事をとることが珍しいことではありません（その様子を紹介するサイトもあります。例えば https://saddesklunch.com/）。しかしフランスではもちろん，仕事をしながら，携帯を見ながらの食事というのはもってのほかです。食事は社会的なつながりをもつ重要な場でもあると考えられていますから，このような食べることに対する考え方の違いが食行動に与える影響はかなり大きいと考えられます。

もちろん，健康によい栄養素の働きなどを知ることは大事ですが，栄養面だけを強調するだけでは，私たちが健康的な食物を食べるモチベーションにはつながりにくいことは，世界各国で「健康な食物を食べよう」というキャンペーンを行っているにもかかわらず，期待されるほどの肥満率の低下や望ましくない食生活の結果として，生じる生活習慣病などの発症率が下がらないことを見れば明らかでしょう。

食の楽しみに着目したコーニルら（Cornil et al., 2018）の興味深い研究があります。コーニルら（2018）は，「食の楽しみ（plaisir）」を「内臓感覚による食の楽しみ：すなわち単に空腹が満たされることによって引き起こされる満足」と「エピキュリアン（épicurien）的な食の楽しみ：すなわち食物の美的，象徴的，感覚的評価から生じる満足」という2つのタイプに区別し，内臓感覚による食の楽しみを追求することは過食につながる可能性があるが，エピキュリアン的な食の楽しみの追求は，適度で合理的な食べ方につながることを示唆しています。つまり「エピキュリアン的な食の楽しみ」の重要な構成要素の1つは，食べ物の感覚に対する思慮深い注意であるとし，このような食べ物に対する感覚的・精神的イメージは，食物に関連する感覚の楽しみを精神的にシミュレートすることを可能にし，それによって量が多すぎると食べる快楽が減ることに気づくことができると述べています。例えば，どんなにおいしい食べ物でも，あまりたくさん食べすぎるとおいしさを感じなくなったり，もういらない，食べたくないというあの感じです。つまり，「食物のおいしさを楽しむ」という観点から考えれば，たくさんではなく少量を食べることが最適であるという考えにつながり，節度と楽しみを調和させることができるのではないかと提案しているのです。フランス料理のフルコースや日本の懐石料理を想像してみてください。まさにこのような「おいしいものを少しずつ」という考えが共通する点ではないかと思います。コーニルら（2018）は，実際は，フランスや日本などの食物の美学と文化的側面を重視する文化では提供される食物のサイズは小さく，また肥満率も低くなっていることを指摘しています。

またフィンケリスタインとフィッシュバック（Finkelistein & Fishbach, 2010）は，「健康的な」食事は食欲満たすこととは相反するため「健康的な」食事を強いることは，食欲を満たそうとする相反動機を強めてしまうと仮定し以下のような実験を行いました。参加者は 51 人のシカゴ大学の学生（男 38 人，女 13 人）で，「健康的」という枠組みで食べる群，「おいしさ」という枠組みで食べる群，食べない（見た目の評定）という枠組みの 3 つのグループに分けられ，それぞれの空腹感をについて回答するよう求められました。同じチョコレートラズベリー味のプロテインバーに対して「健康的」という枠組みで食べた場合と，「おいしい」という枠組みで食べた場合では，「健康的」という枠組みの方が，「おいしい」という枠組みで食べた場合に比べ摂取量が多くなることを示しました。さらに健康的という枠組みで食べた人は，またはまったく食べなかった人よりもより強く空腹を感じることを示しました（図 14-11）。

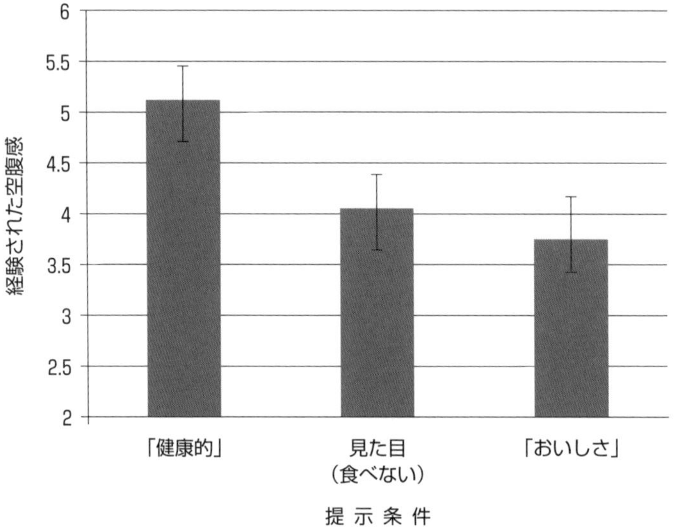

図 14-11　文脈による空腹感の感じ方の違い

「健康的」という枠組みで食べる群，「おいしさ」という枠組みで食べる群，食べない（見た目の評定）それぞれの群において経験された空腹感。

以上のことから，これまで公衆衛生の分野においては「健康」に着目し，望ましい食行動に変えようという方法が主でしたが，今後は「おいしさ」といった感覚に着目した研究が増えるかもしれません。そしてそれが効果的な行動変容につながることを期待したいと思います。

引用文献

Cornil, N., Chandon, P., & Touati, N. (2018). Plaisir épicurien, plaisir, viscéral et préférence de tailles de portions alimentaires. *Cahiers de Nutrition et de Diététique, 53*, 77–85.

Can Güven, S., & Laska, M. (2012). Olfactory sensitivity and odor structure-activity: Relationships for aliphatic carboxylic acids in CD-1 mice. *PloS ONE, 7*(3), e34301. doi:10.1371/journal.pone.0034301.

Deems, D. A., Doty, R. L., Settle, R. G., Moore-Gillon, V., Shaman, P., Mester, A. F., Kimmelman, C. P., Brightman, V. J., & Snow, J. B. Jr. (1991). Smell and taste disorders, a study of 750 patients from the University of Pennsylvania, Smell and Taste Center. *Archives of Otolaryngology-Head and Neck Surgery, 117*, 519–528.

Dematte, M. L., Pojer, N., Endrizzi, I., Corollaro, M. L., Betta, E., Aperea, E., Charles, M., Biasioli. F., Zampini, M., & Gasperi, F. (2014)..Effects of the sound of the bite on apple perceived cripeness and hardness. *Food Quality and Preference, 38*, 58–64.

Devezeaux de Lavergne, M., Tournier, C., Bertrand, D., Salles, C., van de Velde, F., & Stieger, M. (2016). Dynamic texture perception, oral processing behaviour and bolus properties of emulsion-filled gels with and without contrasting mechanical properties. *Food Hydrocolloids, 52*, 648–660.

Ferber, C., & Cabanac, M. (1987). Influence of noise on gustatory affective ratings and preference for sweet or salt. *Appetite, 8*(3), 229–235.

Finkelstein, S. R., & Fishbach, A. (2010). When healthy food makes you hungry. *Journal of Consumer Research, 37*, 357–367.

Fischler, C., & Masson, E. (2007). *Manger Français, Européens et Américains face à l'alimentation.* Paris: Odile Jacob

合谷 祥一 (2007). テクスチャーとおいしさ　化学と生物, *45*(9), 644–649.

早川 文代 (2009). 現代日本人の食感表現　日本家政学会誌, *60*(1), 69–72.

今田 純雄 (編) (2005). 食べることの心理学　有斐閣

Johnson, J. L., Dzendolet, E., & Clydesdale, F. M. (1983). Psychophysical relationship between sweetness and redness in strawberry-flavored drinks. *Journal of Food Protection, 46*(1), 21–25.

川崎 寛也 (2015). Temporal Dominance of Sensations (TDS) 法による味・風味の経時変化計測とその活用　日本味と匂学会誌, *122*(2), 165–169.

Knöferle, K. M. (2011). Acoustic influences on consumer behavior: Empirical studies on the effects of in-store music and product sound. Doctoral dissertation of the University of St. Gallen, School of Management, Economics, Law, Social Sciences, and International Affairs.

前橋 健二 (2011). 甘みの基礎知識　日本醸造協会誌, *106*(12), 818–825.

村本 和世 (2015).「におい」の生物学　小児保健研究, *74*(3), 355–360.

中村 卓 (2018). 新しい食感のデザイン法　食品と開発, *53*(4), 4–7.

日本トライボロジー学会　https://www.tribology.jp/outline/shokai.html　2020.0731. 最終閲覧

西成 勝好 (2005). 食べ物および食べる過程とレオロジー　日本バイオレオロジー学会誌 (B & R),

19(1), 3-15.

Popkin, B. (2009). *The world is fat. The fads, trends, policies, and products that are fattening the human race*. New York: Penguin.（ポプキン，B. 古賀林 幸（訳）(2009). あなたは，なぜ太ってしまうのか？　肥満が世界を滅ぼす！　朝日新聞出版）

Porter, J., Craven, B., Khan, R. M., Chang, S.J., Kang, I., Judkewicz, B., Volpe, J., Settles G., & Sobel, N. (2007). Mechanisms of scent-tracking in humans. *Nature Neuroscience, 10*(1), 27-29.

Raghunathan, R., Naylor, R. W., & Hoyer, W. D. (2012). The unhealthy=tasty intuition and its effects on taste inferences, enjoyment and choice of food products. *Journal of Marketing, 70*(4), 170-184.

Robinson, T. N., Borzekowski, D. L., Matheson, D. M., & Kraemer, H. C. (2007). Effects of fast food branding on young children's taste preferences. *Archives of Pediatrics and Adolescent Medicine, 161*, 792-797.

Rozin, P. (1982). "Taste-smell confusions" and the duality of the olfactory sense. *Perception & Psychophysics, 31*(4), 397-401.

Rozin, P., Fischler, C., Imada, S., Sarubin, A., & Wrzesniewski, A. (1999). Attitudes to food and the role of food in life in U.S.A., Japan, Flemish Belgium and France: Possible implications for the diet-health debate. *Appetite, 33*, 163-180.

坂井 信之・石原 裕子・斎藤 幸子 (2002). ニオイによる味覚増強効果はニオイに対する味覚イメージの影響を受ける　日本味と匂学会誌, *9*(3), 423-426.

Spence, C. (2012). Auditory contributions to flavour perception and feeding behaviour. *Physiology & Behavior, 107*(4), 505-515.

Spence, C. (2017). *Gastrophysics : The new science of eating*. London: Viking.（スペンス，C. 長谷川 圭（訳）(2018). おいしさの錯覚　角川書店）

Steart, J. E., Newman, L. P., & Keast, R. S. J. (2011). Oral sensitivity to oleic acid is associated with fat intake and body mass index. *Clinical Nutrition, 30*, 838-844.

Vickers, Z. M. (1981). Relationships of chewing sounds to judgments of crispness, crunchiness and hardness. *Journal of Food Science, 47*, 121-124.

Vickers, Z. M. (1984). Crispness and crunchiness-A difference in pitch? *Journal of Texture Studies, 15*, 157-163.

Wansink, B., Payne, C. R., & North, J. (2007). Fine as North Dakota wine: Sensory expectations and the intake of companion foods. *Physiology and Behavior*, 90, 712-716.

Werle, C. O. C., Trendel, O., & Ardito, G. (2013). Unhealthy food is not tastier for everyone: The "healthy=tasty" French intuition. *Food Quality and Preference, 28*, 116-121.

第15章

食行動を変える要因

1　味覚による影響

味覚のところで紹介したように，近年，「脂肪味」に関して，CD36とGRP120が受容体のような働きをし，脂肪酸を認識することで「脂肪味」を感じていることがわかってきたということ紹介しました。近年，この脂肪味の感じ方の違いが，BMI（肥満）と関係することが示唆されています。そこで次に，痩せている人と過体重または肥満の人とで，オレイン酸（C18:1）に対する口腔および胃腸での感受性の違いについて検討した別の研究を紹介します。オレイン酸とはオメガ9（n-9）系脂肪酸に分類される一価不飽和脂肪酸で，オリーブオイル等に多く含まれています。ステュワートら（Stewart et al., 2011）は，オレイン酸（C18:1）の経口での検出閾値を強制3択（3-Alternative Forced Choice）という方法を用いて調べました。この方法は簡単に説明すると，参加者にオレイン酸と様々な濃度（0.02，0.06，1，1.4，2，2.8，3.8，5，6.4，8，9.8，および12 mmol/L）の脱脂粉乳を混合して作成した「脂肪味」サンプルを作成し，そのうちの1つと，オレイン酸の入っていないサンプル（ただし，脂肪の添加によるテクスチャーの手がかりを最小限にするために流動パラフィンなどの増粘剤を添加した水のサンプルを作成したもの）のうち2つを用いて，合計3つのサンプルを提示し，この中から「脂肪味」サンプル（オレイン酸入り）はどれか選ばせるというものです。この研究では，参加者が正しく「脂肪味」サンプルを検出できた場合には，同じオレイン酸濃度でさらに3つのサンプルが提示されます。正しくない選択をした場合には，次に高い濃度の3つのサンプルが提示され，参加者が特定の濃度で3回連続して識別できるまで続けられ，その濃度が参加者のオレイン酸の検出閾値として定義されました。また，胃腸での感受性については，麻酔された鼻孔を通して十二指腸内にオレイン酸溶液（またコントロールとして生理食塩水）を注入し，血漿CCK（コレシストキニン）およびペプチドYY，および食欲を測定しました。これは

CCKおよびペプチドYYが，摂食抑制ペプチドとして分泌され摂食調整に重要な役割を果たすためです。CCKは脂肪に反応して十二指腸から分泌されるホルモンで，小腸での脂肪の消化吸収を促進する一方で，食後の胃酸，膵液，胆汁の分泌を抑制する働きがあります。ペプチドYYの分泌調節には脂質が関与しており，肥満者では血中基礎レベルおよび食後の分泌増加が少ないことがわかっています。

その結果，オレイン酸の口腔での検出閾値は，やせた参加者では4.1±0.4 mmol/Lであったのに対し，太り過ぎまたは肥満の参加者では7.9±0.1 mmol/Lと有意に高い（$p<0.05$）ことが示されました。この結果は，太り過ぎまたは肥満の参加者は口腔内のオレイン酸に対する感度が著しく低く，やせた参加者のほぼ2倍のオレイン酸濃度を必要とすることを意味しています。つまりこの結果から，オレイン酸の検出閾値が高い人ほどBMIが高いと考えられます。

またやせた被験者と過体重または肥満参加者との間の十二指腸内オレイン酸に対する胃腸反応には顕著な違いがあることも示されました。つまりやせた人では，オレイ

表15-1　やせおよび過体重または肥満の被験者における生理食塩水またはオレイン酸（C18:1）の十二指腸内注入90分後のビュッフェ式食事からのエネルギーおよび栄養素の摂取状況[a]

	やせ（n＝8）		過体重／肥満（n＝11）	
	生理食塩水	オレイン酸（C18:1）	生理食塩水	オレイン酸（C18:1）
摂取エネルギー（kJ）*	5241±504	4019±486[b]	5241±504	5825±486[b]
摂取エネルギーの差（生理食塩水，オレイン酸）（kJ）	622±514	—	406±224	—
摂食量（g）	1267±146	964±103[c]	1251±100	1240±110
摂食量の差（生理食塩水，オレイン酸）（g）	303±169	—	11±42[d]	—
脂肪（g）	45±5	37±5[b]	51±5	47±5[b]
たんぱく質（g）	11±42[d]	55±6[b]	76±7	70±7[b]
炭水化物（g）	141±16	114±12	139±11	132±10

a　すべての値は平均値±標準誤差，処置（生理食塩水・オレイン酸）×群（やせ・肥満）の交互作用なし。

b　生理食塩水とオレイン酸で有意差あり（処置の主効果あり）$p<0.05$

c　群間の交互作用は有意傾向あり $p<0.07$（やせ群では生理食塩水とオレイン酸条件で有意差ありペアワイズ比較 $p<0.05$）しかし肥満群では有意差なし

d　やせ群との間に有意差あり $p<0.05$　（独立したサンプルの t 検定）

なお，表中の熱量の単位はkJ（＝0.238846 kcal）

*1 kcal＝4.186 kJ（1 kJ＝0.239 kcal）

ン酸の十二指腸内注入によって，その後の自由摂食による摂食量が減少するのに対し，過体重または肥満の参加者では，注入後の摂食量の減少が小さいことが示されました（表 15-1 参照）。これまでに，過食性の肥満傾向のあるげっ歯類では，脂肪に対する嗜好性が高く，胃内への脂肪注入に反応して食物摂取を抑制できない，つまり脂肪に対する口腔内と胃腸内の感受性がいずれも低いことが報告されていました。ステュワートら（2011）の結果は，ヒトにおいてもオレイン酸の口腔内と胃腸内の感度は関連していることを示しており，先述のげっ歯類での知見と一致したことになります。そして脂肪の検出に関与する受容体は，まだ人間の舌組織に存在しているかどうかは明らかにされていないものの，増加しつつある証拠は，脂肪の「味」を感じる味覚受容体が人間に存在し，甘味や旨味などの他の味覚受容体と同様に，脂肪の経口検出に関与している可能性が高いことを指摘しています。さらに口腔および胃腸管内の感受性が，食事による脂肪消費と関連し，それらが逆相関することを示し，これらのデータは，口腔と胃腸管の両方の脂肪に対する感受性の低下が，食事による脂肪摂取に対する生理学的反応の低下につながり，さらには肥満の病因に寄与する因子となる可能性を示唆しています。

2 嗅覚による影響

近年，新たに嗅覚と肥満が関係することを示唆した興味深い研究があります。ブータニら（Bhutani et al., 2019）は，睡眠不足が食物摂取に影響し，砂糖と脂肪の多い高カロリーな食物の選択にシフトする（Markwald et al., 2013; Nedeltcheva et al., 2009）ことについて，これまでの研究で，すでに内嗅神経系（Endocannabinoid system: ECS）が，食物摂取に影響することが示唆されていることから，ECS の神経処理が睡眠と食物摂取の関係を仲介するうえで重要な役割を果たすと仮定し，検討を行いました。

具体的にはブータニら（2019）は健康な参加者に対し，4 時間という少ない睡眠時間が ECS にどのような影響を与えるか調べました。その結果，睡眠不足になった人は，好きな物を何でも食べてもいいという選択肢を与えられると，高カロリーの食物を好んで選択すること，さらに睡眠不足の人では脳の梨状皮質と呼ばれる匂いを処理する領域が，匂いをより強くエンコード（変換）しているということを明らかにしました。

梨状皮質は，食物の摂取を制御するために身体の状態に関する情報を統合する別の領域である島（insular）に接続しているのですが，睡眠不足はこのつながりを変え，それが高エネルギー食品の好みと関連しているとブータニら（2019）は主張しています。つまりこれらの結果は，睡眠不足が ECS に影響を与え，梨状皮質と島皮質の関係を変化させ，カロリーの高い食品に対する選好をもたらすことを意味しています。最近では，「睡眠負債（sleep dept）」という言葉もよく耳にするようになり，睡眠不足によってインスリンの働きが低下したり，アミロイド β という物質がうまく排出されずアルツハイマーなどの発症の引き金になるなど，様々な健康リスクがあることが明らかにされていますが，睡眠不足という要因がさらに嗅覚に影響し，このような食物選択にまで影響するというのには驚かれた人も多いのではないでしょうか。

3　腸内細菌による影響

最近の研究では，私たちの腸内細菌が私たちの行動に影響を与えている可能性が示唆されています。そこでまずは腸内細菌について少し説明しましょう。

［1］ヒトの食生活の変化と腸内細菌

安全と安心のところでも少しふれましたが，私たちは多くの微生物と共生しています。ソネンバーグら（Sonnenburg et al., 2016／邦訳，2018）によると，特に腸内には 100 兆個を超える細菌がいますが，その大半は大腸に存在しており，視覚的なイメージにすると小さじ 1 杯あたり 5,000 億個という密度になるそうです。しかし，ものすごい数に思える私たちの腸内細菌は，実は絶滅危惧種のリストに載っていて，平均的なアメリカ人成人の腸内細菌の種類は，ベネズエラに住む平均的なアメリカ先住民よりも 400 種も少なくなっており，この腸内細菌の多様性の減少が，現在のアメリカ社会で問題になっている，肥満をはじめとする生活習慣病のほか，喘息やアレルギー，がんなどの発症にも影響しているといいます。またソネンバーグら（2018）は，北アメリカで喘息やアレルギー，自己免疫疾患が増加している理由として，この腸内細菌の変化を指摘し，この数十年で北アメリカに住む人々に住む人の腸内細菌を大きく変えた要因として以下の 4 つを挙げています。①工業製品化された加工食品の消費の増加，②抗生物質の乱用，③ 3 人に 1 人が経験するという懸念すべき帝王切開の増加，④母乳哺育の衰退です。①の加工食品についてはよく知られているとおり，過度に精製されることで食品に含まれる食物繊維は少なくなります。さらに消費期限を延ばす目的で殺菌されているため，食物を通して有用な微生物を取り入れる機会が失われていると言います。さらに本来，微生物にとっての栄養源は食物繊維ですが，現代においては新鮮な野菜や果物の摂取量が減少し，先に述べた工業製品化された加工食品の摂取量の増加により微生物の栄養源である食物繊維が減少しているという現状から，このような人間の食生活の変化に順応できなかった菌種が消滅し，ハンバーガーやフライドポテトという現代の食環境で生きていける微生物が腸内細菌に占める割合が増えている可能性についても指摘しています。②の抗生物質については，抗生物質とは「細菌などの微生物の成長を阻害する物質」ですが，当然必要以上に使用すると腸内細菌のような私たちに必要な微生物まで殺してしまう可能性は否めません。③の帝王切開については一見何の関係もないように思えるかもしれませんが，実は出産方法の関与はとても大きいといいます。実際，生まれる前の胎児は無菌状態ですが，母親の子宮を離れた瞬間に母親の産道を通り，膣と肛門に存在する細菌と遭遇し，母親から母親特有の微生物を受け継ぎます。したがって帝王切開で生まれた子の場合，この経路から母親から独自の微生物を受け継ぐことができません。帝王切開の場合は，自然分娩で生まれる子と同じ経緯で自分の母親から微生物が継承されるのではなく，医師や看護師の皮膚マイクロバイオータにもさらされることになりますから，自ずから自然分娩で得られる微生物とは異なる微生物を取り入れることになります。実際に経膣分娩で生まれた子と比較して，帝王切開で生まれた子のマイクロバイオータには，乳酸菌の一種が少なく，理想的な細菌構成とはいえない（ソネンバーグ，2018）といいます。また④の母乳哺育については，これまでにも特に生後 1 週間程度の期間限定で分泌される初乳の重要性については知られていました。初乳は分泌型免疫グロブリン A（IgA）やラクトフェリンという物質が多く含まれているからです。しかしそれだけでなく，母乳を通して母親譲りの有用な微生物を受け継ぐことから，母乳哺育をしないことはこの貴重な機会を失うことを意味するといいます。もちろん，場合によっては母乳哺育が難しい場合もあるかもしれません。しかし出産直後の新生児の胃容量はわずか 4～7 ml 程度とされていますので，この時期だけでも，母乳を与える機会を確保することは非常に重要だと考えられます。

私たちが発症する疾病には遺伝によるものもあり，健康が遺伝によって左右されることがあるということはよく知られていることですが，その「遺伝情報」に腸内細菌の遺伝情報も含まれていること，さらにこの腸内細菌の状態が，私たちの健康を大きく左右することを示す研究が，現在，世界中でさかんに行われています。その結果，現在では私たちの腸内細菌が，一般的に考えられている以上に免疫系を支配しており，腸内細菌が健康であれば免疫が十分に機能するというだけでなく，腸内細菌が不健康である，つまりきちんと機能しないことが，これまで生活習慣の問題ととらえられていた肥満や糖尿病，さらにはがんなどの発症にも関わっていると考えられるようになってきました。腸内細菌は私たちが食べたものを栄養にしているわけですから，私たちの食事が近年どのように変化したのか，そして腸内細菌にどう影響したのかについて考えてみましょう。

現在ではアメリカ人の 3 人に 1 人が肥満と言われるほどアメリカの肥満の問題は深刻ですが，その背景となるアメリカ人の食生活はどのようなものなのでしょうか。アメリカ人は，日々摂取するカロリーの35%が脂肪に由来し，さらにそのほとんどが動物性脂肪で，動物性脂肪の占める割合が著しく高くなっています。メイヤー（Mayer, 2016／邦訳，2018）は，ヒトや動物を対象に行われた研究で，動物性脂肪の過剰な摂取と脳疾患を含めた疾病の発症を結びつける主要因の１つが，慢性的な炎症にあるとし，動物性脂肪の含有率の高さ，植物性食品の割合の低さ，多量の化学物質の添加に特徴づけられる現代アメリカ的日常食が，腸内細菌の多様性を低め，腸と脳の関係を悪い方向にプログラミングしていると述べています。

つまり，狩猟と採集のみによって食物を得ていた太古の昔の食事は，食物繊維の多い植物と痩せた野生の動物または魚類であり，このような状態に適した腸内細菌とヒトはうまく共存共栄していたと考えられます。それが農耕の誕生により穀類や果物を安定的に得られるようになると，だんだんと食物繊維の少ない可食部の多い作物が好んで食べられるようになり，さらに穀物を飼料として育てられた脂肪分の多い畜産物の摂取へと食事は変化していきました。さらに産業革命を経て，さらに食品加工の技術が進化するにつれ，消費期限を伸ばすなどの目的で殺菌されたり添加されたりした化学物質によって，ますます食物由来の微生物を得る機会は減りました。腸内細菌はヒトの食べる食物に完全に依存します。したがってこのようなヒトが摂取する食物の変化に伴い，常在する腸内細菌の数や種類に変化が生じ，その結果，健康にも影響していると考えられるのです。

では日本人はどうなのでしょうか。実は，日本も安心してはいられません。平成30年度の国民・健康栄養調査によると，日々摂取しているエネルギーのうち，脂肪エネルギー比率は28.9%であり，このうちの50%以上は動物性脂質が占めていることが示されているからです。野菜の摂取状況についても，１日に平均350 gを摂取することが目標とされていますが，この10年間で，有意な増加は見られず，この目標は達成されないままです。ちなみに平成30年における野菜摂取量の平均値は281.4 gであり，男女別で見た場合は，男性で290.9 g，女性で273.3 gとなっています。繰り返しになりますが，野菜に含まれる食物繊維は腸内細菌の栄養源になりますから，腸内環境を整えるために，毎日しっかり食べたいものです。ちなみに，家に秤がない場合もあるでしょう。そのような時，とても便利な野菜の摂取量の目安が次に紹介する手を使った方法です。レタスやキュウリ，ダイコン，タマネギなどの淡色野菜（いわゆるビタミンCを多く含む野菜）は，生の状態で両手に山盛り１杯，そしてニンジン，ブロッコリー，カボチャなどの緑黄色野菜（いわゆるビタミンA（カロテン）を多く含む野菜）は加熱した状態で片手に山盛り１杯，このくらいの量を食べると先述の１日350 gの摂取量に相当します。簡単ですから，是非覚えて活用してもらえたらと思います。

図 15-1　野菜摂取量の目安イメージ（左図：両手山盛り 1 杯の淡色野菜。右図：片手山盛り 1 杯の緑黄色野菜）

［2］腸内細菌の多様性といわゆる生活習慣病

これまで肥満をはじめとする生活習慣病は，望ましくない食習慣の積み重ねによって発症すると考えられていました。しかし近年，新たに腸内細菌の関与が考えられるようになり 2013 年にデンマーク人の腸内細菌の多様性と肥満や糖尿病，脂質異常症といったいわゆる生活習慣病との関連についての研究が行われています（Le Chatelier et al., 2013）。この研究には 123 名の肥満でない人と，169 名の肥満者が参加しました。その結果，これら参加者の腸内細菌の多様性が高い群と低い群の 2 つに分けられること，そして腸内細菌の多様性が低い群の方が肥満傾向にあること，さらにより高いインスリン抵抗性と脂質異常症傾向を有し，さらに炎症を起こす細菌も多いことが示されました。つまり腸内環境の多様性が肥満になりやすさと密接に関係するということを示唆しています。

さらに腸内細菌叢の変化が肥満を引き起こすことで，対糖能（血液中のブドウ糖濃度である血糖値が高くなった時に，それを正常値まで下げる能力のこと）を悪化させることが明らかになり，現在では腸内細菌が炎症・免疫系を介して糖尿病の発生に関与すると考える研究もあります。また，近年では糖尿病患者では酪酸を産生する細菌数の減少といった糖尿病患者に特有の細菌叢が見られる（Qin et al., 2012; Karlsson et al., 2013）など新たな知見が得られています。腸内細菌叢は，実は食事によって変化し得ることから，以上の知見は，これまで主にカロリー制限が用いた食事療法によっていた糖尿病の治療が，今後は腸内細菌叢を変化させることを目的とした食事療法に変わる可能性を示唆しており（坊内・小川，2015），世界的に増加する糖尿病治療において，今後さらに腸内細菌の働きを利用した治療が効果を発揮することが期待されます。

[3] 腸内細菌が気分や行動に与える影響

食物との関係性が直接的な食物アレルギー，潰瘍性大腸炎，肥満などの疾患に腸内細菌が影響するというのは比較的理解しやすいのですが，最近では一見，食物との関係がわかりにくい，自閉症のような精神・神経疾患についても，その発症に腸内細菌が影響していることがわかってきました。腸内細菌はヒトが消化できない食物繊維を分解し，腸が吸収できる化合物に変化させるのですが，この化合物は脳腸軸と言われるシステムを通じて脳の中枢神経系へ直接送られるものもあります。また腸は脳から一方的に指令を受けるというのではなく，逆に感情や思考といった脳の働きが腸からの指令を受けているというように，脳と腸が密接に関係していることが明らかになりつつあります。例えば現在のところ，まだ自閉症の発症メカニズムそのものについては明らかにされてはいないのですが，自閉症スペクトラムの児では，そうでない児に比べ，食感や味，匂い，形などに対するこだわりが強く偏食傾向が強いことがわかっています（Hubbard et al., 2014）。さらに自閉症スペクトラム児の腸内細菌を調べた研究で，存在する腸内細菌叢の種類が少ないほどこのような症状が強く，さらに偏性嫌気性菌の 1 つであるビフィズス菌が有意に少ないこと（De Angelis et al., 2013）が示されるなど，自閉症のような，一見すると直接関係のなさそうな疾患にも，腸内細菌が関係している可能性が示唆されています。日本では後藤ら（2016）が，特にプロバイオティクス*食物を自閉症スペクトラム児に与えたところ，食物に対するこだわりが強い児ほど，ビフィズス菌入りプロバイオティクス食品を継続摂取することによって症状が改善されることを示しており，今後さらにこのような腸内細菌の働きを利用した食事療法による自閉症スペクトラム児の症状改善の可能性が示唆されています。

[4] 腸内細菌にとって良い環境にするには

多くの種類の腸内細菌がうまく働き，機能してくれるためにヒトがまずできることは食べる物の見直しです。栄養のところでも述べましたが，腸内細菌が必要としているのは，基本的には食物繊維です。「基本的に」としたのは，どのような腸内細菌がいるかは進化の過程でこれまで何を食べてきたかということが影響し，私たちの腸内細菌は一人一人，異なるためです。例えば，日本人であれば，海藻を食べる習慣がありますので，この海藻を特に好む細菌が多い可能性がありますが，これまで海藻を食べる習慣のなかった欧米人の腸内細菌には，このような種類の細菌はいないかもしれま

＊腸内細菌叢のバランスを改善することにより人に有益な作用をもたらす生きた微生物，または十分量を摂取した時に宿主に有益な効果を与える生きた微生物。なお，その微生物を含むヨーグルトや乳酸菌飲料そのものをプロバイオティクスと呼ぶ場合もある。

せん。とはいえ，腸内細菌が食物繊維を栄養源とすることはわかっているので，とにかく食物繊維を多く含む食品を多くとることと，それに加え動物性の飽和脂肪酸の少ない食事を心がけることが大切だと考えられています。腸内細菌の重要な仕事の１つに，食物繊維から短鎖脂肪酸という化合物を作り出すことがあります。この短鎖脂肪酸が体内にたくさんあると，交感神経ではノルアドレナリンの分泌を促し，心拍数や体温を上げ，酸素消費量を増加させ，エネルギー消費量を上昇させます。さらに，脂肪細胞ではグルコースの取り込みと脂肪の蓄積を抑える効果が期待できます。これらのことは，腸内細菌と生活習慣病のところで腸内細菌の多様性と肥満について述べたように，腸内細菌の多様性が保たれ，よく機能している場合は太りにくいということと一致します。

次に腸内細菌そのものの種類を増やすという意味では，発酵食品の摂取も必要です。先に述べたように胎児は生まれて来る前は，もともと無菌の状態なのですが，出産時に母親の膣内の細菌を受け継ぎ，その後は母乳を通して，さらに様々なものに触れることによって，その土地土地にあった細菌を体内に取り入れていきます。赤ちゃんの場合，母乳などの乳のみの食事から離乳食によって固形のものを食べるようになることで便の状態が変化します。このような便の状態の変化は，赤ちゃんの腸内細菌の構成に変化が生じたことが実感できる，わかりやすい例です。日本は幸いなことに欧米に比べ発酵食品の多い国です。味噌，納豆，漬物，ヨーグルト，チーズなどそれぞれに食品中で働く微生物の種類が違いますから，できるだけ色々な種類の発酵食品を普段から摂るようにすることで，腸内細菌の種類を増やすことができます。日本人は，先人の知恵のおかげで発酵食品を容易に取ることができる状況にあるわけですから，日々，しっかりと様々な食品から発酵食品を摂取することを心がけたいものです。

4　ナッジ

意識させずに行動を変化させる方法で，現在，注目を浴びているのがナッジ（nudge）です。直訳すると合図するために肘で人を軽く突く，という意味で，強制的な指示や選択肢の制限もなく，さらに当人の意思の力に依存せずに，人間の認知や意思決定のちょっとしたクセを利用することで行動を誘導することを意味します。きっかけと行動傾向を適切に結びつけることができればその効果は大変大きいこと，そのうえ，その政策的なコストがきわめて低く，さらに対象者に負担がかからないという点が特徴です。身近な例では，駐車場の白線などもそうです。白線が引いてある，ただそれだけなのに，私たちはきちんと枠線内におさまるよう駐車しますね？　白線を無視して駐車するのは，なんとなく気持ちが悪いからです。

このようにナッジは，人の行動を意識的に変えようとするのではないため，「やった方がいいとわかっているけれど，なかなかできない」という行動を後押しするのに大変適した方法なのです。例えば，食行動であれば，野菜は食べたほうがいいとわかっているけれど，なかなかできないために問題となっている，ということはよくあります。まさにナッジによる行動変容が適している対象の１つだといえるでしょう。

すでに学食や社員食堂で一汁三菜のバランスの良いメニューを選択してもらうために，この方法をうまく利用しているところもあります。具体的には，トレイやランチョンマットに予め食器の配置をプリントするという方法です（図 15-2 左図）。この方法であれば食器を置く位置が指定されていますので，例えば，麺類だけで済まそうとした場合，小鉢の置き場所が空いてしまい，落ち着きがよくありません。そのためプリントしてある図に従って小鉢を足す行動が促され，その結果，自然と栄養のバランスがよくなるというわけです。

アメリカでは農務省（USDA）が「アメリカ人のための食生活指針　2015-2020」に基づいて健康的な食事のパターン実践のための一般向けのツールとして「マイプレート（MyPlate）」（図 15-2 右図参照）を作成しました。マイプレートは，視覚的に何をどのくらい食べれば良いかを，消費者にわかりやすく示すために作成されています。「マイプレート」では肥満や生活習慣病を予防・改善することを目的とし，食べ物に含まれる栄養素ごとに食品を４つのグループに分け，皿に盛った食品をカラフルに示すことでバランスの良い食事が視覚的に理解できるよう，具体的には，お皿の半分を野菜と果物が，残る半分を穀物とたんぱく質が占めるようにデザインされています。さらに乳製品（dairy）を表す皿も脇に添えられています。さらにアメリカの食事ガイドラインでは野菜，果物，全粒粉，たんぱく質，乳製品の食品群をバランス良くとることを奨励しており，さらに穀類については精製された小麦や白米の代わりに全粒粉や精白されていない玄米を増やすということも推奨されています。

このようにマイプレートの基本は栄養情報について一目で何をどれだけ食べればよ

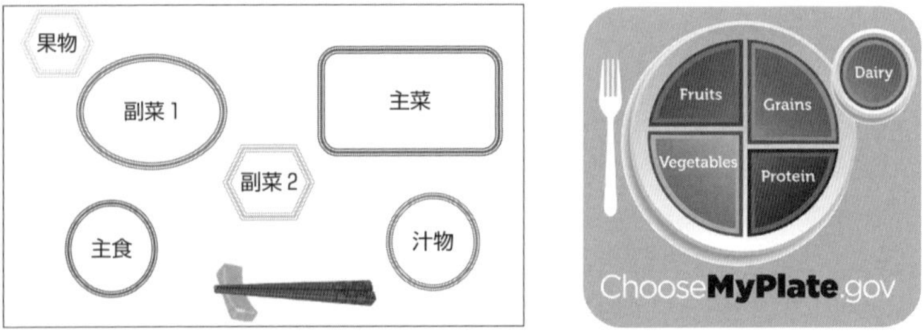

図 15-2　ナッジを用いたランチョンマットの例（左）とアメリカのマイプレート（右）

いかがわかるように示したものなのですが，同時にこのように食材を盛り付ける場所を決めてしまうことが習慣づけられると，決まった場所に決まった食材がないとなんとなく落ち着かなくなることから，自然とバランスが取れた食品が取れるようになる良い仕組みだといえます。

実は，日本にも古くからこれに似たような仕組みがあることに気づいた方はいるでしょうか？　そう，弁当箱です。弁当箱を利用すると，弁当箱の容量がおおよその摂取カロリーに相当しているため，カロリーのコントロールが簡単にできます（村元ら，2013）。容量が 500 ml であれば 500 kcal，800 ml であれば 800 kcal となりますから，各自の必要量に応じて調整もしやすいのです。ここで重要なのは，お弁当につめる食品の割合なのですが，実は以下の図 15-3 のような割合（主食：主菜：副菜＝３：１：２）が良いとされています。多くの場合，主菜と副菜の割合を逆にされているのですが，副菜の割合を多くすることでより良いバランスになるとされています。そして，常にこのバランスで詰められた弁当を見慣れることで，主菜，副菜，主食をどれくらい食べれば良いかのイメージもつきやすくなると考えられます。

第２部 12 章で紹介したロジンら（Rozin et al., 2011）の研究も同じ原理です。ロジンら（2011）の研究では，参加者が自由に選ぶことができるサラダバーという状況設定で，野菜の置き場所によって摂取量が異なることが示されました。つまり私たちは入手しやすい状況にあれば，摂取量が増えることがわかっています。したがって間食がやめられない，という場合に手っ取り早い解決方法は，「買い置きをしない」ことです。すぐ食べられる状況にあるから食べてしまうということに気づきましょう。例えば，夜，遅くに映画を見ながらなんとなく「ポテトチップスが食べたいなぁ」と思ったとしましょう。戸棚の中にあるとすぐに食べる（食べてしまう）ことになりますが，もし，わざわざ買いに出る，となったらどうでしょう。もちろん，買いに行ってでも食べるという人もあるでしょう。けれど多くの場合，いったん考える時間をもつことで，「食べずにあきらめる」という可能性が出てきて，今はガマンしようとい

図 15-3　主食・主菜・副菜の割合と実際のお弁当の例（村元ら，2013）

う選択をすることも少なくありません。しかし，急に買い置きを止めるのが難しい，またはすでに買い置きがある，という場合は，少なくとも目につきにくい場所に保管することも有効です。私たちは，食物が見えることが引き金になって食べたくなるという場合も多いことから，視覚によって食欲が刺激されないようにすることも間食を控えるためには，有効な手段の１つといえます。そして，実はこの方法は逆に摂食量を増やしたいときにも使えます。例えば，果物は１日 200 g（厚生労働省によって推奨されている目安としては，温州ミカンやキウイフルーツだと２個，梨やリンゴだと１個，バナナ２本　程度が相当）ですが，国民健康・栄養調査（平成 30 年度）の結果を見ると，私たち日本人の果物摂取は平均 96.7 g と推奨量の半分以下であることがわかります。果物の場合は，第２部２章でも示したようにまず「皮をむく」などの手間がかかるということが摂取量を増やしにくい要因の１つであると考えられます。したがって，まずはたとえ皮があっても食べやすい温州ミカンやバナナなどを「目につきやすい・手に取りやすい」場所に置くことが摂取量を増やすためには有効です。もう少し手間をかけてもらえるなら，あらかじめ皮をむいたり，カットしたりしてすぐに食べられる状態になったカットフルーツを冷蔵庫に常備するというのも，摂取量を増やすことにつながります。これは野菜でもまったく同じで，すぐに食べられるプチトマトはもちろん，スティック人参や大根，茹でたブロッコリーやアスパラ，オクラなど旬の野菜をすぐに食べられる状態で冷蔵庫にストックしておくことで，気軽につまむことができることから野菜の摂取量を増やすことにつながります。

ただ，日本では果物は比較的，高価であるため，世帯の所得が摂取量に影響するということも指摘されています。ですから摂取量を増やすためには，経済的な対策も必要になるかもしれません。先の国民健康・栄養調査（平成 30 年度）の結果では年収 600 万以上の世帯であっても男性で 88 g，女性で 114 g と決して十分な摂取量とはいえないことから，社会レベルでの経済的な対策に加え，個人レベルでは上記のような「目につきやすさ，手にとりやすさ」を利用することも有効だと考えられます。

5　成長・年代に伴う変化

［1］乳幼児期

私たちの食行動は，成長過程においても変化します。特に変化が大きいのは，母乳またはミルクのような液体から，固体の食物の摂取へと移行する離乳食の頃です。厚生労働省の授乳・離乳の支援ガイド（2019）によると生後５～６ヶ月頃から「なめらかにすりつぶした状態の食物」つまり固形の食物を与えるとされています。たとえ，この時期の食物がドロドロのペースト状であるといっても，母乳やミルクのような液体を飲み込むのとは，口腔内の筋肉の動きがまったく異なるため，赤ちゃんにとってはかなり大きな変化になります。したがって，離乳食を与える際には，歯の生え具合はもちろん，食物のかたさ，大きさ，弾力性の有無などに十分注意し，丸呑みにならないよう，食材によっては，いったん１段階前のレベルまで戻って，柔らかくしたり，大きさを小さくしたりといった工夫も必要です。

さらに母乳やミルクと比べて，離乳食ではテクスチャーや風味の変化が大きくなります。母乳の風味については母親の食事の影響を受けることを先に紹介しましたが，ミルクの場合はいつもだいたい同じ味ですし，テクスチャーに関しては，ミルクはもちろん，母乳の場合であってもさほど変動はないでしょう。しかし離乳食の場合は，使う食材によって，風味はもちろん，色やテクスチャーが大きく変化しますから，赤ちゃんにとっては毎回，毎回，ものすごく大きな変化を体験する，いわば「挑戦」であることを理解してあげる必要があるでしょう。

好き嫌いのところで，雑食性動物であるヒトには，危険を回避する新奇性恐怖と新しい食物を積極的に受け入れる新奇性嗜好という，相反する行動傾向があるということを説明しました。そしてこの新奇性恐怖が，いわゆる「食べず嫌い」につながることから，この時期により多くの食物を試すということは，新奇性恐怖による食べず嫌いを含む，好き嫌いを減らすために重要であることはすでにお話ししたとおりです。しかし，実は，離乳食を食べ始める頃から２歳までの間は，この新奇性恐怖の傾向が弱まり，90％以上の食物に対する反応が良い（positive である）「味蕾の黄金期」と呼ばれる時期が存在するとされています。この時期はまさに乳のみを栄養源としていた時期から，様々な食品を摂取するための準備期にあたるわけですが，雑食性動物であるヒトにとって避けられない新奇性恐怖の傾向を弱めることは，将来的に取得できる食物のバリエーションが広がることを意味し，大変，理にかなった変化だといえます。したがってこの時期を最大限に利用し，なるべく多くの種類の食物を経験させることは非常に重要だと考えられます。離乳食時期の子どもは，大変気まぐれです。せっかく手をかけて準備した食物を食べないこともあるかもしれません。実際には，一度食べなかったからといって，その食物が嫌いというわけではないのですが，多くの場合，準備する側が，こんなに手をかけても嫌がられてしまうということで，再度，チャレンジしようという意欲が失われてしまうことも少なくありません。せっかくの貴重な「味蕾の黄金期」ですからあきらめずに十分に活用しましょう。また授乳期では受動的であった食行動が，自分の食べたい食物を選んで手でつかんで食べるなど能動的になるという変化が見られるのもこの頃です。私たちは，食物を味覚だけでなく，五感で味わっているということを忘れず，感覚をフルに使う機会を与えてあげましょう。

[2] 青年～成人期

成長するに従い，さらに食の自律性が高まり，食物選択の際に，栄養があるなどの認知的要因が影響するようになってきます。また青年期以降では，友人の影響も大きくなり，さらに親のコントロールから離れ，外食の機会が増えます。外食だけでなく，大学生の場合であれば，さらに一人暮らしをしている友人宅で食事をごちそうになったり，ごちそうしたり，という機会もあるかもしれません。このように自宅以外で食べる機会が増えることは，栄養の偏りや，濃い味付けなど心配な側面もある一方で，今まで食べたことがなかった食材を食べる機会が増えたり，またそれにより嗜好の幅が広がるという良い側面もあります。案外，家庭の食事というのは，他の家庭と比べる機会がないので，自分の家の食事＝一般的と考えがちですが，他の家庭の様子を知ることで，例えば日々の献立や使われる食材，提供される量，盛り付けの方法などの違いに驚いたり，新たな発見があったり，ということも多いのです。

またこの時期は，先に述べたように「仲間」とのつながりが重要になることから，他人にどう思われるか，さらには身体的な魅力に対する関心の高まりも加わり，いわゆる食事を減らしたり，低カロリーのものを選んで食べるなどの「ダイエット行動」などが見られることも少なくありません。この時期は，若さゆえに，さほど食生活が健康に与える影響について深刻に考えることは少ないことに加え，無理をしてもすぐに体調の変化として感じられることが少ないため，望ましくない食生活を続けてしまうことがあります。しかし望ましくない食生活を続けることは，中高年期の生活習慣病の発症につながってしまうため注意が必要です。

実際，平成30年度の国民健康・栄養調査では，20代の女性のやせ（BMI<18.5 kg/m）は，19.8%であり，ほぼ5人に1人が「やせ」の状態であることがわかります。世界中いたるところで，やせ礼讃文化が広がるなか，欧米では，青年女性のダイエットの背景に肥満の問題があるのですが，日本では健康的な体重であるにもかかわらずダイエットに突き進む傾向があり，日本人のやせすぎは世界的な肥満問題と乖離していると永田（2019）は指摘しています。さらに永田（2019）は，ウォードゥルら（Wardle et al., 2006）が，世界22か国の大学生男女18,512名を対象に実施した身長・体重および過体重ややせようとすることについての考えなどについての調査で，アメリカの女子大学生の平均BMIは22.6であり自分を太っていると回答したのは45%であったのに対し，日本の女子大学生の平均BMIは20. 5であるにもかかわらず，自分を太っていると回答したのは63%と22ヵ国中で最も高率であったことを示し，日本の若い女性が，正常体重であるにもかかわらず，自らの健康を顧みず，美容目的でダイエットに励むことに警鐘を鳴らしています。

近年，若年女性のやせすぎと骨量低下や低出生体重児の出産が関係すること，さらにやせすぎの影響が自分自身のみならず，それによって低体重で生まれた子どもに対しても，将来，肥満や生活習慣病のリスクを上げるということも明らかにされています。将来の自分と自分の子どものためにも，きちんと食べることの重要性が広く認識されることが望まれます。

また，栄養の問題のみならず，食べ方についても，青年期特有の友人関係によって生じる可能性のある問題もあるようです。これは友達がいないと思われるのが嫌で，（トイレの個室などで）隠れて食事を取る「ランチメイト症候群」（町澤，2001）と呼ばれるものですが，この背景について，辻（2009）は友達がいないように他者から見られることを恐れるといった，他者からの視線に対する強いプレッシャーを感じる現代青年の特徴があると指摘しており，尾木・諸星（2014）が行った調査では，実際にトイレの個室で昼食を摂った経験のある学生も500人中10人程度いたといいます。

また「会食恐怖症」という病気の名前を聞いたことがある人もあるかもしれません。これは強い不安や恐怖のために人前で食事ができないという神経症の一種です。青年期に特有というわけではないのですが，発症のきっかけとして，給食やクラブ活動の合宿などでの食事などで「残してはいけない」と強い指導がされてしまった場合や，家庭での食事の際にケンカが絶えず，嫌な雰囲気での食事場面を繰り返すことなどがあるとされています。もちろん，食事は残さず食べるのが望ましいことではありますが，人によって食べられる量は異なりますし，食欲は体調や心理的な状況にも影響されること，さらに無理強いが，このような病気の発症につながる可能性があることも知っておく必要があるでしょう。

青年期という発達段階は，ほぼ第二次性徴と並行して始まり，その終わりに関しては統一的に明確な基準がなくほぼ，大学卒業年代から30歳代頃の範囲と考えられ，長い期間を指していることから対象となる年代も様々であり（岡田，2002），食に関する問題も非常に多岐にわたります。しかし先述のように，青年期の食の影響は，今，その時ではなく，もっと先の中高年以降に出てくることを忘れてはいけません。

［3］高齢期

さらに高齢になると今度は，加齢や薬の副作用などにより唾液の分泌量が低下したり，歯の欠損などによる咀嚼力の低下をはじめ，食べる量そのものが少なくなったり，食べる食物が偏ったりすることで生じる低栄養が深刻な問題となります。実はうまく咀嚼できないと，食物を噛んだり飲み込んだりする際に，匂い物質が十分放出されなくなるため，後鼻腔（retronarsal）嗅覚がうまく機能せず，そのことが「味がしない」ということにもつながってしまうことから，加齢による味覚や嗅覚の低下に咀嚼が間接的に関与していることがわかっています。

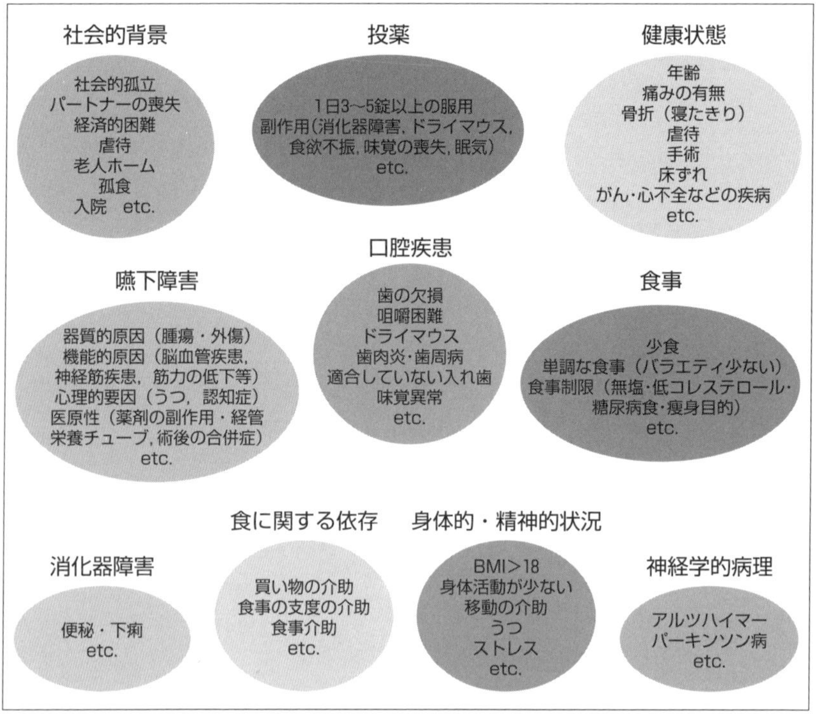

図 15-4　高齢者の低栄養の主な原因

また低栄養に関しては，先に述べた咀嚼や唾液分泌といった身体的変化だけでなく，社会的な要因も絡むことが知られています（図 15-4 参照）。

例えば，意外なところでは「退職」と食べることの関係です。学校に行っている間や仕事をしている間は，昼食は誰かと食べる機会が多いのですが，「退職」すると，この機会が消失します。つまり「退職」という食事とは一見，何も関係ないように思えることが，食事の日常ルーティンの喪失につながり，それが食欲の低下，さらに低栄養につながることもあるのです。したがって高齢者に対して昼食を一緒に食べる場を提供することは，単なる栄養の提供だけではなく社会的孤立を防ぐ意味においても有意義であると考えられます。

高齢者が低栄養かどうかのスクリーニングでは，①食欲の低下がないか，②すべてまたは一部の食品（肉や生のフルーツ）の消費が少なくないか，③体重減少がないか，⑤身体活動は減少していないか，⑥うつ状態ではないか，⑦孤独ではないか，についてチェックします。

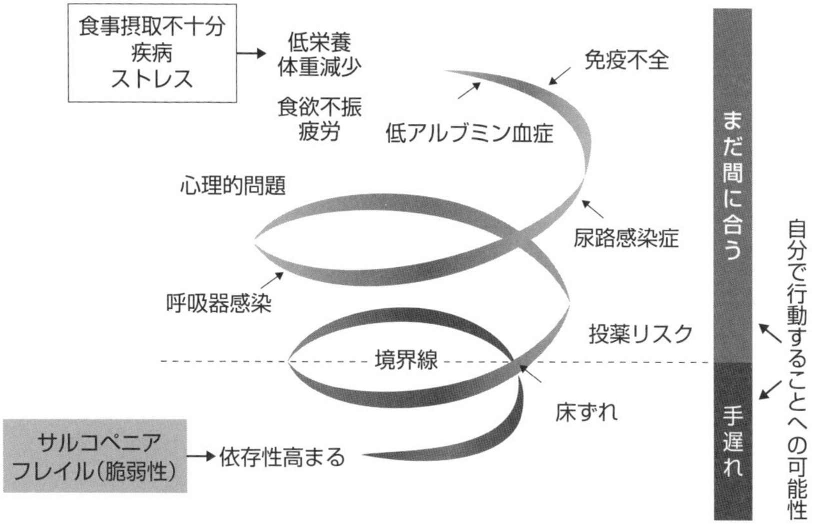

図 15-5　高齢者における低栄養によって生じる負のスパイラル

高齢者の低栄養による影響として，サルコペニア（骨格筋量と筋力の低下）は重大な問題です。日本サルコペニア・フレイル学会によると現在，65 歳以上の高齢者の 1～29％がサルコペニアに該当し，施設入所高齢者では，14～33％がサルコペニアに該当するといいます。さらに大規模研究に限ってみると，サルコペニア有病率は，全体の 6 ～12％であることが示されています。さらにⅡ型糖尿病やメタボリックシンドロームの人ではサルコペニアの有病率が高いことが示されています。サルコペニアでは，転倒による骨折からフレイル*となるリスクが高まるだけでなく，サルコペニアを合併することでがん患者の生存率が低下することや手術の死亡リスクが高まることもわかっています。低栄養が疑われる場合は，不足しがちなたんぱく質を特に意識してしっかりと摂取することが必要です。ちなみに高齢者が 1 日に必要なたんぱく質の推奨量は 1.0-1.2 g×体重（kg）とされています（図 15-6 参照）。

さらにいろいろな食品を食べるためにヒントとなるのが図 15-7 です。

*加齢により心身が老いた状態。しかし早期に介入し対策を行えば，元の健常な状態に戻る可能性がある，いわば健康な状態と日常生活でサポートが必要な介護状態の中間を意味する。

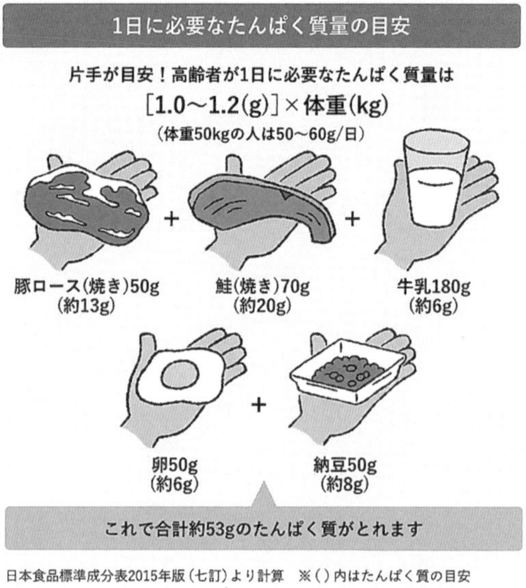

図 15-6　1 日に必要なたんぱく質量の目安（東京都保健局）

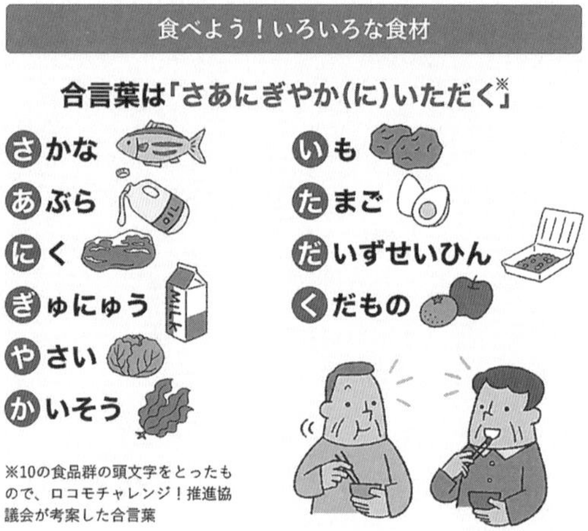

図 15-7　食べよういろいろな食材（最低でも四点以上，七点以上を目指すことが推奨されている）（東京都保健局）

6 社会経済的立場（SES）

社会経済的立場（Socio-economic status : SES）とは児童期と成人期の両方の社会階級の位置にリンクされた，資源（resource）ベースと名誉（prestige）ベースの両方を含む概念で，収入や学歴，社会的階級や，職業などが健康に関係するという考え方です。2000 年以降，国内外で工業化社会における罹患率と死亡率は社会の経済的勾配に従うことや，恵まれないグループほど，肥満，糖尿病，心疾患，骨粗鬆症，虫歯，その他ある種のがんといった，特に食事や栄養の内容が直接関与するような慢性疾病の高い発症率と関係することなどが示されています。また社会経済的立場の変数は，エネルギーバランスのすべての側面に影響を与える可能性も指摘されています。例えば，ダーマンとドルゥノウスキ（Darman & Drewnowski, 2008）では，栄養の乏しい，エネルギー密度（energy dense）の高い食事は，社会経済的立場が低い人で多く消費されるのに対し，全粒粉，赤身の肉，魚，新鮮な野菜や果物などの食品群は社会経済的立場の高いグループでの摂取量が多いことを示しています。社会経済的立場が，総エネルギー摂取量または主要栄養素組成のいずれかに影響を与えることを示すデータはほとんどないものの，全粒粉，赤身の肉，魚，新鮮な野菜や果物にはビタミン，ミネラル，食物繊維など微量栄養素が多く含まれることから，食事の質は社会経済的立場によって影響を受けると述べています。そして，このような社会経済的立場に関する変数と食事の質との関連については，様々な要因が関与する可能性があるとしながらも，雇用水準が最高ランクの女性のビタミン C 摂取量は 133 mg/日であったのに対し，最低ランクの女性では 91 mg/日であり，社会経済的立場と食事の質の関連の強さを明らかにしています。日本においても，2010 年の国民健康・栄養調査で初めて所得水準と生活習慣との関連について調査したところ，女性では所得が低いほど肥満の割合が高いことが示され（所得が 600 万円以上の世帯に比べて，200 万円未満世帯の人は，肥満の割合が高い），さらには「穀類の摂取量が多く，野菜類や肉類の摂取量が少ない」「習慣的に喫煙している者の割合が高い」「健診の未受診者の割合が高い」「歯の数が 20 本未満の者の割合が高い」ことが示されています（ただし，日本の場合，平成 30 年国民健康・栄養調査では，所得水準と肥満者の割合においては所得による有意な差は見られていません）。

さらにパウエルら（Powell et al., 2007）は，食物の入手可能性も私たちの食の不公平を考えるうえで重要な要因の一つだと考えられることから，アメリカにおいて，低所得者は，中所得者に比べ住んでいる場所の近くに食料品店やスーパーマーケットがなく食物の入手可能性（accessibility/availability）が低いことを指摘しています。

またベイカーとオスモンド（Baker & Osmond, 1986）は，胎児期から出生後早期における低栄養環境が，成人期・老年期における糖尿病，肥満，高脂血症，高血圧などのいわゆる生活習慣病のリスクが高まることを指摘し，これはベイカー仮説と呼ばれていました。その後の研究から，現在では Developmental Origins of Health and Disease（DOHaD）説または成人（生活習慣）病胎児期発症起源説と呼ばれるこの概念は，胎児期に十分な栄養を得られないような劣悪な環境下にさらされた場合，倹約遺伝子のように栄養を体に溜め込む方向に制御する遺伝子の発現により，それが一生続くために上記のような生活習慣病の発症リスクとなるという考えに基づいています。糖尿病などは遺伝子による発症リスクも高いと考えられている疾患ではありますが，社会経済的立場による低栄養が背景にあるとすれば，社会経済的立場の要因が，将来の疾病リスクにも直接関係することがわかります。

日本においても生活保護受給世帯は2005年に100万世帯を超え，2019年には163万5515世帯となっています（厚生労働省平成31年被保護者調査）。近藤ら（2012）は，6自治体の65歳以上の参加者を対象に，4年間，所得と教育という2つの社会経済的指標を用いて，死亡や要介護認定をエンドポイントとし，これらの健康指標間で健康格差の大きさを比較しました。その結果，男性のみで所得が上がるにつれハザード比（Hazard Ratio: HR 相対的な危険度を比較する方法）が小さい（死亡の危険性が低い）ことが示され，教育年数についても同様の傾向が認められたと言います。日本は，国民皆保険制度により医療へのアクセスが保証されており，所得格差も比較的小さいと考えられてきましたが，近年，家族のあり方や雇用形態といった社会経済状況も大きく変化し，高齢者層以上に若年中年層で貧困リスクが高まっている（小塩，2010）という指摘もあります。このように食べることと社会的経済的な立場が関係しているということについても，私たちの食行動と健康を考えるうえで忘れてはならない視点です。

引用文献

Baker, D. J., & Osmond, C. (1986). Infant mortality, childhood nutrition, and ischaemic heart disease in England and Wales. *Lanset, 327*(8489), 1077-1081.

Bhutani, S., Howard, J. D., Reynolds, R., Phyllis, C. Z., Gottfried, J., & Kahnt, T. (2019). Olfactory connectivity mediates sleep-dependent food choices in humans. *eLIFE Research Article*; 8:e49053. Doi: https://doi.org/10.7554/eLife.49053.002

坊内 良太郎・小川 佳宏（2015）．肥満・糖尿病と腸内細菌　日本内科学会雑誌, *104*, 57-65.

Darmon, N., & Drewnowski, A. (2008). Does social class predict diet quality? *American Journal of Clinical Nutrition, 87*, 1107-1117.

De Angelis, M., Piccolo, M., Vannini, L., Siragusa, S., De Giacomo, A., Serrazzanetti, D. I., Cristofori, F., Guerzoni, M. E., Gobbetti, M., & Francavilla, R. (2013). Fecal microbiota and metabolome of children with autism and pervasive developmental disorder not otherwise specified. *PLoS One,*

8, e76993.

小塩 隆士（2010）．再分配の厚生分析――公平と効率を問う　日本評論社

後藤 幸織・小川 詩乃・李 英娥・柴田 柚香（2016）．自閉症スペクトラムと腸内細菌の関連（中間報告）発達研究，*30*, 183-188.

Hubbard, K. L., Anderson, S. E., Curtin, C., Must, A., & Bandini, L. G. (2014). A comparison of food refusal related to characteristics of food in children with autism spectrum disorder and typically developing children. *Journal of the Academy of Nutrition and Dietics*, *114*, 1981-1987.

Karlsson, F. H., Tremaroli, V., Nookaew, T., Bergstrom, G., Behre, C. G., Fagerberg, B., Nielsen, J., & Bäckhed, F. (2013). Gut metagenome in European women with normal, impaired and diabetic glucose control. *Nature*, *498*, 99-103.

厚生労働省（2019）．授乳・離乳の支援ガイド（2019年改訂版）　https://www.mhlw.go.jp/content/11908000/000496257.pdf　（最終閲覧日 2020年10月9日）

厚生労働省（2019）．被保護者調査平成31年2月分概数　https://www.mhlw.go.jp/toukei/saikin/hw/hihogosya/m2019/02.html　（最終閲覧日 2020年8月8日）

厚生労働省（2018）．平成30年国民健康・栄養調査結果の概要

近藤 克則・芦田 登代・平井 寛・三澤 仁平・鈴木 佳代（2012）．高齢者における所得・教育年数別の死亡・要介護認定率とその性差――AGESプロジェクト縦断研究――　医療と社会，*22*(1), 19-30.

Le Chatelier, E. et al. (2013). Richness of human gut microbiome correlates with metabolic markers. *Nature*, *500*, 541-546.

町澤 静夫（2001）．ランチメイト症候群について　学校保健のひろば，*23*, 84-87.

Markwald, R. R., Melanson, E. L., Smith, M. R., Higgins, J., Perreault, L., Eckel, R. H., & Wright, K. P. (2013). Impact of insufficient sleep on total daily energy expenditure, food intake, and weight gain. *Proceedings on the National Academy of Sciences of the United States of America*, *110*, 5695-5700.

Mayer, E. A. (2016). *The mind-gut connection: How the hidden conversation within our bodies impacts our mood, our choices, and our overall health*. New York: Harper Wave.（メイヤー，E.　高橋 洋（訳）（2018）．腸と脳：体内の会話はいかにあなたの気分や選択や健康を左右するか（p. 129）　紀伊國屋書店）

村元 由佳利・江頭 香衣・鎌田 早紀子・松井 元子・大谷 貴美子（2013）．望ましい食生活への理解を目指した食育プログラム　日本食育学会誌，*7*(2), 137-153.

永田 利彦（2019）．摂食障害治療の基本問題――やせすぎモデル規制に向けて――　心身医学，*59*(3), 225-231.

Nedeltcheva, A. V., Kilkus, J. M., Imperial, J., Kasza, K., Schoeller, D. A., & Penev, P. D. (2009). Sleep curtailment is accompanied by increased intake of calories from snacks. *The American Journal of Clinical Nutrition*, *89*, 126-133.

尾木 直樹・諸星 裕（2014）．危機の大学論：日本の大学に未来はあるか？　角川書店

岡田 努（2002）．青年期・成人期・老年期の発達研究の動向　教育心理学年報，*41*, 63-72.

Powell, L. M., Slater, S., Mirtcheva, D., Bao, Y., & Chaloupka, F. J. (2007). Foodstore availability and neighborhood characteristics in the United States. *Preventive Medicine*, *44*, 189-195.

Qin, J. et al. (2012). A metagenome-wide association study of gut microbiota in type 2 diabetes. *Nature*, *490*, 55-60.

Rozin, P., Scott, S., Dingley, M., Urbanek, J. K., Jiang, H., Kaltenbach, M. (2011). Nudge to nobesity I: Minor changes in accessibility decrease food intake. *Judgment and Decision Making*, *6*(4), 323-332.

Sonnenburg, J. & Sonnenburg, E. (2016). *The good gut: Taking control of your weight, your mood, and your long-term health.* New York:Penguin. (ソネンバーグ，J.・ソネンバーグ，E. 鍜原 多惠子（訳）(2018). 腸科学：健康な人生を支える最近の育て方　早川書房)

Stewart, J. E., Seimon, R. V., Otto, B., Keast, R. S. J., Clifton, P. M., & Feinle-Bisset, C. (2011). Marked differences in gustatory and gastrointestinal sensitivity to oleic acid between lean and obese men. *American Journal of Clinical Nutrition, 93,* 703-711.

東京都保健局　https://www.fukushihoken.metro.tokyo.lg.jp/kaigo_frailty_yobo/yobou/point_eiyo/02.html （最終閲覧日 2020年10月9日）

辻 大介 (2009). 友だちがいないと見られることの不安　少年育成, *54,* 26-31.

Wardle, J., Haase, A. M., & Steptoe, A. (2006). Body image and weight control in young adults: International comparisons in university students from 22 countries. *International Journal of Obesity, 30,* 644-651.

索　引

事項索引

［ ］の語は索引語そのものを意味するものではなく，その語がどの文脈で述べられているかを示す。
⇒ は索引語と対となって述べられる語への案内を示す。

A to Z／Abbreviations
accesibility　136
ADI　65
ADL　105
AgRP　116
——神経　116
α-MSH　115
ATP　32, 33
BMI　10, 151, 179, 192
bolus　160
Bt 菌　70
Bt コーン　68
CASH　26
CCK　179, 180
CD36　152
Developmental Origins of Health and Disease 説　198
DNA　68, 69
DOHaD 説　198
dominant rate　164
DR　164
EBN　102
ECS　181
elasticity［おいしさ］　161
GABA　71, 115, 116
GI　92
GMO　68
GPR120　152
HDL コレステロール ⇒ LDL　35, 41, 43, 44
HMOs　39
intensity［感覚］　163
International Study on Salt and Blood Pressure　104
INTERSALT　104
iPS 細胞　72
LDL コレステロール ⇒ HDL　6, 41, 43
LH ⇒ VMH　114, 123
NOAEL　65
NOVA　18
Nutri-score　56, 57
NYP　115, 116
ob/ob マウス　116
oral referral　167
orthonasal route ⇒ retronasal　167
PFC 比　94
POMC　116
PROP　149
PTPRJ　117
QOL　101
retronasal route ⇒ orthonasal　167
SV　31
SES　197
TDS　162, 163
Vglut 2 神経　116
viscosity［おいしさ］　161
VMH ⇒ LH　114, 123

あ行
アグーチ関連ペプチド　115
アクセシビリティ ⇒ 入手しやすさ　136, 136, 190
アニサキス　79
アミノ酸　147, 148
——スコア　5
必須——　5
アリエステージア［おいしさ；満腹感］　120
アルツハイマー病　35, 105, 106
α-メラノサイト刺激ホルモン　115
アレルギー様食中毒　78
安心　83
安全　83, 93
——性　90
——性試験　65
——率　65
胃がん　20-22
異性化糖　35
1 日摂取許容量　65
一般飲食物添加物　62
一般用加工食品　53, 54
一般毒性試験　65
遺伝的要因［体重］　124
遺伝子汚染　70
遺伝子組み換え技術　68-70
遺伝子組み換え食品　68
遺伝子組み換え農作物　68
胃の収縮説［空腹感］　111-113
因果関係［疫学］　102, 103
インスリン　6, 33, 117
——抵抗性　6, 7, 34
インターソルト研究（INTERSALT）　27, 104
ウィルス性食中毒　76, 78
ウィルス抵抗性　70
後ろ向き研究［疫学］　101
後ろ向きコホート研究［疫学］　102
淡口醤油　22
うつ病　35
栄養疫学研究　102
栄養機能食品　57-59
栄養強化剤　64
栄養強調表示　55
栄養成分　54
栄養的機能　60
栄養表示　54
疫学　100
壊疽　34
n-3 系脂肪酸　7
n-6 系脂肪酸　7
エピキュリアンの楽しみ［おいしさ］　175
塩蔵食品　21, 22
おいしさ　120, 158
横断研究　101

オーラル・リフェラル［嗅覚］　167
オメガ 3 脂肪酸　7
オメガ 6 脂肪酸　7
思い出しバイアス［疫学研究］　101
オリゴ糖　39
　ヒトミルク――　39, 40
オレオガスタス［脂肪味］　150

か行

会食恐怖症 ⇒ ランチメイト　193
外食　11
外側核　118
害虫抵抗性　70
介入［疫学］　100
　――研究　101
外発的摂食［摂食障害］　118, 119
化学性食中毒　76, 78
科学的根拠［特定保健用食品］　60, 61
化学物質　86
学習［経験］　152-154
拡張現実感［満腹］　141, 143
拡張現実構成法　142
拡張満腹感　141, 142
加工食品　11, 23
加工助剤［食品添加物；非残存］　67
過小評価［リスク］　87
過大評価［リスク］　87
過大評価［フードファディズム］　91
褐変　20
果糖　4
芽胞形成菌　77
辛味　146
カリウム　27
カルシウム　20
環境要因［体重］　124
観察学習［食行動の学習］　155
観察研究　101
感受性［感染；宿主要因］　81, 82
感情［好き嫌い］　154
冠水耐性　70
感性満腹感 ⇒ アリエステージア　120, 122, 123, 139
感染経路　81
感染源　81
感染症　77
　――分類　76
干ばつ耐性　70
γオリザノール　36-38
簡略名［物質名］　66, 67
関連遺伝子　106
寄生虫食中毒　76, 79
既存添加物　62
期待［効果］　95, 96
期待［食事・おいしさ］　172, 173
規定因子［疫学］　100
機能性表示食品　56, 60
　――制度　60
規範［食事の統制要因］　131, 132
基本味　146
客観性［安全］　83
キャリーオーバー［食品添加物；残存］　67
弓状核　117, 118
急性伝染病　100
行間［宣伝広告］　94-96
共食　129
虚偽誇大広告　95
虚偽誇大表示　94
虚血性心疾患　26
空腹　120
　――感　111
　――中枢 ⇒ 満腹　114, 118
空腹時高血糖　113
クエン酸回路　33
グラム陽性菌　77
グラム陰性菌　77
クランチー感［おいしさ］　171
グリコーゲン　32
クリスピー感［おいしさ］　171
グルコース　32
クワシオルコル［たんぱく不足］　48
食わず嫌い　153
倹約遺伝子　198
血中脂質　35
血糖値　30, 112, 113
ゲノムワイド関連研究［遺伝子］　106
ゲノム編集　71
減塩　22, 24, 25
健康効果　92
健康志向　91
健康食品　57, 91, 95, 96
健康的な食品　174
健康問題　91
健康リスク　96, 97
玄米　36-38
濃口醤油　22
効果［ダイエット法］　92
口腔内過程［おいしさ］　158, 159, 160, 163
高血圧　20, 24, 27
抗酸化作用　23, 50
抗酸化物質　49
抗腫瘍作用　23
恒常性維持機能　112
合成 ⇒ 天然　91
抗生物質　183
後鼻腔経路［嗅覚］⇒ 前鼻腔　167, 168
ゴールデンライス　68
国民健康・栄養調査　190
固執［フードファディズム］　91
孤食　129
コホート　102
　――研究　101, 102, 105
コレシストキニン　179
昆虫食　74

さ行

サービング　31
サーベイランス　100
細菌性食中毒　76, 77
サステナビリティ　72
雑食動物　153

——のジレンマ　153
サルコシスティス・フェアリー［寄生虫］　80
サルコペニア［たんぱく不足］　48, 195
酸化防止剤　63
視覚情報［摂食量］　139, 143
自家調理品　11
識別名［物質名］　67
嗜好的機能　60
視床下部　114, 117
——外側野　114, 115, 118
——弓状核　114-118
——腹内側核　114, 115, 118
シス型トランス脂肪酸 ⇒ トランス型　44
自然　93
自然交配　68
自然毒食中毒　76, 78
持続可能性（サステナビリティ）　72, 73
室傍核　115
指定添加物　62
渋味　146
自閉症スペクトラム　186
脂肪味（オレオガスタス）　150, 152, 179
社会経済的立場　197
社会的促進［摂食量］　129
主観性［安心］　83
宿主要因［感染；感受性］　81, 82
種類の効果［摂食量］　139
使用基準［添加物］　98
脂溶性ビタミン　7, 8
情報［食品］　93, 97, 98
小胞体ストレス［視床下部］　37
賞味期限　94
症例対照研究　101
食塩　20, 27
——相当量　11, 23
食後高血糖　113
食事摂取基準　28, 31
食事の記憶　132-134
食事バランスガイド　16, 17, 31
食中毒　77, 85, 88, 96
食の外部依存性　84
食の楽しみ　175
食品衛生法　53, 62
食品加工のレベル　18
食品偽装　84
食品添加物　62-67
食品表示法　53
食品ピラミッド　16
食物繊維　3, 61, 182, 184
除草剤耐性　68, 70
触覚　146, 159, 160, 161, 165, 172
食感　158
所得格差 ⇒ 社会経済的立場　198
所得水準 ⇒ 社会経済的立場　197
新奇性恐怖　152, 153, 191
新奇性嗜好　152, 153, 191
神経毒　79
人工透析　34
人工培養肉　72
人工物　93
身体エネルギー　120
睡眠不足 ⇒ 嗅覚　181
水溶性食物繊維　4
水溶性ビタミン　8, 9
スーパーテイスター　149
スーパー雑草　70
生活習慣病　103-106, 182, 185, 187, 193
生活の質（QOL）　101
生体調節機能　60
セグメント効果［摂食量］　128
摂食関連ペプチド　115
摂食障害　119
摂食促進　115
摂食中枢　117, 118
摂食抑制　115, 119
——ペプチド　180
ゼロ表示［栄養強調表示］　56
選択肢［摂食量］　139, 141
宣伝広告　94
前鼻腔経路［嗅覚］⇒ 後鼻腔　167, 168
相関　103, 104
——関係　102
咀嚼音［おいしさ］　171

た行

ターミネーター技術　71
タール系色素　63
第 3 類感染症　76
ダイエッター　128
ダイエット行動　192
ダイエット法　92
体重の安定値説　123-125
体重の設定値説　123, 124
体重の水漏れ樽モデル　124
代替肉　72
対糖能　185
第六の栄養素　4
唾液　160
だし　156, 157
他者摂食量情報　131
他者の存在　129
多量ミネラル　9
短鎖脂肪酸　187
単純接触効果［食物の好き嫌い］　154
弾性［おいしさ］　159, 161
タンニン　146
たんぱく質チロシンホスファターゼ受容体タイプJ　117
たんぱく質量　194
知覚レベル［食感］　158, 159
中温菌　80
中性脂肪　6, 43
腸内細菌　182, 183, 185-187
——叢　39, 40, 186
腸内フローラ ⇒ 腸内細菌叢　37
低栄養　194, 195
低出生体重児　192
低所得者 ⇒ 社会経済的立場　197
テクスチャー［おいしさ］　158
テトロドトキシン　79
手に取りやすい ⇒ アクセシビ

リティ　137, 190
手間がかかる［摂食量］　137
添加　96
――物　98
天然 ⇒ 合成　91, 93
――抗菌物質　97
――香料　62
――色素　63
天然物崇拝　91
島 ⇒ 梨状皮質，嗅覚　181
糖恒常説　113
糖質　3, 30
――制限　30
糖新生　32, 33
糖度　32
糖尿病　30, 150
――性腎症　34
――性網膜症　33
動脈硬化　42，43
特殊毒性試験　65
特定保健用食品　57, 58
トライポロジー［おいしさ］　159
トランス型トランス脂肪酸 ⇒ シス型　44
トランス脂肪酸　44, 45
トリアシルグリセロール　6

な行

内嗅神経系　181
内臓脂肪　35
内臓の楽しみ［おいしさ］　175
ながら食い　132, 134
ナッジ　187
ナトリウム摂取量　21, 22
７つの健康生活習慣　103
匂いと味の連合　169
二重盲検法［疫学研究］　102
日常生活動作（ADL）　105
入手しやすさ［摂食量］　136, 137
ニュートリスコア　56, 57
ニュートン流体［おいしさ］　161
ニューロペプチドＹ　115
認知レベル［食感］　158, 159
認知症　105, 106
認知バイアス　87-89
粘度［おいしさ］　159, 161
脳血管疾患　26
脳卒中　21, 22
脳腸軸［中枢神経システム］　186
ノロウィルス　78, 80, 81

は行

ハザード比　198
発酵食品　187
パラバイオーシス　116
ビーガン　73
非ニュートン流体［おいしさ］　161
非ヘム鉄 ⇒ ヘム鉄　13
久山町研究　104-106
ヒスタミン中毒　78
ヒスチジン　78
ビタミン過剰症　8, 9
ビタミン欠乏症　8, 9
必須アミノ酸　5
必須ミネラル　9
ヒトミルクオリゴ糖　39, 40
肥満　150, 151, 182, 185, 187, 192, 193, 197
ヒューリスティックス　87
表示義務免除 ⇒ 栄養強化剤　64
微量ミネラル　9
貧困リスク ⇒ 社会経済的立場　198
品種改良　68, 69
ファイトケミカル　3, 49
不安　98
フードピラミッド　16, 36
フードファディズム　91
風味　168
腹内側核　118
不健康な食物　174
物質名［表示］　66, 67
不飽和脂肪酸　6, 7, 44
不溶性食物繊維　4
ブランド名［おいしさ］　173
フレイル ⇒ 低栄養　195
フレーバーセーバー［トマト］　70
プレバイオティクス　37
プロオピオメラノコルチン　116
プロバイオティクス　37, 186
プロビタミンＡ　9
文献調査 ⇒ 臨床試験　60
文脈依存［リスク］　89
βエンドルフィン　152
ベジタリアン　73
別腹　122
ベネフィット　98
ペプチドYY　179, 180
ヘム鉄 ⇒ 非ヘム鉄　13
報酬系［快感］　150
飽和脂肪酸　6, 46, 47
ポーションサイズ効果［摂食量］　125, 127
保健機能食品　57
ポジティブリスト制度　66
保存料　63, 96, 97
ホメオスタシス　112

ま行

マイクロバイオータ　183
マイプレート　188
前向き研究［疫学］　102
マッチポンプ商法　97
マルチセンソリー［おいしさ］　158, 172
満腹信号　124
満腹中枢 ⇒ 空腹　114, 118
味覚　146
――障害　14
――の増強　169
――の抑制　169
味噌　23
――玉　23
味蕾の黄金期　191
無作為割付［疫学］　102
６つの基礎食品群　16, 17
無添加　96, 97
無毒性量　65, 66
名称別名［物質名］　66, 67
メタボリックシンドローム　34, 35, 195
目につきやすい ⇒ アクセシビ

リティ　190
模倣［食行動の学習］　155

や・ら行

野外試験　102
薬剤耐性　70
やせ　192
やみつき　152
誘因価　124
油脂の嗜好性　151
抑制的規範説［摂食量］　130, 131
予防接種　101
ラベルの効果［おいしさ］　172
ランチメイト症候群 ⇒ 会食恐怖　193
罹患　100
リスク　46, 85, 96-98
——コミュニケーション　98
——評価　45
——要因　101
梨状皮質 ⇒ 島，嗅覚　181
離乳食　191
利用可能性ヒューリスティック　87
臨床試験 ⇒ 文献調査　60, 102
類別名［物質名］　66
レオロジー［おいしさ］　159
レコーディングダイエット　135
レプチン　115-117
——抵抗性　117
6-n プロピルチオウラシル　149

人名・団体名索引

あ行

青山謙二郎　131
朝倉敬子（Asakura, K.）　11, 12, 24
アナンド（Anand, B. K.）　114
アメリカ疾病予防センター（CDC）　88
アメリカ農務省（USDA）　188
有路昌彦　97, 98
池田菊苗　147
石岡克巳　115
今田純雄　123-125, 173
岩田健太郎　88, 89
インターソルト（Intersalt Cooperation）　27
インポシブルフーズ　73
上西一弘　9, 15
ウォードゥル（Wardle, J.）　154, 192
ウォッシュボーン（Washburn, L.）　111, 112
ウッドウォード（Woodward, M.）　134, 135
江崎　治（Ezaki, O.）　46, 47
江部康二　30
エンゲル（Engell, D.）　137
オーダム＝クーパー（Oldham-Cooper, R. E. ）　134
大塚食品　73
大西隆志　97
岡田　努　193
小川佳宏　185
尾木直樹　193
奥山治美　46, 47
オスモンド（Osmond, C.）　198

か行

カーン（Kahn, B. E.）　139-141
海宝龍夫　15
片岡茂博　23
勝木司馬之助　104
川崎寛也　164
菊地英夫　97
木下恵美子　23
ギブソン（Gibson, G. R.）　37
キャノン（Cannon, W. B.）　111, 112
キャバナック（Cabanac, M.）　120, 122
九州大学医学部　104
九州大学五感応用デバイス研究開発センター　150
京都大学野生動物研究センター幸島観察所　155
キンブレル（Kimbrell, A.）　70
クック（Cooke, L.）　154
グッド・キャッチ　73
蔵前尚子　10
グラム（j. Gram, H. C.）　77
ケーロ・ド・バル（Coelho do Vale, R.）　128
ケラミース（Kerameas, K.）　128
厚生労働省　31, 48, 71, 79, 89, 100, 190, 198
合谷祥一　164
コーニル（Cornil, N.）　175, 176
国際疫学学会　100
国立がん研究センター　21
国立循環器病研究センター　42
国立スポーツ科学センター　5
小塩隆士　198
後藤幸織　186
近藤克則　198

さ行

坂井信之　168, 169
佐々木　敏　102
佐藤健太郎　85, 86, 97
自然科学研究機構・基礎生物学研究所　117, 118
清水泰行　32, 33
シャール（Schaal, B.）　156
消費者庁　53, 54, 59, 95
食品安全委員会　64
食品添加物協会　66
食品添加物表示懇談会　97
ジョンソン（Johnson, J. L.）　170
スチュワート（Stewart, J. E.）　151, 179, 181
ステラー（Stellar, E.）　114
スペンス（Spence, C.）　167, 169-172
スモール（Small, D. M.）　150
世界保健機関（WHO）　45, 92
ゾナー（Zohner, N.）　85, 86
ソネンバーグ（Sonnenburg, J.）　182, 183

た行

ダーマン（Darman, N.）　197
ダール（Dahl, L.）　27, 28
高橋久仁子　91-94, 96
竹内昌治　72
津金昌一郎（Tsugane, S.）　20
辻　大介　193
デ・カストロ（de Castro, E. S.）　129
デ・カストロ（de Castro, J. M.）　129, 130
デゥブゾウ・ドゥ・ラベーニュ（Devezeaux de Lavergne, M.）　162, 163
寺田實彦　85
東京消防庁　89
東京都福祉保健局　53
東京都保健局　196
糖尿病学会　30
鳥居邦夫　156
ドルゥノウスキ（Drewnowski, A.）　197

な行
中島健一郎　116
永田俊彦　192
長原　歩　23
中村　卓　158, 159
中谷内一也　84, 85
鳴海拓志　141-143
ニクラウス（Nicklaus, S.）　153
西成勝好　161
ニスベット（Nisbett, R. E.）　136
日清食品ホールディングス　72
二宮くみ子　156
日本健康・栄養食品協会　57
日本財団　102
日本サルコペニア・フレイル学会　195
農林水産省　6, 17, 31, 44, 45, 69
野崎一彦　97

は行
パーク（Park, S. B.）　128
バーチ（Birch, L. L.）　155
バートシャック（Bartoshuk, L. M.）　149
ハーマン（Herman, C. P.）　119, 131, 132
ハイテク情報普及協会　70
パウエル（Powell, L. M.）　197
長谷川智子　129
秦　淳　106
早川文代　165
パラケルスス（Paracelsus）　89
ハリス（Harris, G.）　153
ビヨンドミート（Beyond Meet）　73
ヒッグス（Higgs, S.）　134, 135
ピネル（Pinel, J. P. J.）　124
ヒポクラテス　103
フィシュラー（Fischler, C.）　175
フィッシュバック（Fishbach, A.）　176
フィンケリスタイン（Finkelistein, S. R.）　176
ブータニ（Bhutani, S.）　181
福江紀彦　148
福岡県久山町　104-106
伏木　亨　150
プリナー（Pliner, P.）　154
ブルワー（Brewer, E. M.）　129, 130
ブレスロウ（Breslow, L.）　103
ブローカ（Broca, P. P.）　165
ベイカー（Baker, D. J.）　198
ヘザーリントン（Hetherrington, A. W.）　114, 115
坊内良太郎　185
ポーター（Porter, J.）　165, 167
堀米綾子　39, 40
ポリビィ（Polivy, J.）　119, 131
ホルムズ（Holms, B.）　149

ま行
益崎裕章（Masuzaki, H.）　36, 38
町澤静夫　193
マッソン（Masson, E.）　176
松田敏生　96
松村成暢　151, 152
村本和世　168
村元由佳利　189
メイヤー（Mayer, E. A.）　184
メネラ（Mennella, J. A.）　156
モネル化学研究所　156
諸星　裕　193

や・ら・わ行
ヤクルト中央研究所　37
山﨑真理子　131, 135, 136
山中伸弥　72
ラグナサン（Raghunathan, R.）　174
ランニング（Running, C. A.）　150
リクテンスタイン（Lichtenstein, S.）　88
レビッツ（Levitz, L.）　137
ロールズ（Rolls, B. J.）　121, 122, 125, 139
ロジン（Rozin, P.）　132, 133, 137, 138, 150, 167, 175, 189
ロビンソン（Robinson, T. N.）　173, 174
ワール（Werle, C. O. C.）　174
渡邊敦光（Watanabe, H.）　22
ワンシンク（Wansink, B.）　125, 126, 128, 137, 139-141, 173

A to Z／Abbreviations
Attwood, A. S.　134
Belloc, N. B.　103
Brobeck, J. R.　114
Cabanac, M.　171
Can Güven, S.　166
Cargill　26
CASH　26
Cohen, N. A.　149
DAIZ　73
De Agelis, M.　186
Deems, D. A.　167
Dematt, M. L.　171
Donnelly, D.　24, 25
Dyerberg, J.　7
Enstrom, J. E.　103
Ferber, C.　171
Fiolet, T.　18
Gustafson, M. K.　10
Hubbard, K. L.　186
Japan Food Research Laboratories　40
Kanarec, R. B.　91
Karlson, F. H.　185
Kirii, K.　10
Knöferle, K. M.　172
Kozuka, C.　36

Laska, M.　166
Le Chatelier, E.　185
Lee, R. J.　149
Logue, A. W.　114
Marks-Kaufman, R.　91
Markwald, R. R.　181
Mattes, R. D.　24, 25
Miyauchi, M.　10
Muto, M.　46, 47
Nanri, A.　10
Nedeltcheva, A. V.　181
Polivy, J.　119
Popkin, B.　174
Qin, J.　185
Ranson, S. W.　114, 115
safe food　16
Schachter, S.　137
Takachi, R.　20
Vickers, Z. M.　171
Williamson, A. C.　134
Yoshioka, H.　40
Zajonc, R. B.　129

著者紹介

山中祥子（やまなか さちこ）

同志社大学大学院文学研究科心理学専攻博士後期課程修了（2013）

Université Bourgogne Franche-Comté（UBFC）AgroSup Dijon Science et Technologie de l'agriculture de l'alimentation et de L'environnement Physiological and Psychological FOOD choices Determinants（P2Food）修士課程修了（2020）

現職：立命館大学食マネジメント学部助教

主著：心理学から見た食べる行動（分担執筆）北大路書房（2017）

だれかと食べるとたくさん食べる？だれかと食べるとおいしい？（第一著者）行動科学，*54*, 1-9.（2016）

心理学概論（分担執筆）ナカニシヤ出版（2014）他

食の心理とウェル・ビーイング

栄養・健康・食べること

2021年3月10日　初版第1刷発行　　定価はカヴァーに表示してあります

著　者　山中祥子

発行者　中西　良

発行所　株式会社ナカニシヤ出版

〶606-8161　京都市左京区一乗寺木ノ本町15番地

Telephone 075-723-0111

Facsimile 075-723-0095

Website http://www.nakanishiya.co.jp/

Email iihon-ippai@nakanishiya.co.jp

郵便振替 01030-0-13128

装幀＝白沢　正／印刷・製本＝創栄図書印刷株式会社

ISBN978-4-7795-1530-9 C3011